21 世纪法学系列教材

监察法教程

A Course In Supervision Law

主　编｜谢尚果　申君贵

副主编｜王学辉　蒋　慧

撰稿人｜谢尚果　蒋　慧　王学辉
以撰写章节先后为序｜张春林　覃冠文　黎　群
伍光红　申君贵　陈文锋
鲁学武　朱子聪　邓炜辉

法律出版社
——北　京——
始创于 1954 年

好书，同好老师和好学生分享

作 者 简 介

谢尚果 广西民族大学校长，二级教授，博士生导师。一直从事政治学、行政管理学、行政法和行政诉讼法学、民族法学等教学和研究工作。曾先后主持或参与国家级社科课题5项、省部级课题9项，先后出版著作（含教材）28部，公开发表论文60多篇。曾获得省部级社科成果二等奖3项、三等奖2奖，省部级教学成果奖二等奖2项、三等奖2奖。现任教育部政治学类教学指导委员会委员、中国民族法研究会副会长、中国公共管理教学研究会副会长、广西法学会副会长。

申君贵 广西民族大学法学院教授，硕士研究生导师。西南政法大学法学学士、法学硕士，中国政法大学法学博士。主要研究方向及专长为刑事诉讼法学、证据法学、监察法。出版个人专著2部，主编、副主编其他专著、教材十余部，并在《政法论坛》《现代法学》《法学》等杂志发表论文四十余篇。科研成果获广西壮族自治区第七次、第八次社会科学研究优秀成果三等奖各1项，全国第五届诉讼法学优秀科研成果二等奖1项，主编的《模拟法庭教科书》荣获第八届全国高校出版社优秀畅销书一等奖。广西诉讼法研究会副会长，广西侦查学研究会副会长。2003年荣获首届"广西杰出法学家"称号。

王学辉 西南政法大学行政法学院（监察法学院）教授，行政法和监察法专业博士研究生导师。中国地方法制研究中心主任，重庆市行政程序法研究中心执行主任，重庆市法学学科学术带头人。主要研究方向为行政法与行政诉讼法、法制政府建设、监察法。公开出版学术专著8部，发表学术论文八十多篇。国家社科基金评委，最高人民法院执行特邀专家，中国法学会行政法学研究会常务理事，重庆市行政法学研究会副会长，重庆市首批社科专家库成员，重庆市人民政府立法咨询委员，重庆市人民政府行政复议委员会委员，《中国当代公法文丛》主编。

蒋　慧 广西民族大学法学院党委书记，教授，硕士研究生导师，广西大学法学学士、法学硕士，重庆大学法学博士，西南政法大学经济法学博士后，香港城市大学访问学者。主攻：民商法学、知识产权法、经济法学、环境法学。发表法学专业论文四十余篇，核心论文二十余篇，参编教材三部，合著专著3部，主持或参加国家级科研项目、省部级科研项目二十余项。获省部级社科优秀成果二等奖三项、三等奖两项，国家“百千万知识产权人才工程”培养人选，“国家知识产权专家库”专家，广西第十七批新世纪“十百千”第二层次人选，广西首批知识产权领军人物，广西“优秀中青年法学家”。广西商法研究会会长、广西商法研究院院长、广西仲裁研究院院长。

伍光红　广西民族大学法学院教授，硕士研究生导师，越南河内国家大学博士研究生导师，越南河内国家大学法学博士。

张春林　广西民族大学法学院副教授，硕士研究生导师，西南政法大学法学博士。

鲁学武　广西民族大学法学院副教授，硕士研究生导师，西南政法大学法学硕士。

邓炜辉　广西民族大学法学院副教授，硕士研究生导师，西南政法大学法学博士。

覃冠文　广西民族大学法学院讲师，硕士研究生导师，中南财经政法大学法学硕士；中国政法大学法学博士。

黎　群　广西民族大学法学院讲师，泰国国立法政大学法学博士。

陈文锋　广西法治日报社采访中心副主任，广西民族大学法学硕士。

朱子聪　广西壮族自治区高级人民法院法官，广西民族大学法学硕士。

前　言

《中华人民共和国宪法修正案(2018)》已由中华人民共和国第十三届全国人民代表大会第一次会议于2018年3月11日通过,并于当日公布施行。本次宪法修改的最大亮点是设立了监察委员会。修正后的宪法第三章"国家机构"专门增设第七节"监察委员会"。监察委员会的设立,是我国政治体制的重大改革,将我国以前一府两院的政治体制改革为一府一委两院的政治体制。与新的政治体制相适应,监察委员会作为新的国家机构,必须有一部符合宪法的与之配套的基本法来加以规范,于是,《中华人民共和国监察法》(以下简称监察法)顺势而生。该法已由中华人民共和国第十三届全国人民代表大会第一次会议于2018年3月20日通过,并于当日公布施行。

监察法是为了深化国家监察体制改革,加强对所有行使公权力的公职人员的监督,实现国家监察全面覆盖,深入开展反腐败工作,推进国家治理体系和治理能力现代化,根据2018年3月修正后的宪法而制定的一部全新的基本法。第十二届全国人大常委会副委员长李建国在2018年3月13日第十三届全国人民代表大会第一次会议上所作《关于中华人民共和国监察法(草案)的说明》专门介绍了监察法草案的起草过程:"按照党中央部署要求,监察法立法工作由中共中央纪律检查委员会牵头抓总,在最初研究深化国家监察体制改革方案的时候即着手考虑将行政监察法修改为国家监察法问题。中央纪委与全国人大常委会、中央统战部、中央政法委员会、中央深化改革领导小组办公室、中央机构编制办公室等有关方面进行了多次沟通。全国人大常委会党组坚决贯彻落实党中央关于深化国家监察体制改革的决策部署,高度重视监察法立法工作。十二届全国人大常委会将监察法起草和审议工作作为最重要的立法工作之一。2016年10月,党的十八届六中全会闭幕后,中央纪委机关会同全国人大常委会法制工作委员会即共同组成国家监察立法工作专班。在前期工作基础上,工作专班进一步开展调研和起草工作,吸收改革试点地区的实践经验,听取专家学者的意见建议,经反复修改完善，形成了监察法草案。2017 年 6 月 15 日，习近平总书记主持中央政治局常委会会议，审议并原则同意全国人大常委会党组关于监察法草案几个主要问题的请示。2017 年 6 月下旬，十二届全国人大常委会第二十八次会议对监察法草案进行了初次审议。初次审议后，根据党中央同意的相关工作安排，全国人大常委会法制工作委员会将草案送 23 个中央国家机关以及 31 个省、自治区、直辖市人大常委会征求意见；召开专家会，听取了宪法、行政法和刑事诉讼法方面专家学者的意见。2017 年 11 月 7 日至 12 月 6 日，监察法草案在中国人大网全文公开，征求社会公众意见。党的十九大后，根据党的十九大精神和全国人大常委会组成人员的审议意见以及人大代表、政协委员等各方面意见，对草案作了修改完善。2017 年 12 月，十二届全国人大常委会第三十一次会议对监察法草案进行再次审议，认为草案贯彻落实以习近平同志为核心的党中央关于深化国家监察体制改革的重大决策部署，充分吸收了常委会组成人员的审议意见和各方面意见，已经比较成熟，决定监察法草案提请全国人民代表大会审议。2018 年 1 月 18 日至 19 日，党的十九届二中全会审议通过了《中共中央关于修改宪法部分内容的建议》。2018 年 1 月 29 日至 30 日，十二届全国人大常委会第三十二次会议决定将《中华人民共和国宪法修正案（草案）》提请十三届全国人大一次会议审议。监察法草案根据宪法修改精神作了进一步修改。2018 年 1 月 31 日，全国人大常委会办公厅将监察法草案发送十三届全国人大代表。代表们对草案进行了认真研读讨论，总体赞成草案，同时提出了一些修改意见。全国人大法律委员会召开会议，对草案进行了审议，根据全国人大常委会组成人员和代表们提出的意见作了修改，并将修改情况向全国人大常委会委员长会议作了汇报。2018 年 2 月 8 日，习近平总书记主持召开中央政治局常委会会议，听取了全国人大常委会党组的汇报，原则同意《关于〈中华人民共和国监察法（草案）〉有关问题的请示》并作出重要指示。根据党中央指示精神，对草案作了进一步完善。在上述工作基础上，形成了提请本次大会审议的《中华人民共和国监察法（草案）》。”

资料表明，监察法制定出台的整个过程如下：2017 年 1 月 19 日，中共中央政治局常委、中央纪委书记王岐山在十八届中央纪委七次全会上的工作报告全文公布，王岐山在报告中提到，将在十三届全国人大一次会议审议通过《中华人民共和国国家监察法》。2017年5月2日,中国人大网发布了全国人大常委会2017年立法工作计划。根据计划,行政监察法修改为国家监察法。2017年6月23日,第十二届全国人大常委会第二十八次会议对该法律草案进行了审议。2017年11月7日,《中华人民共和国监察法(草案)》在中国人大网首次公布,向社会公开征求意见。2017年12月22日,监察法草案提请第十二届全国人大常委会第三十一次会议二审。2018年3月14日,《中华人民共和国监察法(草案)》发布。2018年3月20日,第十三届全国人民代表大会第一次会议通过,同日由习近平主席以第3号《中华人民共和国主席令》公布施行。

监察法的制定意义重大,《中华人民共和国监察法(草案)说明》将其总结为五个方面:(1)制定监察法是贯彻落实党中央关于深化国家监察体制改革决策部署的重大举措;(2)制定监察法是坚持和加强党对反腐败工作的领导,构建集中统一、权威高效的国家监察体系的必然要求;(3)制定监察法是总结党的十八大以来反腐败实践经验,为新形势下反腐败斗争提供坚强法治保障的现实需要;(4)制定监察法是坚持党内监督与国家监察有机统一,坚持走中国特色监察道路的创制之举;(5)制定监察法是加强宪法实施,丰富和发展人民代表大会制度,推进国家治理体系和治理能力现代化的战略举措。意义如此重大的监察法公布实施后,必须加大宣传力度,让其全民皆晓,更是要让监察干部全面、深入地掌握其基本内容和精神,国内各大学法学院系也应该开设监察法这门课程,这就在客观上要求有一部全面系统讲授监察法的教材来加以指导。正是基于这个原因,我们组织编写了《监察法教程》一书。本教程根据监察法的规定,结合教材应有的特点,创造性地设置了教程体系,对监察法进行了全面系统的阐述和分析。该教程应用范围广泛,既可以作为高等院校开设监察法课程的教材,也可以作为各级监察委员会培训监察干部的讲义,还可以作为宣传监察法的普法教材。全书共22万余字,分为十章:第一章,监察法概述;第二章,我国监察制度的历史发展;第三章,监察法的基本原则;第四章,监察范围和管辖;第五章,监察权限;第六章,监察证据;第七章,监察程序;第八章,我国反腐败与反腐败国际合作;第九章,对监察机关和监察人员的监督;第十章,监察法律责任。另有附录两项:一为《中华人民共和国监察法》全文,二为《中华人民共和国监察法(草案)》的说明。

本教程由谢尚果、申君贵担任主编,王学辉、蒋慧担任副主编,由主编修改定稿。各章具体分工如下(以撰写章节先后为序):

第一章,谢尚果;第二章,蒋慧;第三章,王学辉、张春林;第四章,覃冠文;第五章,黎群;第六章,伍光红;第七章,申君贵、陈文锋;第八章,鲁学武;第九章,申君贵、朱子聪;第十章,邓炜辉。

由于没有相关的教材作为参考,本教程可能存在这样那样的缺陷与不足,敬请各位读者和专家学者们批评指正。

谢尚果 申君贵

2018 年 11 月

目　　录

第一章　监察法概述

第一节　监察的基本概念

核心法条

《中华人民共和国监察法》第三条

各级监察委员会是行使国家监察职能的专责机关，依照本法对所有行使公权力的公职人员（以下称公职人员）进行监察，调查职务违法和职务犯罪，开展廉政建设和反腐败工作，维护宪法和法律的尊严。

一、监察概念的起源

在汉语词义中，“监察”一词最初两个字是独立使用的。其中，“监”字，最早见于殷商甲骨文字和铭文中，它意指一个人站在装有水的水盆旁，照其面容的意思，故“监”字的本义是察看。之后，随着春秋五霸、战国七雄等割据局面的结束，我国古代封建王朝制度逐渐建立和完善，在秦汉时期，“监”字的含义逐渐发展为“以上临下”，即自上而下的监视和督察。

关于“察”的含义，主要包括视察、观察、纠察、举察等。在历史文献记载中，《吕氏春秋·察传》记载“夫传言不可以不察”，《吕氏春秋·本味》中记载“察其所以然”，《左传·庄公十年》中记载“小大之狱，虽不能察，必以情”。在秦代，监察二字开始连用，逐渐成为专司监察的官名。而我国的监察制度也从秦代开始延续到清朝末年。清朝灭亡之后，封建监察制度虽然被废除，但“监察”一词却沿用至今。

二、监察概念的现代内涵

在现代,“监察”的语义有广义和狭义之分。其中,广义的“监察”包括狭义上的监督、纠察、巡察和督促的含义。狭义的“监察”,也有学者将其称为“行政监察”,意指国家监察机关或有关部门依照法律法规等规定对国家机关及其公务人员履行公务活动的行为实施监督监察的活动。对狭义监察概念可以从以下方面加以理解:

第一,实施监察活动的主体是国家监察机关或者是法律法规授权的依法享有监察权的主体。根据监察法第三条规定,专司国家监察职能的国家机关是各级监察委员会,它们的职责是依照监察法对所有行使公权力的公职人员进行监察,调查职务违法和职务犯罪,开展廉政建设和反腐败工作,维护宪法和法律的尊严。

第二,国家监察的对象是所有行使公权力的公职人员。具体来说,只要是行使国家公权力,不管是否拥有公务员等国家公职身份,都有可能成为监察委的监察对象。根据监察法第十五条规定,即国家监察的对象,具体包括以下类别:一是中国共产党机关、人民代表大会及其常务委员会机关、人民政府、监察委员会、人民法院、人民检察院、中国人民政治协商会议各级委员会机关、民主党派机关和工商业联合会机关的公务员,以及参照《公务员法》管理的人员;二是法律、法规授权或者受国家机关依法委托管理公共事务的组织中从事公务的人员;三是国有企业管理人员;四是公办的教育、科研、文化、医疗卫生、体育等单位中从事管理的人员;五是基层群众性自治组织中从事管理的人员;六是其他依法履行公职的人员。此外,值得注意的是,以村干部为代表的基层群众性自治组织管理人员,也一律被纳入监管对象中。

第三,监察内容具有全面性、综合性。国家监察机关对国家公权力行使者实行全面的、综合性的监督。从监督的内容看,包括收集信息、咨询、决策、执行等所有国家公权力运行的行为,它既包括行政机关的行政行为,同时还包括其他国家机关及其公职人员的权力运行行为,此外,还包括违反行政纪律和违反社会公德的行为。

第四,监察活动具有法治性。国家机关及其工作人员的各项工作能否严格依法进行,直接关系到社会主义民主法治建设的整体水平,也关系到社会主义现代化建设的成败。监察活动的根本任务就是要通过监察，促使国家机关及其工作人员依法行使职权，保证法律、法规的正确实施，维护法律的严肃性。

三、国家监察与行政监察的关系

国家监察与行政监察的内涵差别明显。其中，行政监察是一种"小监察"，而国家监察则是一种"大监察"，从行政监察到国家监察体现了监察格局从小到大的转变，具体体现为：

第一，从监察对象上看，国家监察强调监察对象的普遍性和广泛性。行政监察的对象是国家行政机关及其工作人员，行政机关任命的工作人员，法律法规授权的公共组织及其工作人员，以及行政机关委托从事公共管理的组织及其工作人员。而国家监察的对象囊括所有行使公权力的国家机关及其工作人员，除了行政监察的对象外，还包括人大、法院、检察院、政协、人民团体及其工作人员，以及医院、学校等事业单位及其工作人员。

第二，从监察主体上看，国家监察强调监察机构的独立性。行政监察指的是行政机关内部专司监察的机构所进行的监察活动，而国家监察指的是由权力机关产生的专门的独立国家监察机关（国家监察委）所进行的监察活动。行政监察属于行政系统内部的同体监督，国家监察属于跨权力系统的异体监督，国家监察具有完全的独立性。

第三，从监察权属性上看，国家监察权是一种新型的国家权力。国家监察权是一种与立法权、行政权、司法权相并列的权力，而行政监察涉及的监察权属于行政系统内部的一种权力，本质上属于行政权。〔1〕

---

〔1〕 参见姬亚平、吉亮亮：《国家监察委员会的设立与运行制度研究》，载《财经法学》2018年第1期。

第二节　监察法的概念、渊源和性质

核心法条

《中华人民共和国监察法》第十五条

监察机关对下列公职人员和有关人员进行监察：

（一）中国共产党机关、人民代表大会及其常务委员会机关、人民政府、监察委员会、人民法院、人民检察院、中国人民政治协商会议各级委员会机关、民主党派机关和工商业联合会机关的公务员，以及参照《中华人民共和国公务员法》管理的人员；

（二）法律、法规授权或者受国家机关依法委托管理公共事务的组织中从事公务的人员；

（三）国有企业管理人员；

（四）公办的教育、科研、文化、医疗卫生、体育等单位中从事管理的人员；

（五）基层群众性自治组织中从事管理的人员；

（六）其他依法履行公职的人员。

一、监察法的概念

监察法是规范国家监察机关及其工作人员进行国家监察活动的法律、法规、规章的总称。一切有关国家监察的法律规范，都是监察法的内容。监察法旨在调整国家监察机关与监察对象之间的特殊的社会关系，规范监察机关和监察对象之间的权利义务关系。

在理解监察法概念时，我们可以从以下方面理解监察法的内涵：

1. 监察机关是县级以上人民代表大会产生的监察委员会。监察法第三条明确规定，各级监察委员会是行使国家监察职能的专责机关，依照本法对所有行使公权力的公职人员进行监察。根据我国《宪法》和监察法第二章规定，国家监察委员会是最高监察机关，由全国人民代表大会产生，负责全国监察工作。省、自治区、直辖市、自治州、县、自治县、市、市辖区设立监察委员会，地方各级监察委员会由本级人民代表大会产生，负责本行政区域内的监察工作。国家监察委员会对全国人民代表大会及其常务委员会负责，并接受其监督。地方各级监察委员会对本级人民代表大会及其常务委员会和上一级监察委员会负责，并接受其监督。国家监察委员会领导地方各级监察委员会的工作，上级监察委员会领导下级监察委员会的工作。

2. 监察对象的范围是依法履行公职的人员。监察法第十五条规定，监察机关对下列公职人员和有关人员进行监察：(1)中国共产党机关、人民代表大会及其常务委员会机关、人民政府、监察委员会、人民法院、人民检察院、中国人民政治协商会议各级委员会机关、民主党派机关和工商业联合会机关的公务员，以及参照《公务员法》管理的人员；(2)法律、法规授权或者受国家机关依法委托管理公共事务的组织中从事公务的人员；(3)国有企业管理人员；(4)公办的教育、科研、文化、医疗卫生、体育等单位中从事管理的人员；(5)基层群众性自治组织中从事管理的人员；(6)其他依法履行公职的人员。根据上述立法规定，目前我国监察法规定的监察对象范围，包括了所有行使公权力的公职人员。在实践中，判断一个“履行公职的人员”是否属于监察对象的标准，主要看其是否行使公权力，所涉嫌的职务违法或者职务犯罪是否损害了公权力的廉洁性。此外，需要注意的是，公办的教育、科研、文化、医疗卫生、体育等单位中具体哪些人员属于从事管理的人员，需要随着实践的发展，不断完善。

3. 监察机关的职能主要是对所有行使公权力的公职人员进行监察。监察法第三条规定，各级监察委员会是行使国家监察职能的专责机关，依照本法对所有行使公权力的公职人员进行监察，调查职务违法和职务犯罪，开展廉政建设和反腐败工作，维护宪法和法律的尊严。从比较角度来看，监察法对监察委员会职能的规定，与《中国共产党章程》关于纪委主要任务的规定相匹配。《中国共产党章程》第四十六条规定，党的各级纪律检查委员会是党内监督专责机关，主要任务是：维护党的章程和其他党内法规，检查党的路线、方针、政策和决议的执行情况，协助党的委员会推进全面从严治党、加强党风建设和组织协调反腐败工作。此外，需要注意的是，根据监察法规定，监察机关行使的是调查权，不同于侦查权。监察法规定的执法主体是与党的纪律检查机关合署办公的国家监察机关；监督调查对象是行使公权力的公职人员，而不是普通的刑事犯罪嫌疑人；调查的内容是职务违法和职务犯罪，而不是一般刑事犯罪行为。在案件调查过程中,既要严格依法收集证据,也要用党章党规党纪、理想信念宗旨做被调查人的思想政治工作,靠组织的关怀感化被调查人,让他们真心认错悔过,深挖思想根源,而不仅仅是收集证据,查明犯罪事实。

二、监察法的渊源

所谓监察法的渊源,是指监察法律规范的外部表现形式。研究监察法的渊源,需要重点理解以下两个问题:一是什么机关在监察领域可以用什么法的外在形式创制监察法律规范;二是监察法律规范的不同表现形式之间的关系怎样。[2]

(一)宪法

宪法作为我国的根本大法,是国家治国安邦的总章程。《宪法修正案》(2018)对监察委员会的设置问题进行了详细规定。《宪法》第三章第七节以专节形式规定了监察委员会制度。例如,第一百二十三条规定中华人民共和国各级监察委员会是国家的监察机关。第一百二十四条规定了监察委员会的组成;第一百二十五条规定了上下级国家监察机关的关系;第一百二十六条、第一百二十七条规定了监察机关与人大以及人民检察院、人民法院的关系。《宪法》的这些规定是我国监察法的重要渊源,它具有最高法律效力,一切法律、法规、规章和其他规范性文件,都不得与宪法相抵触,否则这些法律规范文件都是无效的。

(二)法律

法律是由全国人民代表大会及其常务委员会制定、颁布的规范性文件的总称,其效力仅次于宪法。另外,全国人民代表大会常务委员会制定、发布的规范性决议、决定也是监察法的渊源,其效力与法律一致。例如,2017 年 11 月 4 日下午,第十二届全国人大常委会第三十次会议表决通过《全国人民代表大会常务委员会关于在全国各地推开国家监察体制改革试点工作的决定》,2018 年 3 月 20 日,第十三届全国人大一次会议表决通过了《中华人民共和国监察法》,这些都是监察法非常重要的法律渊源。

---

〔2〕 蒋国平:《中国行政监察理论与实务》,警官教育出版社 1991 年版,第 91 页。

（三）行政法规及国务院颁发的其他规范性文件

行政法规由国务院制定，是国务院进行最高行政管理活动的规范性文件，它们可以成为监察法的渊源。此外，国务院各部委制定、发布的部门规章和其他规范性命令、指示等，均属于监察法渊源。比如，国务院针对煤矿安全、特种设备安全等制定的《煤矿安全监察条例》《特种设备安全监察条例》，以及国务院办公厅发布的《关于完善煤炭安全监察体制的意见》等规范性文件，都为监察立法提供了依据。

（四）地方性法规、地方政府规章

地方性法规，是指省、自治区、直辖市和设区的市人民代表大会及其常务委员会所制定发布的适用于本行政区域内的规范性文件。例如，四川省2018年修正的《四川劳动和社会保障监察条例》、安徽省2018年修正的《安徽省城市建设监察条例》等地方性法规，都是监察法的法律渊源。地方政府规章，是指省、自治区、直辖市和设区的市人民政府可以根据法律、行政法规和本省、自治区、直辖市的地方性法规，制定的规章文件。在我国社会主义法律体系中，地方政府规章也是监察法的法律渊源之一。

（五）自治条例和单行条例

自治条例和单行条例，是由民族自治地方的人民代表大会制定、发布的，它在地方民族自治机关管辖的范围内有效。民族自治地方根据本民族的政治、经济、文化的特点制定的监察立法除不得与宪法、法律相抵触外，也不得违背民族自治条例和单行条例的有关规定。

三、监察法的性质

2016年11月，中共中央办公厅发布《关于在北京市、山西省、浙江省开展国家监察体制改革试点方案》（以下简称《监察体制改革试点方案》），随后第十二届全国人大常委会第二十五次会议通过《关于在北京市、山西省、浙江省开展国家监察体制改革试点工作的决定》（以下简称《监察体制改革工作决定》）。《监察体制改革试点方案》和《监察体制改革工作决定》均指出，国家监察体制改革是事关全局的重大政治体制改革。既然是重大改革，根据习近平总书记关于“重大改革都要于法有据”的指示，必须立法，即制定国家监察法。中共第十八届中央纪律检查委员会第七次全体会议确定，由中央纪委牵头抓总，落实改革方案，推动制定国家监察法。国家监察法的性质、地位和国家监察机关的性质、地位是密切相连的。

（一）监察法是宪法性法律

监察法不同于完全归属于行政法的《行政监察法》，而是与《各级人民代表大会常务委员会监督法》《国家安全法》《戒严法》《国防法》《民族区域自治法》等基本法律一样，属于宪法性法律。因为，国家监察法的调整对象是国家监督关系（行政法制监督关系只是国家监督关系的一种），国家监察法的执法主体是国家监察机关；行政监察法的调整对象是行政法制监督关系，行政监察法的执法主体是作为国家行政机关的行政监察机关。国家监察机关不同于仅行使行政监察职能的行政监察机关，行政监察机关所进行的行政法制监督属于行政系统的内部监督。国家监察机关作为国家机构整体的组成部分，其所行使的监督职能则是针对整个国家机关和整个国家公权力（甚至包括社会公权力）的。尽管国家机关包括行政机关，国家公权力包括行政权，从而对行政机关和行政权的监督是对整个公权力监督的重要组成部分，但国家监察机关对行政的监督已经不再是行政系统的内部监督，而是已转化成外部法律监督了。

（二）监察法具有混合法性质

监察法虽然与《国务院组织法》《人民法院组织法》《人民检察院组织法》等国家机关组织法一样，同属于宪法性法律，但国家监察法不仅有组织法的内容，而且有行为法、程序法和救济法的内容，具有混合法的性质。国家监察法之所以不同于行政法和司法法，而采取组织法、行为与程序法、救济法三者合体的形式，主要是因为国家监督体制正处于改革转型阶段，法律既要对之引领、指导，又必须为之留下试验和运作的广泛空间；既要使改革于法有据，又不能过分束缚改革的裁量性和灵活性。在组织法方面，可能在较长一段时期内，我们还会采取我国目前许多国家机关一直沿袭采用的“三定办法”，即通过国家编制机关发布相应文件规定其机构、职能和人员编制。在救济法方面，我国还不可能建立完善的违宪审查和相应救济制度，国家监察又不可能适用行政诉讼救济，故目前主要只能依靠国家监察系统的内部监督和内部救济。

（三）监察法是国家监督领域的基本法律

所谓“基本法律”，就是说在相应调整领域，其具有统率其他一般法律、法规和规章的地位。监察法制定后，必然要通过行政法规、地方性法规、部门规章、地方政府规章的形式制定各种相应的实施规则、办法。这些规则、办法必须要以全国人大制定的监察法为依据，不能与之相抵触。另外，国家监督领域的基本法除监察法以外，还有《各级人民代表大会常务委员会监督法》。监察法与《各级人民代表大会常务委员会监督法》都是监督基本法，二者调整的对象有所差别。前者调整的重点是对公职人员的监督，包括对人大常委会委员和常委会机关工作人员的监督；后者调整的重点是对国家机关工作的监督，包括对国家监察机关工作的监督。当然，对国家机关工作的监督也包括对国家机关负责人和国家机关工作部门负责人的监督。这种监督与国家监察机关的监督有一定重合，但二者亦有区别：国家监察机关监督的重点是监督对象的廉政情况，主要目标和任务是反腐败；人大和人大常委会监督的重点是监督对象的履职情况，主要目标和任务是保障法律和政策的实施。[3]

第三节　监察法的立法目的和指导思想

核心法条

《中华人民共和国监察法》第一条

为了深化国家监察体制改革，加强对所有行使公权力的公职人员的监督，实现国家监察全面覆盖，深入开展反腐败工作，推进国家治理体系和治理能力现代化，根据宪法，制定本法。

《中华人民共和国监察法》第二条

坚持中国共产党对国家监察工作的领导，以马克思列宁主义、毛泽东思想、邓小平理论、“三个代表”重要思想、科学发展观、习近平新时代中国特色社会主义思想为指导，构建集中统一、权威高效的中国特色国家监察体制。

---

〔3〕 姜明安：《国家监察立法的若干问题探讨》，载《法学杂志》2017年第3期。

监察法已经于2018年3月20日由第十三届全国人民代表大会第一次会议通过。监察法共分九章,包括总则、监察机关及其职责、监察范围和管辖、监察权限、监察程序、反腐败国际合作、对监察机关和监察人员的监督、法律责任、附则,共69条。

监察法在立法的位阶上,属于根据《宪法》由全国人大制定的基本法律,与《立法法》《全国人民代表大会组织法》《国务院组织法》等基本法律一样,在中国特色社会主义法律体系中,法律效力位于宪法之下,高于行政法规、地方性法规和各种规章。在立法程序上,它属于在全面修改旧法的基础上制定的新法,前身是《行政监察法》。根据监察法第六十九条的规定,监察法生效之日,《行政监察法》同时废止。所以,在法律关系上来说,监察法与《行政监察法》是"后法"与"前法"之间的关系,只不过在监察法正式生效之后,作为"前法"的《行政监察法》完全失效,对"后法"不再具有任何约束力。

一、监察法的立法目的

关于监察法的立法目的,姜明安教授在全国人大常委会公布《监察法(草案)》向全社会公开征求意见时曾经提出,国家监察法立法应力争实现两大目的:一是构建集中统一、权威高效的反腐败体制、机制,为加大反腐败力度,提高反腐败效率和质量提供法律支撑;二是规范反腐败机构及其工作人员履行监察职责和行使监察权力的行为,防止其滥用职权,为保障人权、保护被监察人员的合法权益提供法律保障。

从立法文本角度看,监察法第一条明确规定,其立法目的是"为了深化国家监察体制改革,加强对所有行使公权力的公职人员的监督,实现国家监察全面覆盖,深入开展反腐败工作,推进国家治理体系和治理能力现代化"。监察法对于立法目的共用了上面五句话表述。这五句话包含三层意思,层层递进,构成一个具有整体性且逻辑关系严密的目标体系。〔4〕

监察法立法目的表述的第一句话是"深化国家监察体制改革"。制定监察法,既是国家监察体制改革的结果,也是进一步深化国家监察体制改革的要求和保障。第十二届全国人大常委会副委员长李建国所作《关于〈中华人民

---

〔4〕 姜明安:《论监察法的立法目的与基本原则》,载《行政法学研究》2018年第4期。

共和国监察法(草案)〉的说明》讲到制定监察法有五项重要意义,其中第一项意义即是“贯彻落实党中央关于深化国家监察体制改革决策部署”。他指出:“深化国家监察体制改革是组织创新、制度创新,必须打破体制机制障碍,建立崭新的国家监察机构。制定监察法是深化国家监察体制改革的内在要求和重要环节。党中央对国家监察立法工作高度重视,习近平总书记在党的十八届六中全会和十八届中央纪委五次、六次、七次全会上均对此提出明确要求。中央政治局、中央政治局常务委员会和中央全面深化改革领导小组多次专题研究深化国家监察体制改革、国家监察相关立法问题,确定了制定监察法的指导思想、基本原则和主要内容,明确了国家监察立法工作的方向和时间表、路线图。党的十九大明确提出:制定国家监察法,依法赋予监察委员会职责权限和调查手段,用留置取代‘两规’措施。监察法作为我国反腐败国家立法,是一部对国家监察工作起统领性和基础性作用的法律。制定监察法,贯彻落实党中央关于深化国家监察体制改革决策部署,使党的主张通过法定程序成为国家意志,对于创新和完善国家监察制度,实现立法与改革相衔接,以法治思维和法治方式开展反腐败工作,意义重大、影响深远。”以上说明,即是对“深化国家监察体制改革”立法目的的最好阐释。

监察法立法目的的表述的第二句和第三句话是:“加强对所有行使公权力的公职人员的监督,实现国家监察全面覆盖。”在国家监察体制改革之前,我国监察只限于行政监察,监察范围存在过窄的问题,监察对象主要限于行政机关及其工作人员。这次国家监察体制改革的初衷之一即是要解决这个问题,消除这个缺陷。所以,监察法第一条自然将“加强对所有行使公权力的公职人员的监督,实现国家监察全面覆盖”明定为本法立法目的范畴。

监察法立法目的的表述的第四句和第五句话是:“深入开展反腐败工作,推进国家治理体系和治理能力现代化。”监察法的实质就是反腐败立法,因此,监察法的立法目的必然是深入开展和全面推进反腐败工作。无论是“深化国家监察体制改革”,还是“加强对所有行使公权力的公职人员的监督,实现国家监察全面覆盖”,都是为了深入开展和全面推进反腐败。而反腐败与推进国家治理体系和治理能力现代化又有着密不可分的关系,反腐败是推进国家治理体系和治理能力现代化的必须手段和途径:一个国家,如果反腐败不力,公职人员腐败势头不能遏制,其治理体系和治理能力现代化是不可能的;同时,反腐败本身也是国家治理的重要内容,要把这项国家治理工作做好,同样要对之“现代化”。制定监察法,通过法治反腐败,就是国家治理体系和治理能力现代化的表现。所以,监察法第一条在规定立法目的时,既规定“深入开展反腐败工作”,又规定“推进国家治理体系和治理能力现代化”,并将二者紧密地联系在一起。

二、监察法的指导思想

根据全国人大常委会副委员长李建国在第十三届全国人大第一次会议中所作的《关于〈中华人民共和国监察法(草案)〉的说明》,制定监察法的指导思想是,高举中国特色社会主义伟大旗帜,全面贯彻党的十九大精神,坚持以马克思列宁主义、毛泽东思想、邓小平理论、“三个代表”重要思想、科学发展观、习近平新时代中国特色社会主义思想为指导,坚持党的领导、人民当家作主、依法治国有机统一,坚持统筹推进“五位一体”总体布局和协调推进“四个全面”战略布局,加强党对反腐败工作的集中统一领导,实现对所有行使公权力的公职人员监察全覆盖,使依规治党与依法治国、党内监督与国家监察有机统一,推进国家治理体系和治理能力现代化。

(一)坚持中国共产党对国家监察工作的领导

中国共产党领导是中国特色社会主义最本质的特征,是中国特色社会主义制度的最大优势。党的十九大报告明确指出:党政军民学,东西南北中,党是领导一切的。坚持中国共产党对国家监察工作的领导,是全面贯彻党的十九大精神的必然要求。制定监察法是以习近平同志为核心的党中央作出的事关全局的重大政治体制改革,是强化党和国家依法治国视域下的国家监察法制定自我监督的重大决策部署。我国80%的公务员和超过95%的领导干部是共产党员,这就决定了党内监督和国家监察具有高度的内在一致性,也决定了实行党内监督和国家监察相统一的必然性。制定监察法,就是通过立法方式保证依规治党与依法治国、党内监督与国家监察有机统一,将党内监督同国家机关监督、民主监督、司法监督、群众监督、舆论监督贯通起来,不断提高党和国家的监督效能。

(二)坚持以马克思列宁主义、毛泽东思想、邓小平理论、“三个代表”重要思想、科学发展观、习近平新时代中国特色社会主义思想为指导

党的十九大通过的党章修正案把习近平新时代中国特色社会主义思想确立为党的行动指南,实现了党的指导思想的又一次与时俱进。第十三届全国人大第一次会议通过的宪法修正案,明确将习近平新时代中国特色社会主义思想载入宪法。习近平新时代中国特色社会主义思想,是对马克思列宁主义、毛泽东思想、邓小平理论、“三个代表”重要思想、科学发展观的继承和发展,是马克思主义中国化最新成果,是党和人民实践经验和集体智慧的结晶,是中国特色社会主义理论体系的重要组成部分,是全党全国人民为实现中华民族伟大复兴而奋斗的行动指南,必须长期坚持并不断发展。习近平总书记在一系列重要讲话中,深刻阐释了深化国家监察体制改革的重大意义、根本目的、总体目标和主要任务,形成了科学完备的思想体系,是习近平新时代中国特色社会主义思想的重要组成部分,既是国家监察体制改革实践经验的重要总结,也是国家监察体制改革的重大理论创新,科学回答了为什么改、为谁改、怎么改等重大理论和实践问题,为深化国家监察体制改革提供了强大的思想理论武器和行动指南。

(三)坚持构建集中统一、权威高效的中国特色国家监察体制

深刻认识党面临的精神懈怠、能力不足、脱离群众、消极腐败等危险的尖锐性和严峻性,要求把加强党对反腐败工作统一领导作为根本政治原则。集中统一、权威高效的中国特色国家监察体制,主要体现在:第一,解决了监察范围过窄问题,填补了监察对象上的空白。第二,解决了纪法衔接不畅问题。第三,解决了反腐败力量分散问题。改革后,监察委员会同党的纪律检查机关合署办公,实行一套工作机制、两个机关名称,履行纪检、监察两项职能,对党中央或地方党委全面负责,有利于形成监督合力,提高工作效率。第四,解决了手段单一问题。监察法规定了12种调查措施,依法赋予监察机关职责权限和调查手段,用留置取代“两规”措施,提高了以法治思维和法治方式惩治腐败的水平。[5]

---

〔5〕 中央纪委国家监察委法规室:《〈中华人民共和国监察法〉释义》,中国方正出版社2018年版。

第四节　监察法律关系

核心法条

《中华人民共和国宪法》第一百二十七条第二款

监察机关办理职务违法和职务犯罪案件,应当与审判机关、检察机关、执法部门互相配合,互相制约。

《中华人民共和国监察法》第四条

监察委员会依照法律规定独立行使监察权,不受行政机关、社会团体和个人的干涉。

监察机关办理职务违法和职务犯罪案件,应当与审判机关、检察机关、执法部门互相配合,互相制约。

监察机关在工作中需要协助的,有关机关和单位应当根据监察机关的要求依法予以协助。

《中华人民共和国监察法》第九条

地方各级监察委员会由本级人民代表大会产生,负责本行政区域内的监察工作。

地方各级监察委员会由主任、副主任若干人、委员若干人组成,主任由本级人民代表大会选举,副主任、委员由监察委员会主任提请本级人民代表大会常务委员会任免。

地方各级监察委员会主任每届任期同本级人民代表大会每届任期相同。

地方各级监察委员会对本级人民代表大会及其常务委员会和上一级监察委员会负责,并接受其监督。

《中华人民共和国监察法》第十条

国家监察委员会领导地方各级监察委员会的工作,上级监察委员会领导下级监察委员会的工作。

一、国家监察机关与监察对象的关系

国家监察法立法要处理的最主要的法律关系无疑是国家监察机关与监察对象的关系。不理顺和规范这一关系，国家监察制度就无法运作，国家监察的目标和任务就无法实现。为理顺和规范这一关系，国家监察法首先应明确界定国家监察机关的职责、职权和监督手段，并明确规定国家监察机关履行职责、行使职权的程序，使其对监察对象的监督既有力、有效，又不致任性、恣意。另外，国家监察法要赋予监察对象必要的权利（如陈述权、申辩权等）和寻求救济的途径（如申诉、请求复核，乃至提起诉讼的救济途径等）。

关于国家监察机关的职责、职权和监督手段，第十二届全国人大常委会第二十五次会议通过的《监察体制改革工作决定》确定为：其一，监督检查公职人员依法履职、秉公用权、廉洁从政及道德操守情况；其二，调查涉嫌贪污贿赂、滥用职权、玩忽职守、权力寻租、利益输送、徇私舞弊以及浪费国家资财等职务违法和职务犯罪行为；其三，对职务违法和职务犯罪行为作出处置决定，对涉嫌犯罪的，移送检察机关依法提起公诉；其四，为履行职责，行使职权，监察机关可以采取谈话、讯问、询问、查询、冻结、调取、查封、扣押、搜查、勘验检查、鉴定、留置等措施。《监察体制改革工作决定》确立的国家监察机关的职责、权限和监督措施，显然均过于抽象，需要国家监察法予以明确和具体化。监察法第四章第十八条至第三十四条专门规定了监察机关的权限，将《监察体制改革工作决定》的上述规定进一步细化和完善。

关于国家监察机关履行职责、行使职权的程序，国家监察法立法尤其必须予以特别的重视。只有完善程序才能有效防止滥权和保障监察对象的合法权益。为此，监察法第五章专门规定了“监察程序”，自监察法第三十五条至第四十九条都是对监察机关办理监察案件应当遵守的程序所做的具体规定。该章就监察立案、监察调查、涉案财物的处理及没收违法所得程序的适用、监察机关将案件移送起诉与人民检察院审查起诉的衔接、监察救济等问题都作出了明确规定，并规定了具体适用的程序。

二、国家监察机关与人民代表机关的关系

国家监察法需要调整的另一重要关系是国家监察机关与人民代表机关的

关系。关于这一关系,《监察体制改革工作决定》设定了一个大致框架：首先，“监察委员会由本级人民代表大会产生。监察委员会主任由本级人民代表大会选举产生；监察委员会副主任、委员，由监察委员会主任提请本级人民代表大会常务委员会任免。监察委员会对本级人民代表大会及其常务委员会和上一级监察委员会负责，并接受监督”。其次，“监察委员会按照管理权限，对本地区所有行使公权力的公职人员依法实施监察”。《监察体制改革工作决定》设定的关于国家监察机关与人民代表机关关系的此种框架，已经得到监察法的确认。监察法第八条规定：“国家监察委员会由全国人民代表大会产生，负责全国监察工作。国家监察委员会由主任、副主任若干人、委员若干人组成，主任由全国人民代表大会选举，副主任、委员由国家监察委员会主任提请全国人民代表大会常务委员会任免。国家监察委员会主任每届任期同全国人民代表大会每届任期相同，连续任职不得超过两届。国家监察委员会对全国人民代表大会及其常务委员会负责，并接受其监督。”第九条规定：“地方各级监察委员会由本级人民代表大会产生，负责本行政区域内的监察工作。地方各级监察委员会由主任、副主任若干人、委员若干人组成，主任由本级人民代表大会选举，副主任、委员由监察委员会主任提请本级人民代表大会常务委员会任免。地方各级监察委员会主任每届任期同本级人民代表大会每届任期相同。地方各级监察委员会对本级人民代表大会及其常务委员会和上一级监察委员会负责，并接受其监督。”这两条规定分别明确了国家监察委员会与全国人大代表机关的关系，地方各级监察委员会与地方各级人民代表机关的关系。即监察机关由本级人民代表大会选举产生，应当对本级人民代表大会及其常务委员会负责；而本级人民代表大会及其常务委员会则应当对监察机关的日常工作履行监督职责。监察机关与人民代表大会之间的上述关系，跟行政机关、司法机关与人民代表大会之间的关系一样，即它们都是由人民代表大会产生，对人民代表大会负责，并且应当受人民代表大会的监督。[6] 也就是说，尽管监察机关是新生的相对独立的监察主体，但其同样应当遵循人民代表大会制度，即应当由人民代表大会选举产生，应当对人民代表大会负责，并且受人民代表大会监督。

---

〔6〕　参见姜睿雅:《国家监察体制改革》,载《现代交际》2018 年第 10 期。

现行《各级人民代表大会常务委员会监督法》规定了国家各级人大常委会对“一府两院”的监督权限和监督措施。其中最主要有下述六项：其一，听取和审议专项工作报告；其二，对其工作进行视察或专题调研；其三，就专项工作报告作出决议和向社会公布；其四，进行询问和质询；其五，组织特定问题的调查；其六，对违法失职的负责人作出撤职决定。笔者认为，人大常委会的这些监督权限和监督措施大多也可以适用于国家监察机关。

三、监察机关和中国共产党的关系

监察机关是中国共产党领导下的履行反腐败职能的国家机关。监察机关的这一性质体现了三个主要特点：第一，反腐败是监察机关的基本职能，即监察机关的主要工作是围绕着反腐败开展的。监察法第三条明确规定：“各级监察委员会是行使国家监察职能的专责机关，依照本法对所有行使公权力的公职人员（以下称公职人员）进行监察，调查职务违法和职务犯罪，开展廉政建设和反腐败工作，维护宪法和法律的尊严。”即履行国家监察职能的专责机关是各级监察机关。各级监察机关依照法律规定对公职人员行使权力的情况进行监察，调查公职人员是否存在职务违法行为或者职务犯罪行为，推动廉政建设与反腐败工作的有效开展。依照上述法律可以看出，监察机关的最基本职能就是开展反腐败工作。监察机关除了开展反腐败工作，履行反腐败职能之外，还肩负一定的勤政监督职能与效能监督职能。监察法第十一条第（三）项规定：“对违法的公职人员依法作出政务处分决定；对履行职责不力、失职失责的领导人员进行问责；对涉嫌职务犯罪的，将调查结果移送人民检察院依法审查、提起公诉；向监察对象所在单位提出监察建议。”即如果领导人员出现履行职责不力或者失职失责的情形的，监察机关应当对该领导人员予以问责追究。即监察机关可以对不积极履行职责或者拖延履行职责的领导人员进行问责。第二，监察机关是国家设立的负责履行反腐败职能的专门机关。过去中国共产党的纪律检查委员会、行政监察机关、国家检察机关的侦查、预防部门、行政审计机构乃至公安、税务、海关、工商等行政执法机构都有反腐职责。其中，行政监察机关的监察对象主要是行政机关的工作人员，国家检察机关的侦查主要是侦办国家工作人员的职务犯罪，而不管辖国家工作人员的职务违法行为。现在国家对上述机构进行改革，将行政机关内负责监察工作的行政监察部门和检察机关负责侦办职务犯罪的侦查部门等进行重新整合，组建成国家监察机关，由国家监察机关统一、集中来行使反腐败职能。[7] 即由国家监察机关负责对所有公职人员行使公权力的情况进行监察，包括监察公职人员在行使公权力的过程中是否存在职务违法行为，或者是否存在职务犯罪行为等。第三，监察机关履行反腐败职能必须在中国共产党的领导下进行。坚持中国共产党的领导是监察机关履行其反腐败职能的前提和保障。中国共产党的纪律检查委员会和国家监察机关的合署办公，体现了监察机关行使反腐败职能是在中国共产党的统一领导下进行的。中国共产党的纪律检查委员会的监督执纪职能与监察机关的监督执法职能相辅相成、相互促进，形成了党纪与国法、党内与党外双管齐下的腐败治理格局。

四、监察机关与司法机关的关系

监察机关不同于司法机关，监察机关也不隶属于司法机关，但是监察机关可以行使司法机关的某些权限。监察法第十一条第（三）项规定，监察机关在调查案件的过程中，发现公职人员有涉嫌职务犯罪的，应当将案件调查结果移交人民检察院，由人民检察院根据案件情况决定是否提起公诉。从上述法律可以看出，监察机关依法有履行法律监督职责，但是监察机关的法律监督不等同于司法机关的法律监督，二者既有相似点，也有不同点。其相似点是监察机关享有一定的刑事侦查权以及可以行使某些刑事强制措施权，比如讯问犯罪嫌疑人、查询账户、冻结存款、调取证据、查封财物、场所或设施、扣押财物、勘验检查犯罪现场、对专业问题进行鉴定以及留置相关涉案人员等。监察机关可以采取的上述监察手段或措施，与人民检察院可以采取的刑事强制措施和刑事侦查措施具有相似性。其不同点是监察机关在性质上不同于司法机关。监察机关与人民检察院不一样，人民检察院有权提起公诉，监察机关无权提起公诉；监察机关与人民法院也不一样，人民法院对诉讼案件享有审判权，监察机关对诉讼案件没有审判权。监察机关在办理案件的过程中，如果发现有涉嫌职务犯罪案件的，监察机关只能将案件移交人民检察院，由人民检察院负责

---

〔7〕 秦前红：《困境、改革与出路：从“三驾马车”到国家监察——我国监察体系的宪制思考》，载《中国法学评论》2017 年第 1 期。

审查起诉。监察机关无权对涉嫌犯罪的案件提起公诉,更无权对涉嫌犯罪的案件进行审判。[8] 对涉嫌犯罪的案件进行审判的权利是人民法院独有的权利,其他任何国家机关都无权享有。

此外,《宪法》第一百二十七条第二款规定:"监察机关办理职务违法和职务犯罪案件,应当与审判机关、检察机关、执法部门互相配合,互相制约。"该规定表明国家监察机关与人民检察院和人民法院的相互关系,还是一种互相配合、互相制约的关系。

五、国家监察机关的内部关系

监察法第九条第四款规定:"地方各级监察委员会对本级人民代表大会及其常务委员会和上一级监察委员会负责,并接受其监督。"即上级监察机关对下级监察机关有监督职责,而下级监察机关则应当接受上一级监察机关的监督。同时,监察法第十条规定:"国家监察委员会领导地方各级监察委员会的工作,上级监察委员会领导下级监察委员会的工作。"即地方各级监察机关应当接受国家监察机关的领导,下级监察机关应当接受上级监察机关的领导。依照上述法律可以发现,监察机关中的上级监察机关和下级监察机关之间是监督和被监督的关系,也是领导与被领导的关系。上下级监察机关之间的这种监督与被监督以及领导与被领导的双重关系,区别于上级人民法院与下级人民法院之间的关系,也区别于上级人民检察院和下级人民检察院之间的关系,还区别于政府系统内的上级行政机关与下级行政机关之间的关系。上级人民法院与下级人民法院之间的关系是监督和被监督的关系,但它们之间不存在领导与被领导的关系。上级人民检察院和下级人民检察院之间的关系是领导与被领导的关系,但它们之间不存在监督与被监督的关系。而政府系统内的上级行政机关与下级行政机关之间的关系是下级行政机关对上一级行政机关负责并汇报工作。地方各级行政机关受国务院的领导。由此可见,上级监察机关和下级监察机关之间的关系具有更强的领导性,即其不仅存在监督与被监督的关系,还同时存在领导与被领导的关系。

关于监察机关的内部关系,监察法还规定了监察派驻、派出制度和监察专

---

〔8〕 朱福惠:《论检察机关对监察机关职务犯罪调查的制约》,载《法学评论》2018 年第 3 期。

员制度。监察法第十二条规定:“各级监察委员会可以向本级中国共产党机关、国家机关、法律法规授权或者委托管理公共事务的组织和单位以及所管辖的行政区域、国有企业等派驻或者派出监察机构、监察专员。监察机构、监察专员对派驻或者派出它的监察委员会负责。”第十三条规定:“派驻或者派出的监察机构、监察专员根据授权,按照管理权限依法对公职人员进行监督,提出监察建议,依法对公职人员进行调查、处置。”这些派驻或者派出的监察机构和监察专员都是监察机关内部关系的重要组成部分,必须按照监察法的规定加以理顺。

思考题

1. 试述监察的现代内涵。
2. 如何理解监察法的性质?
3. 监察法的立法目的是什么?
4. 如何理解监察法的指导思想?

第二章　我国监察制度的历史发展

第一节　先秦时期:我国古代监察法制的萌芽状态

我国古代监察法制的形成起源于原始社会晚期,历经夏商周三代、春秋、战国时期,确立于秦汉时期,[1]这些时期的权力监督实践对我国古代监察法制的形成与发展具有深远影响。

一、原始社会晚期权力监督的出现

监察制度初现于原始社会。原始社会没有私产、官吏、国家,这个时期的最大特点是监督者与被监督者地位平等,没有凌驾于氏族社会之上的权力。原始社会分为母系氏族社会阶段和父系氏族社会阶段。在母系氏族社会阶段,人类基于当时的生产和生活状态采取原始群居方式生存。人们借助母系血统发挥凝聚作用,实行生产资料公有,共同生产和消费。这一时期的氏族成员一律平等,共同参与氏族内外事务的管理。氏族首领由氏族成员选举产生,如氏族首领不称职则氏族成员可以对其罢免,由此出现民众监督的雏形。父系氏族社会阶段,首领虽然是选举产生,但通常是由公社内最有权势和财富的父系家族长老担任,在此基础上,几个出自共同祖先的父系氏族公社组合成氏族部落(如黄帝部落)。为发动对外战争或者防御外事,几个地域相近并具有一定亲属关系的部落进一步组成部落联盟。部落联盟设立议事会(部落联盟的决策和管理机构),议事会成员进行一定的权力分工,并各自担任一定的官

---

〔1〕 彭勃、龚飞:《我国监察制度史》,中国政法大学出版社 1989 年版,第 12 页。

职。这个时期的氏族公社已经形成了初级的监察系统,主要内容是:氏族部落全体成员对联盟议事会及联盟首领等氏族权力机构的民主性监督,氏族管理机构中上级对下级组织及其人员的纠察性监督。

(一)对氏族权力机构的民主性监督

原始社会晚期,母系氏族公社时期流传下来的原始民主精神依然存在一定程度的影响,氏族事务管理具有较为浓厚的原始民主性质。部落联盟的首领由部落联盟议事会选举产生,部落联盟首领的专断性权力受到具有民主性色彩的部落联盟议事会的控制,同时接受来自社会民众的民主性监督,即舆论监督。

不同时期,舆论监督发挥的效力不同。在原始社会,舆论监督对部落联盟首领以及其他具有一定职位的议事会成员发挥直接与强有力的约束作用,主要原因在于原始社会管理机构的权力和权威完全来自氏族成员的认可,舆论正是氏族成员对这些"掌权者"能力的社会评价,因此,舆论的支持成为"掌权者"权力和权威的合法性基础。原始社会晚期的氏族首领非常重视舆论的监督作用,聆听氏族成员对其执政过程及结果的支持或反对意见,并凭此对执政过程或结果进行确认和纠正。氏族部落首领接受舆论监督的主要方式是氏族成员的纳谏行为,即《左传》中记载的,"自王以下,各有父兄子弟,以补察其政……"氏族部落首领接受的谏议主要来自下级官吏的"官谏"和不特定氏族成员的"民谏"。"明台"和"衢室"是部落联盟首领采纳民意的场所,即为接受"官谏"的设施;而"告善之旌"和"谏鼓"则是氏族成员对部落联盟首领过失提出批评意见,即"民谏",以此来督促首领纠正的制度设置。

原始社会晚期氏族部落联盟首领重视下级官员和民间舆论的做法以及相应的举措,表明这一时期民主性力量仍然具有一定的政治权威,氏族部落的管理机构在一定程度上受限于社会民众,这样的权力监督所体现的民主性因素,在后世中得到广泛的认可与推崇,成为后世谏言制度的理论依据之一,并给后世的君主专制时期的监察制度设计产生一定的影响。

(二)对下级机构的纠察性监督

原始社会晚期的氏族管理机构,通常是由部落联盟首领和具有监督职责的组织来行使监督权。史料记载,氏族部落首领主要是通过巡守实现其监督目的，尽管巡守监督具有较强的权威性，监督作用的发挥也更为直观，然而这种方式比较耗时，部落联盟首领难以将其日常化。为此，设置一定的官员，专职或兼职行使监督权力成为必要。如黄帝为“监于万国”而设置的“左右大监”，这应该是我国历史上最早出现的享有监督权的官员。[2]

二、夏商周权力监督的制度化发展

夏启夺得王位后，公天下变为家天下，国家机器取代部落联盟，奴隶制国家正式建立。殷商和西周政权，进一步推进了我国古代奴隶制度国家机器的健全与发展。夏商周奴隶制政权的建立，带来了社会结构的深刻变化：改变了原始社会时期氏族成员之间的平等社会关系。奴隶制度时期，处于社会顶层的是以夏后、商王、周天子为首的奴隶贵族，皆在政治、经济、法律上享有主导权，彻底改变了以往的监督性质。权力监督开始沦为维护奴隶专制王权的工具，广大诸侯和官吏成了监督对象。此外，王权与神权相结合，赋予监督更加神圣的色彩。

夏商周时期的监督体制在原始社会晚期既有的监督体系基础上有了进一步的发展。君王成为奴隶制国家权力的所有者，权力监督制度建立在维护君王的专制地位和专断权力的基础上，主要以效忠于君王的诸侯和官吏为监督对象。原始社会晚期氏族社会阶段的民主性监督和上级对下级氏族管理机构的纠察性监督在夏商周时代得到延续，但由于奴隶专制王权，民主性监督转变为臣民对君王的谏议式监督，这种监督方式在当时处于弱化状态，而上级对下级氏族管理机构的监督则转变为君王、特定国家机构及其官员对贵族或百官的纠察式监督。

（一）对百官的纠察式监督

夏商周时期对百官的纠察式监督，主要由君王和特定官员负责实施。

1. 君王亲自行使监督权

由君王亲自行使监督权，主要是因为奴隶制国家的制度尚未成熟，王权和普通官员之间的权力划分尚不明晰。夏商周时期的君王对官员和地方诸侯进

[2]　张晋藩：《我国古代监察法制史》，江苏人民出版社 2017 年版，第 10 页。

行监督的主要方式是沿袭原始社会晚期盛行的巡守。“天子适诸侯曰巡守，巡守者，巡所守也。”君王巡守的对象为：土地、仓廪、牧场、牢狱等具体事务。[3] 君王巡守的目的主要是监督封国或地方官吏的执政情况，以确保中央王朝得以及时掌控地方及王国周边的政治、经济和社会状况。殷商时期，君王对巡守非常重视，巡守成为君王监督各国诸侯的基本手段。商朝君王出巡前要进行占卜、祭祀或者告庙。除了巡守外，君王还在诸侯定期的朝觐“述职”时行使监督权。“述职”有助于君王了解王国各地的军事、政治和经济等方面的发展状况，有助于中央王朝的决策，方便君王对诸侯国内事务的监督。

2. 特定官员行使监督权

殷商时期，已经出现具有专门监督权力的官员；西周时期，承担监督职责的官吏种类、监督手段和措施更加多样化，使得奴隶制时期权力监督制度不断成熟和完善。

据史料记载，夏商周时期具有监督职权的官员有很多种。首先，是各种史官。夏代已有“太史令”的官职，太史令为掌握法令、策命诸侯卿大夫之职的“守法之臣”，具有监督的职责。西周时期承担监督职责的史官系统不断扩大，系统内部出现了一定的分工，最高官吏是太史，其下属官包括内史、御史和省史，他们的监督活动加强了中央与地方、内廷与外廷之间的关系，加强了君王对官吏和诸侯的权力监督。其次，行使监督权力的官员还有各类宰官和其他系统的官吏。宰官与周王关系密切，可以代王传命，参与政务，一定程度上行使着监督官吏之权。宰官系统内具有监督职权的官吏主要包括大宰、小宰、宰夫等，大宰主要是通过对百官政绩的考察，实行监督之职；小宰负责掌治令、授成法，其职权也与权力监督事务紧密相关；宰夫的监督权力相对更为集中和专业，其依法考核百官治绩，根据“宫刑”监督并惩治官吏的不法行为。

（二）对君王的谏议式监督

父系氏族社会阶段，部落联盟设立议事会管理机构，类似的组织也存在于夏商周时期。君王进行国家重大决策时，有时也会征求这些组织的意见，以求他们的支持，即君王听取臣下的谏议。西周时期的统治者更加重视臣下对朝

---

〔3〕 参见李雪山：《商代监察制度钩沉》，载《史学月刊》2004年第9期。

廷执政监督和矫正的谏议，一般民众可以通过街巷传语的方式对施政得失作出评价，通过献曲、献书等形式进行劝谏，近臣、亲戚也可以对君王进行规劝。谏议的人群主要有：

一是贵族谏政。西周君王制定和执行重大决策时，通常要听取具有丰富政治经验的贵族意见，或争取贵族的支持，这为贵族对周王的执政决策进行一定的程度监督提供了可能。周初实行的师保辅政就是贵族谏政的典型。谥法制度是贵族谏政之外的一种重要方式，是臣下集体评论君王一生功过的制度。

二是专制官吏向君王进谏。这种官吏的监察方式作用甚微，因为官吏劝谏意见，能否得到重视并采纳，完全取决于周王个人的德行和态度。

三是国人谤政。倾听民间的呼声，征求社会民众的意见，这种源于原始社会的传统民主监督机制，也是周统治者用以敬天保民的治理之道，故设置专门官员用以收集民情民意。

（三）夏商周监察立法的出现

我国古代的权力监督实际上是君王或特定机关及其官员对百官进行监视和纠察的体现。实践中，为了确保监督机制在维护王权规范化和利益化等方面的运行发挥正常作用，历代王朝的统治者都非常重视通过法律手段来规范监督机制的运行过程。

夏商制定的法律，已经存在专门针对官吏犯罪的法律规范和相关的罪名。夏朝“贪以败官”的墨罪就是以官吏为主体的贪污罪。夏朝政典中也有官吏在行使职权时必须严格遵守的相关律条。商朝统治者在执政之初专门制定了惩治官吏犯罪的《吕刑》。西周时期，对于权力监督的相关立法更为精细和系统，礼乐政刑的典章制度最为著名。西周这套典章制度中，最重要、最基本的是礼制。周礼以“亲亲尊尊”为基本原则，将维护王权作为核心，并且注重伦理与政权的统一。这套礼制呈现“贵贱有分，尊卑有分”的等级制度。这种等级礼制是西周权力监督体制的法律基础。典章中的刑典，是西周时期法律的代表，其中的《九刑》和《吕刑》规定了不同犯罪所对应的刑罚，体现了权力监督活动的权威性和强制性。这些立法的出发点都是统治者借助法律的强制性明确百官的职责，进而为权力监督提供法律依据，保证监督的权威性和有效性。

三、春秋战国时期权力监督制度的进一步发展

春秋战国时期是我国古代社会在经济、政治和文化等领域发生深刻变化的时代。随着社会经济的发展,分封制、宗法制、井田制开始崩溃,战国时期最终确立君主专制主义的经济、政治和法律制度。专制君权的形成导致我国古代权力分配体制和运行机制的急剧变革。这种变革对于我国古代监督制度向监察法制的转变,具有决定性意义。

春秋战国时期的监督体系依然由谏议式监督与纠察式监督构成,随着君主专制主义下权力监督理论的成熟发展,谏议式监督与纠察式监督得以不断完善。

(一)对官吏的纠察式监督

春秋战国时期的纠察式监督仍然由君王亲自进行监督和官吏负责监督构成,但监督采取的方式有了较大的发展。

1. 君王亲自行使监督权

春秋战国时期君王一贯采用前代巡守的传统,对百官进行考察。此时期君王巡行涉及的活动内容更加广泛,包括了解民意、检察地方官吏的工作、惩恶扬善、修改不适法令等。巡行目的在于考察百官的政绩,整顿吏治,纠正不法行为。此外,各国还通过复事制度,即臣下用口头汇报或书面汇报的方式向君王汇报政绩及对属下考核的情况,保证各国君王对各级官吏的监督和控制。复事制度是君王了解下情、掌握基层官吏任职守职情况的重要途径。战国时期的各国君主还采用上计考核方式对各级官吏进行监督,即各级官吏将其管辖区域内的民政、经济及刑狱等情况汇编成册,逐级上报君主,以供审查。

2. 官吏行使监督权

春秋战国时期行使监督权的官员更加专门化,御史的监督职能不断得到强化和凸显。各国在政府机构中设置御史监察官吏,御史是由西周时期的史官过渡而来,在此时期其监察职能不断加强,《秦会要订补·职官上》记载:"秦赵之会,御史书事,而淳于髡亦云御史在前,掌记事纠察之任也。"各国设谏官监督朝政,并通过巡行、巡县,监军,上计制度等公开途径加强对官吏进行监督,此外,还通过派员察访调查各级官员是否有越轨言论,《韩非子·内储

说下》记载:"卫嗣君之时,有人于令之左右,县令有发蓐而席弊之,嗣公还令人遗之席曰:'吾闻汝今发蓐而席弊甚,赐汝席。'县令大惊也,以君为神。"御史的监督对象从中央官员延伸到地方官员。

(二)对君王的谏议式监察

春秋战国时期的思想家对君主纳谏和臣下进谏极为推崇,谏议式监察得到大力发展,主要表现为纳谏活动的制度化和进谏官员的专门化。各国君王纷纷建立朝议制度,通过朝会的形式,君王和官吏共同商议国家大事,集思广益。各国设立具有忠勇果敢品质的专门谏官,行劝导规谏之权,直谏君王,这一时期的谏议活动十分活跃。谏官的谏议活动对最高统治者的政治决策乃至个人行为都起到了极为重要的警醒和监督作用。

随着权力集中趋势的加强,官职系统的完备,春秋战国时期的权力监督机制在政治和法律运行中的控制作用得到强化,监督制度趋于成熟和健全,为秦汉时期监察法制的形成奠定了基础。

(三)权力监督相关立法成文化的呈现

春秋战国时期成文法的公布,促进了权力监督立法的成文化。各国立法活动频繁,如晋国通过铸刑鼎的方式公布其制定的"被庐之法""常法";郑国有子产铸的刑书;李悝集各国立法之大成,编撰了我国第一部成文的封建法典——《法经》,商鞅据此对秦国的法律制度进行重大改革,明确规定"刑无等级,不赦不宥"。这些成文法运用法家的"事断于法""刑无等级"等立法原则,规定了一些涉及惩治不法官吏的内容。

春秋战国时期的监察制度具有约束官吏、维护统治秩序、缓和阶级矛盾的作用,出现了含有惩治官吏内容的成文法规,设置了监察官员,但是没有设置专门的监察机构,独立的监察法规体系尚未产生,监察活动较为简单,因此春秋战国时期只是我国监察制度的准备时期,同时由于封建制度的桎梏,监察制度也只能充当维护皇权的御用工具。

第二节 秦汉魏晋南北朝时期：我国古代监察法制的形成阶段

秦汉是我国古代君主专制主义中央集权制度建立和形成的历史时期，其监察体系由专门的御史组织、行政系统内部设立的监察组织及其他的专职或兼职的监察官员组成，初步形成了中央与地方监察组织之间的分工。监察体制和机制的构建日益成为专制国家立法和制度建设的重要内容。任职监察机关的官员数量不断增加，监察机关的独立性不断增强，权力监督活动在整个政权运行中的地位和作用不断强化。秦汉模式成为后世监察体制建设的榜样。

一、秦朝的监察法制

秦统一六国，建立了我国历史上第一个专制主义中央集权国家，为了维护统治，秦创设御史府作为中央监察机构，中央机构一分为三，即御史台、丞相司和司隶校尉，三者互相牵制，各有分工，这不仅使监察方式多样化，而且也使监察官吏受人监督。设立御史大夫为御史府的最高长官，御史府还设侍御史若干名分管古今图书，律令，土地和户籍。为了加强对各级政权的监督，据《史记·秦始皇本纪》载，秦统一六国后，“分天下以为三十六部，郡置守、尉、监”。废除分封制设立郡县，秦在地方设置了地方专职的监察官员，称为监郡御史，隶属于御史大夫，负责掌监郡，代表皇权监察地方官吏。秦还设置了言谏之官，称为给事中，据《文献通考·职官四》记载：“给事中，加官也，秦置，汉因之，以有事店中，顾曰给事中。所加或大夫、博士、议郎，掌顾问应对，位次中常侍。”

二、汉朝的监察法制

汉承秦制，在中央设御史府的同时，增设丞相司直和司隶校尉为中央监察官。汉朝的地方监察制度称为刺史制度，在地方设十三部刺史，监察地方二千石长吏。汉代创制中央和地方的监察制度，促使监察体制朝着法制化演进。汉惠帝三年（公元前192年）制定了第一个专门性的地方监察法规《监御史九条》。据《西汉年纪》记载："惠帝三年相国奏御史监三辅郡，察以九条：察有讼者，盗贼者，伪铸钱者，恣为奸诈论狱不直者，擅兴徭役不平者，吏不廉者，吏以苛刻故劾无罪者，敢为逾侈及弩十石以上者，非所当服者，凡九条。"随后汉武帝在此基础上制定了《刺史六条》，此六条针对当时的社会矛盾而制定，为刺史执行地方监察提供了依据，同时也为刺史监察地方提供了明确的权限，至此标志着汉代监察制度的形成。

秦汉时期，监察机构正式成立并且初具规模，具有一定的系统性。在御史府设立百官考绩档案，监察和考核相互渗透。尽管秦朝已经从中央到地方普遍设置御史司监察，并且设置了中央监察机构御史府，此阶段的监督制度却没有在秦的统治中发挥很好的作用。究其原因，是根植于封建社会小农经济下的专制主义中央集权，严重制约了古代监察制度作用的发挥。

三、魏晋南北朝时期的监察法制

魏晋南北朝时期，门阀氏族操纵朝政，国家分裂割据，此时期封建的监察制度作用非常有限，但随着专制主义中央集权的不断加强，监察制度仍然有所发展。由于战乱纷繁，魏晋南北朝时期的监察机构不完善，职能和名称变化较大。据《册府元龟・宪官部》记载："晋初罢大夫，因汉制，以中丞为台主。"可见，从魏开始中央御史台脱离少府，直接受命于皇帝，成为独立的中央监察机关。御史中丞作为御史府的台主职权和地位比汉魏时期有所提高，打破了不纠"三公"的法定限制和专纠行马内的界限，同时通过废除汉代中丞路遇尚书丞郎，要行止车版揖之礼，以提高中丞的地位。至东晋，废除司隶校尉，监察机构初步统一，监察权不断扩大，自王太子以下无所不纠；至南朝，我国古代的谏官系统不断规范化系统化，谏官独立行使职权，建立了专门负责规谏的集书省，该组织有较大的独立性。虽然此时期国家动荡，相关的法律法规制定却没有与实践脱节，比如西魏时期的《六条诏书》，内容是：一修身心，二敦教化，三尽地利，四擢贤良，五恤狱讼，六均赋役。文帝也特别重视这六条，"常置诸座右。又令百司习诵之。其牧守令长，非通六条及计帐者，不得居官"。

魏晋南北朝监察制度最重要的建树，是监察组织完全独立，机构初具规模，御史台脱离少府管辖，成为由皇帝直接掌管的独立的中央最高监察机构，监察法规方面突显察举和惩罚并重的特点，就总体而言，魏晋南北朝时期进一步巩固了古代监察制度，是我国古代监察制度的一个重要时期，但是统治者对门阀世族采取过宽的政策以至于他们阻碍和破坏了监察工作，同时朝代更替频繁，致使相对固定和周密的地方监察制度缺失。

第三节　隋唐宋元时期：我国古代监察法制的成熟阶段

一、隋唐时期的监察法制

隋废除北周的六官制度，建立三省六部为核心的中央政府机构，据《隋书·百官上》记载："高祖践极，百度伊始，复废周官，还依汉、魏。唯以中书为内史，侍中为纳言，自余庶僚，颇有捐益。"设立御史台和司隶台，分别负责内外监察，确立御史台为国家最高监察机关。隋的御史台不仅有权弹劾百官失职，而且有权弹劾皇子。据《隋书·陆知命传》记载：炀帝次子齐王"颇骄纵，暱近小人，恣行淫秽"，治书侍御史陆知命、监察御史韦德裕先后奏劾其罪，炀帝遂"穷治"次子之罪，这一行为威震了朝上百官。

由于隋炀帝的残暴统治，隋末的农民起义推翻了其统治，李渊父子建唐，我国古代进入鼎盛时期。唐代的监察制度沿袭隋代，设立御史台，包括台院、殿院、察院，分工明确，加强了御史台内部的建设，使监察官对政府官吏的纠弹职责更加分明。唐代的御史台不仅继承了前朝的御史监察职能，同时根据当时的实际情况，扩大了监察范围，据《唐六典·御史台》记载："侍御史掌纠举百僚，推鞫狱讼。"御史台拥有部分司法审判权。唐以前，御史台的职能侧重于政治上弹劾百官，肃正朝纲，而在财政方面监管却很少。到了唐代，御史监察的范围涉及国家的各个部门，《册府元龟》卷520《宪官部》记载了唐朝五十一次弹劾事件，其中有二十七次涉及经济上的违纪犯法，可见财政监督已经成为监察工作重点，财政监督权主要体现在监督户部、司农寺、太府寺等重要财政部门，同时御史担任地方的财政监察官员，监督地方的经济财政工作。唐代除了设立御史台，还设立了谏官组织，包括隶中书和门下两省，形成台谏并立的局面，御史台负责纠正百官的不法行为，谏官则负责规制政府的失当行为，各司其职，两个系统互相辅助，同时将地方划分为十道监察区，形成相对严密的监察网络。隋唐的监察制度上革魏晋，下启两宋，对秦汉以来的监察制度进行了重要的调整和变革。隋唐时期的监察制度日趋完善，但仍然存在不少缺陷和弊端，例如谏官系统权力交织，监察官员成为皇权御用的工具，摆脱不了封建社会的桎梏等。

二、两宋时期的监察法制

宋代在前代监察法制的基础上，建立了一套极具特色的监察法制。秦汉以来一直处于分离状态的台谏之权，在两宋时期逐渐形成了御史和谏官制度合一的形势，监察制度在国家体制中发挥更大作用。两宋时期非常重视对监察机构的监督，各路监司不仅要接受台谏的监察，而且还要受到监司之间的互察。两宋监察法制最重视的是依法行使监察权，从而制定了一系列的监察法规，为保障监察效能发挥了重要作用。

（一）监察体制的发展

1. 中央监察机构的设置

北宋初期沿袭唐朝制度设御史台为最高监察机关，御史台以御史大夫为长官，但没有实任，御史中丞是实际上的台长。御史台下分设台院、殿院、察院。台院设置侍御史，殿院设置殿中侍御史，察院设置监察御史。察院主要负责监察六部及朝廷行政、司法等工作。两宋谏院不是独立机构，隶属于中书、门下两省。谏院下设鼓院和检院。宋朝以前，台谏机构属两个系统，但到了宋朝时期发生了重要变化，表现在两个方面：一是言谏机构职权行使的对象有所扩大，开始将宰相和各职能部门包括在言谏范围之内；二是御史开始兼任言谏之责，台谏呈现合二为一的趋势。

2. 地方监察机构的设置

宋朝吸取唐代经验，在地方先后设置转运司、提点刑狱司、提举常平司等中央派出机构，分别负责某方面的政务，并具有监察地方官的职责，统称为“监司”。两宋的监司在维护统治秩序的相对稳定、制约地方官吏、防范腐败等方面起到了重要作用，其中提点刑狱司是监司中主要负责司法的机构，其职责除了察访地方刑狱、审问囚徒、复核案牍，还兼领对违法官吏的纠举监察。

此外,宋朝还设置了走马承受公事和通判。走马承受公事负责监察军队和封疆大臣的行动,同时也收集边境军事情报。通判实际上是皇帝派驻地方专事监察知州的监察官,有"监州"之称。凡诸州行文公事,都必须有知州通判联署才能生效。通判享有签署权,可以监察所部官吏,从而进一步加强对地方官吏的监督。

(二)监察立法的推进

宋朝统治者不仅注重改革和完善监察体制,而且非常重视制定监察法,在吸收和借鉴前代监察立法经验的基础上,进行了较为广泛的立法活动,宋朝的律典和敕、令、格、式等法律形式,共同构成了较为完整的法律体系。在这一体系中,监察立法的内容大为增加。宋朝的监察法除了专门的监察法如《监司互监法》外,最为主要的是皇帝的诏、敕、令。以敕令的形式对监察官的职权与活动作出明确的规范,以保证监察效能的发挥。

两宋为了规范监察机构正确行使职权、依法办事,制定了从中央到地方的一系列监察法规。首先是台谏系统,太宗时,已将与御史台有关的敕令格式编制成御史台的专门法规。真宗时期编成了《御史台仪制》六卷。徽宗崇宁间编撰了《崇宁重修御史台令》。这些法规具体规定了台谏官的重要职能,具体包括监督纠弹官吏是否忠于皇帝,是否勤于政事、弹劾官员的渎职或玩忽职守、弹劾不遵守朝廷礼仪行为、加强御史台对科举考试的监督等。其次是地方监察系统,南宋宁宗时期修成的《庆元条法事类》规定了地方监司必须如期巡察、不得贪污受贿等,除此之外还规定了监司享有刑事监督权和民事监督权。

三、元朝时期的监察法制

元朝是我国历史上第一个以少数民族——蒙古族为主体的全国性政权。元朝皇帝非常重视监察机关的职能,提高其地位,扩大其组织,形成了涵盖中央与地方的监察网络,并丰富了监察立法。

(一)元朝的监察体制

1. 建制独立的御史台

元朝的御史台与中书省、枢密院三足鼎立,在体制上是独立的。元世祖将中书省视为其左手,枢密院视为其右手,御史台视为"治疗"左右手的"大夫",

从而将中书省与枢密院纳入御史台的监督范围内。御史台在元世祖心中地位极高,其对监察机关灌注期望与重视,对御史台进行了一系列的改革:一是将御史台长官的职位品级提高,使其摆脱宰相的控制,使御史台成为当时最高监察机关;二是将台院改为殿中司,原台院的职权并入察院,使御史台的内部组织趋于一元化,有利于监察职能的发挥;三是御史兼有谏官职能,监察官的职掌简要明确,监察的范围宽广,位高权重。

2. 创设地方行御史台

元朝监察体制最具有特色的是地方行御史台的设置。设置行御史台的首要目的是在反元斗争最激烈的地区建立权威的监察机构,以加强对该地方官员的有效监督,发挥其镇压与安抚的功能,从而巩固中央集权的基础。行御史台作为中央御史台的派出机构,还起到了沟通中央与地方监察网络的桥梁作用。除了行御史台,元朝还建立了提刑按察司与肃政廉访司作为地方常设监察机构。肃政廉访司以纠察百官为职,负责监督纠弹地方官吏,同时也掌握"录囚""按治"等司法监察活动,此外还负责监督科举考试。

(二)元朝的监察立法

元朝的监察立法与宋朝以分散的诏、敕、令的立法形式有所不同,多以宪纲条例的形式出现,体现了专门化的发展趋势。元世祖即位后,为了将监察活动纳入法制轨道,至元三年发布关于制定监察法最早的诏谕,继而陆续颁布一系列监察法规:至元五年颁行《设立宪台格例》,是御史台行使监察权的基本法律依据,规定了御史台的职权范围和地位,以及纠察、纠弹、体察、罚则等多种监察方式,其内容主要包括行政监察、财经监察、司法监察、军事监察等;至元六年以《设立宪台格例》为依据,结合地方监察机构的特点制定规范按察使司的《察司体察等例》;至元十四年制定规范行御史职能的《行台体察等例》;至元二十一年制定约束察司官员的《禁治察司等例》等,至元二十八年颁布元朝第一部法典——《至元新格》。元世祖时期监察立法频繁,表明其希望通过加强监察来整顿吏治,达到"纪纲举,天下治"的目的。元朝监察法的基础奠基于元世祖时期,贯穿了其提出的"立台之旨"的监察思想。

第四节　明朝时期：我国古代监察法制的强化阶段

明朝是我国封建社会后期重要的朝代之一，是专制主义高度强化的朝代，这对明朝的监察体制和监察立法有深刻的影响。作为“天子耳目，风纪之司”的监察机关，无论地位和职权都得到进一步的提升。除了都察院系统外，还创立了六科给事中的独立监察系统。为了确认监察机关的权责与活动程序，保证监察权的实施，从洪武二十六年便陆续制定了监察法规，其中以《宪纲总例》为代表。后面陆续出台了宪纲总例、督抚建置、各道分隶、纠劾百官、考复百官、急缺选用、奏请点差、出巡事宜、照刷文卷等十多部监察法规，形成了明朝的监察法体系。

一、明朝的监察体制

我国封建的监察体制历经秦汉、魏晋南北朝、隋唐、宋元各朝的发展，监察机关的组织形式逐渐完善，监察法制也在不断的改革中日益充实。至明朝，监察体制继往开来，进行重大改革，创立了影响我国五百余年的新的监察体制。

明朝初期，沿用元朝监察旧制，中央设置御史台，与中书省、都督府地位并重。后设置六科给事中，负责看详诸司奏本及日录旨意等事，加强对六部的监察，言谏制度开始运作。随后设都察院以代御史台，将台察合二为一，由原先御史台的三院制改为都察院的一院制，使监察权力一体化。

（一）中央监察体制

1. 都察院

明朝在洪武十五年设置都察院，最高长官为左右都御史，都御史职掌纠劾百官，辨明冤枉，提督各道等事项。而后设十三道监察御史，使中央到地方形成了一个完整的监察体系，加强了中央对地方的控制。监察御史是都察院直接行使监察权的专职监察官，在组织系统上虽然隶属于都察院，但是其只对皇帝负责，很多事情不必经过都察院就可自我断定，具有较强的独立性。监察御史还可以单独进奏，通过参与京察、大计，行使百官的纠察权，借助照刷文卷的方式，对各衙门进行书面监察。监察御史当班轮值，朝会纠仪，祭祀监礼，执行公务时不受任何官员干扰，受命出巡时享受特别待遇。监察御史的考核罢免，由皇帝亲自决定。

2. 六科给事中

所谓六科，是指吏科、户科、礼科、兵科、刑科、工科。给事中属于言谏监察系统，对维系国家机器的正常运转，减少政治决策的失误，正确执法、司法起到了重要的监控作用。六科总司职掌中最重要的和最具有代表性的是封驳权和言谏权。封驳权是指拥有封还皇帝敕令和驳正臣下奏章的权力；言谏权则是指可以在朝会上纳言直谏。六科给事中除了具备历代言官的职权，还享有“稽查六部百司之事”，纠举官吏的违法失职，因而与御史并无实质上的区别。

明朝初期时，曾设立出纳帝命、尽规谏正、封驳违失的通政使司，其也享有一定的监察权。通政使司的设立反映了明初统治者的良法美意，但是由于专制主义极端发展产生的严重恶果——宦官专权，使出纳帝命与奏报臣民奏章均被宦官垄断，导致政治腐败，通政使司形同虚设，被迫废除。

（二）地方监察体制

1. 总督和巡抚

明朝初期，废除行中书省，改置承宣布政使司，主管民政、财政；设提刑按察司主管司法、刑狱；都指挥使主管卫所军事。这三个机构统称“三司”。凡省内重大政事，都必须由三司会议，并经朝廷有关部门核准，方可实行。三司互不统属，缺乏集中统一领导，导致临事推诿，贻误政事，故而实行总督巡抚制度弥补这一缺陷。督抚制度是从都御史出巡发展而来的。明朝初年，为了加强对地方的监督和控制，皇帝定时或不定时派遣都御史出巡地方，监督考察地方的行政事务及官员的政绩得失，担任出巡地方的都御史则称为巡抚。

明代总督和巡抚是皇帝派出的特使，其职权前期以监察为主，后来逐渐演变成为地方军政长官，监察已不是其主要职权。作为监察地方的最高长官，总督和巡抚的职责大致相同，一般都领都御史衔。不同的是，巡抚行使的权力范围是一省或限定省内的某个地方，不涉及军事事务；而总督兼管军事，所辖地区常常超过一省的范围。总督和巡抚可以互相兼职。

2.提刑按察使司

明统治者在地方建置十三省,在每省设提刑按察使司,兼掌司法与监察。提刑按察使司初设之时与都察院并重,但是随着巡按御史职权的扩张,按察使的监察职权渐趋萎缩。

3.巡按御史

明朝根据汉唐由中央政府派遣监察官对地方进行定期巡回考察制度,创立了巡按御史制度。巡按御史的职权范围主要有:考察官吏,奏劾官邪;剪除豪蠹,肃振纲纪;巡视仓库,查算钱粮;审录囚犯,辨明冤枉;考察隐逸,举荐人才。巡按御史"代天子巡狩",直接对皇帝负责,因此巡按御史监察地方事务,行使监察权力时,巡抚是不能干预的。同时巡抚也在巡按御史的监察范围之内。巡按御史与地方上原有的按察司官相互配合,形成了双重监察体制,既克服了专官久任的弊端,也避免了临时差遣了解情况的不足,对于察吏安民起到了积极的作用。

二、明朝的监察立法

明朝的监察法在传承宋元监察法的基础上,取得了进一步发展,主要表现为调整对象的进一步细化及法典化趋势的加强。

(一)宪纲事类

宪纲事类主要包括宪纲、宪体、出巡相见礼仪、巡历事例、刷卷条格。其中宪纲、宪体最为重要。

《宪纲》是御史台在洪武四年正月拟定的,是明代最早的监察立法,其主要内容为御史选用与职权方面的规定。《宪纲》的具体规定是:其一,明确都察院、监察御史和按察分司等监察机关为"纲纪所系,其任非轻",对监察官犯罪从重处理,体现监察官为察官之官的严肃性。其二,规定监察机关内部的监察纠察体制。如上级监察机关对下级监察机关的集体监察,以及监察机关对监察官员自身不当行为的个体监察。其三,确定监察案件的受理机关。直隶地方案由巡按监察御史管辖,在外案件则向按察分司及巡按监察御史处申诉控告。其四,监察御史、按察司官巡历地方时,凡"守法奉公、廉能昭著,随即闻举;若奸贪费事、蠹政害民者,即便拿问"。监察官对于国家政令得失、军民利病，一切兴利除害等事务享有极大的建言权。其五，对于按察司官的处理认为有冤枉者，可以到巡按监察御史申诉，对监察御史处理不服的，可以到通政司递交状纸，送都察院审理。都察院不予审理或枉问者，可击登闻鼓陈诉。其六，规定都察院和按察司属吏的选举范围和资格。“须于考退生员与应取吏员相参补用”，“但不许用曾犯奸贪罪名之人”。《宪纲》赋予了监察御史和按察司官广泛的职权，而且行事之际诸部门官员必须配合，否则治罪。若有受贿行为，则从重处罚。

《宪纲》的内容则主要规定了监察官的自律标准和行为准则，同时解决了监察御史与地方官吏之间的关系，还专门规定了出巡御史、按察司官与地方官、中都留守司官等相见的礼仪。

（二）六科通掌与各科分掌

六科给事中是明代另一独立的监察系统，为了规范其职权和保障监察活动有序进行，洪武二十六年开始制定适用六科执事的专门性监察法规。《大明会典》有载，这些监察法规分为“六科通掌”和“各科分掌”，“六科通掌”规定了给事中的职责权限，属于总则的部分；“各科分掌”规定了吏、户、礼、兵、刑、工六科具体的职责权限及工作细则，属于分则部分。“六科通掌”三十五条，吏科二十条、户科二十五条、礼科十六条、兵科三十五条、刑科十三条、工科十八条。“六科分掌”对吏、户、礼、兵、刑、工六科具体的职责权限及工作细则在《大明会典》卷二〇九《六科》作出了详细的法规条文规定。

“六科通掌”主要规定了六科给事中共同的职权范围和各科之间相互协同的职司。其主要内容可以概括为：其一，六科给事中掌“侍从、规谏、补阙、拾遗”，对皇帝诏令、朝廷奏章和军民利弊等事，拥有言谏权和封驳权。其二，六科给事中可行使广泛的行政监察权，上至朝廷礼仪、军事边防等国家军政要务，下至文武官员在日常行为中的违规失仪等，均在其监察范围之内。给事中还有权按照朝廷法令对官员选任、科举、祭祀等诸多事务中的违法失职行为进行纠察和弹劾。其三，六科给事中可参与受理百姓京控案件和三法司奉旨审理的重大案件。

（三）南京都察院事例

明成祖迁都北京之后，南京仍保留原政权机构，并根据需要制定适用于南京的法律法规。《南京都察院事例》是适用于南京各衙门的地方监察法规。《南京都察院事例》二十八条，其内容比中央都察院的相关法规较为简单，但规定的监察官员的主要职责和权限与中央都察院基本相同，都体现在司法治安监察、人事行政监察、军事礼仪监察、财政监察、科举考试监察等几个方面。

（四）出巡监察法规

1. 出巡事宜

御史巡按地方即为代天子巡狩，上自藩服大臣，下至府州县官，都在纠察之列。为了防止巡按御史在出巡时滥用职权，明朝专门制定了监察御史的《出巡事宜》。在《出巡事宜》中，以经济与司法监察为重点，条款最多。其中，经济监察规定了科差附役、户口、收买军需等经济事务的监察内容。而司法监察主要以讲读律令作为出巡御史司法监察的要点，其反映了明初对官吏明法、依法断案的重视。

2. 奏请点差

奏请点差是指都察院根据需要奏请皇帝分派御史出差分巡、追问、审理事项的制度。明朝为了弥补唐朝以后御史巡按点差缺失明确法律规定这一缺陷，作出专门的规定：一是确定点差的权限。由都察院推引点差，某些特殊的差使，须会同其他部门一起推举，最后由皇帝决定，体现了皇帝对点差御史的重视和御史行使职权的独立性。二是明确划分点差的等级和职权范围，分为大、中、小三等，在分配巡按任务时，一般参照资历先后委以小差、中差，然后再委任大差。三是按照出巡地区路途的远近，规定出巡的期限，必须按期交代，若有违反期限，则予以惩罚。

3. 回道考察

明朝历代统治者十分重视对御史出巡的回道考察。所谓的“回道”是指御史巡按地方，完成任务后返回都察院述职。出巡的御史回道时，必须按照考察所列的项目，列举巡历地方的办事经过，将已完、未完及具体处理过程等，一一开奏明白，并造册上报。由都御史根据相关出巡法规及回道考察法规进行考察核实。对于御史巡按地方时的失职违法、处置失宜、擅作威福等情况，据实参奏。

（五）抚按通例

随着督抚监察的出现，督抚与代天子巡狩的巡按御史在行使职权上产生了复杂的关系和矛盾。为解决这一问题，嘉庆年间颁布了《抚按通例》，以协调督抚与巡按御史的关系，规范督抚行使监察职权。据《大明会典》记载，《抚按通例》在规范抚按之间的职权划分、协调与解决抚按之间的矛盾方面，起到了应有的作用，特别强调了监察官员作为风宪官清正廉洁的重要性。明朝的巡按御史监察的范围不避显官贵宦，即使是管理一方军民财政的加有都御史或副都御史、佥都御史头衔的巡抚，在地方事务的处理上，也只能和巡按御史分庭抗礼，“抚、按争执，诉诸朝廷”，而往往是巡抚败诉，导致了“属吏之畏按臣甚于抚臣也”。

明太祖朱元璋不仅重视一般国家立法，也十分重视监察立法，加强监察法制的建设。《宪纲》所规定的都察院诸官员责权部分具有总则性质，其他的立法如奏请点差法规、六科监察法规、出巡监察法规等，则类似于监察法的实施细则，更具有可操作性。

第五节　清朝时期：我国古代监察法制的完善

清朝是末代封建王朝，其疆土辽阔、民族众多。清代内阁和中央各部院官员的设置实行复职制，即有一满官，就有一汉官，体现了“满汉一体”的特点。清代的官僚队伍十分庞大，对官吏的监察任务极其繁重，更为需要监察之法实现对众多官员和辽阔疆土纷繁事务的有效管理，以达到长期的统治。清朝法律是封建法律的完备形态，清代统治者传承和发展了我国古代传统的监察法制思想和监察立法成果，逐步形成了一套符合国情的监察法律系统。

对清朝监察法制的权力机构而言，皇帝是最高监察机构，是最大的监察官。在清朝乃至整个我国古代社会，最高监察权归于皇帝，整个监察过程，从纠参到议复，从核实到复劾都必须请旨进行，最后由皇帝裁决，监察官的任免，也完全由皇帝决定。

一、"科道合一、网络密集"的监察体制

科道合并是清朝统治者对监察机构的一大改革,也是其监察体制的一大特点。科道合并,加强了监察队伍,扩大了监察范围,把提高政府机构办事效率、维护国家机器正常运转的职责也归入了监察系统。清朝最高统治者遇有重大稽查任务的处理,往往科道并用,分送有关科、道共同负责,各自提出意见,互为补充,相互稽查。

清朝监察体制的第二大特点是都察院相对独立。就清朝的监察体制而言,都察院是与六部、大理寺等行政、司法机构并立,直辖于皇帝的监察机构。都察院左都御史和左副都御史主持都察院的工作,率领下属六科给事中、各道御史行使对中央各部院及各地方的监察权,这种与行政、司法并立的监察体制保证了监察权的相对独立性,有利于监察权的有效行使。

清朝监察体制的第三大特点是自上而下、网络密集。为了能周密严格地监视从中央到地方的各级行政、军事、财政、司法、文教等机构及其大小官吏,清王朝建立了遍及全国的监察网,表现在:一是中央与地方并举。都察院为清朝监察机构的总汇。都察院官员分为两部分,一部分负责中央的监察工作,另一部分负责地方的监察工作,这样能够在监察体制上形成上下相维、中央与地方交互为用的网状结构,使各级官吏处于它的监督之下。二是设立稽察、巡察御史,主要是补充一些重要机构或特殊系统及边远地区的监察人员。

(一)中央监察执法机构

清朝中央的监察机关是沿袭明朝的制度,设立都察院为全国最高的监察机关。都察院有经历厅、都事二厅和值月处、都催所,承办院内行政事务。同时还设立六科、各道、五城察院、宗室御史处、稽察内务府御史处、通政使司和稽查钦奉上谕事件处。

六科即都察院为对吏、户、礼、兵、刑、工六部实行监察,而对口所设的为吏、户、礼、兵、刑、工六科。六科的主要职责,"掌言职,传达纶间,勘鞫官府公事,以注销文卷,有封驳即闻"。

各道:都察院按行省划分下设十五道监察地方,各道的监察御史人数不一。各道除掌稽核该省刑名案件和纠弹任务,并稽察在京中央各部门事务。

五城察院:为稽查京城的东、西、中、南、北五城的监察机关,直属于都察院。每城设一监察机关,称之为察院,统称为“五城察院”,或称为“五城御史衙门”。其对杖刑以下的案件可以自行办理,而对徒刑以上案件则交刑部审理。

(二)地方监察机构

清朝除了设立十五道监察地方,还采用多轨制方式加强对地方官吏和政务的监察。地方的督抚大吏是中央监察系统的一部分,承担作为皇帝耳目的责任,拥有对下属地方各级各类官员的考核权和监察权。清朝地方监察机构主要设有四类:一是各省总督衙门。总督俗称“制军”或“制台”,掌管一部分地区的文武、军民,总理戎政,保卫边疆,享有一定的对外交涉权。其还兼宪衔,故有监察地方文武官吏和学政之职责。二是各省巡抚衙门。巡抚俗称“抚军”或“抚台”,有监察本地方政务之权,并多兼兵部侍郎衔。主要掌管全省地方官员及监察本省关税,其地位略逊于总督,但在无总督的地方则可独当一面。三是各省按察使司,俗称“臬司”或“臬台”,具有司法之意。各行省的按察使在掌刑名案件之外,兼负按劾官吏、全省驿递事务和监试乡试的监察职责。如遇重大案件须得与布政使会议办理。四是各省道员衙门。是藩、臬两司的辅佐官,有“守道”与“巡道”之分。清初,设布政使左右参政、参议,驻守在一定地方,叫作“守道”,每省无定员。又设按察使副使、佥事,分巡某一带地方,叫作“巡道”。道员兼有监察地方之职责,同时也有监察所属地方政务之权。

(三)负责专门事务的监察机构

清朝除了对在京各机构及各地区设立监察机构,也曾对一些重要机构或特殊系统及事务,比如易发生弊端的钱粮布帛发放机构、难以涉足的皇室服务机构、选拔官员的各类考试等,另设巡按、巡盐,巡漕、巡仓,巡查和巡农等御史对专门事务进行监察,以补其不足。

二、清朝完备的监察立法

清朝一方面沿用明朝的一些法律,另一方面积极参汉酌金,结合当时的实际情况,开始了大规模的整章建制活动。监察立法,逐步从较为简单的立法发展成为完备的监察法律体系,从专门法典到实施细则,再到配套法规和专门实施机构,应有尽有,相对完备,达到了我国古代监察法的巅峰。清朝前中期是其监察立法的高峰阶段,特别是康熙、雍正、乾隆时期,基本上已完成监察法律的体系化构建,为当时监察立法的盛世。嘉庆、道光时期,则将已有的监察法律体系进一步完善,特别是对《钦定台规》的陆续修改,使原有的监察法律更加完善、细密。咸丰、同治时期,监察法律体系已经完备,有关监察立法建树较少。晚清时期,内忧外患,政治情势动荡,吏治腐败,导致监察立法又有所发展,但终究未能超越前中期。

(一)监察法典——《钦定台规》

清朝制定的《钦定台规》是我国监察法制史上第一部以皇帝名义颁布的、最完整、最系统的监察法典,更是一部关于我国古代监察机关的性质、地位、建制、职能、任务、监察程序、监察官的选任、纪律、责任和对监察官的考核等系统性极强的法典,由训典、宪纲、六科、各道、五城、稽查、巡察、通则八部分组成,皆为关于监察性质与内容的则例,不仅确立了监察机构和监察人员的特殊地位,同时也规定了监察人员的职责及监察范围,还规定了保证监察法有效实施的各种法律手段。

(二)其他配套法律法规

除《钦定台规》之外,清朝还相继制定和颁布了一系列的其他法律法规,与《钦定台规》配套使用。

1. 国家立法

清代的第一部完整的成文法典是《钦定大清律例》,是当时最为系统、最具有代表性的成文法典。《钦定大清律例》是清朝的基本大法,在清朝的各种法规中处于主导地位,是各种法规的渊源和基础。由"名例律"和"六律"组成总体框架。"名例律"位于篇首,是关于刑法方面的原则性规定,相当于现代法律的总则部分。"六律"则与中央的六部相对应,基本是按六部的管理事务范围来划分,对各级官员在失职、渎职、贪污、行贿受贿等方面的处罚规定非常详细,是与专门监察法相配套的效力最高的刑事法律。

清朝为了规范行政活动,提高行政效能,制定了《大清会典》和《大清会典事例》。《大清会典》又称为五朝会典,详细记述了清朝从开国到清末的行政法规和各种事例，内容充实，体例严谨，反映了封建行政体制的高度完备，是我国最为完备的古代行政法典之一。《大清会典事例》中设有都察院和通政使司专章，具体规定了都察院与通政使司的机构设置与职掌，有关都察院的规定与《钦定台规》基本相同，但是会典较为概括，且不能轻易更改。

2. 部院立法

清朝除了作为行政宪章的会典，各衙门还纂编了则例。清朝各部院的则例，即各机构或各专门事项的规制，类似于现代各机关的"工作细则""办事章程"，具有法律性质。则例在清王朝统治中起着重要作用，作为各衙部院行政或某种制度比较细致的规则，同时也是监察人员进行监察的法律依据。

(1)《六部现行则例》是按六部及督捕衙门顺序排列，详细规定了各部的办事规则、程序和权限，以及对越权的制裁，对各级官员履行职责的规定与违反职责的惩罚；

(2)《钦定六部处分则例》对吏、户、礼、兵、刑、工六部关于各辖官吏应得之处分与奖励办法逐一排列；

(3)《钦定颁行六部则例》是根据清初到康熙五十五年间颁行的六部官员办事遵循规范修订而成的一部则例，比《六部现行则例》的条款内容有所增加，重点突出吏部条款，反映出清朝重典治吏的统治思想。

除上述法律之外，其他部院也均有自己的则例。

3. 地方法规——省例和其他有关规章

除了上述国家法及各部院则例，为适应我国地方广大、民情风俗各异、经济发展水平不一的实际情况，更好地加强对各级官吏的监管，清朝还制定了许多省例及其他地方规章，如《江苏省例》《广东省例》等。这些针对各省的实际制定的条例是以地方性事务为规范对象、以地方行政性法规为主体兼含少量地区性特别法的一种法规汇编，在各地司法、行政过程中具有重要作用。

作为我国古代监察法制发展的最高阶段，清代监察法反映了我国传统政治体制在权与法之间进行较量的独特景象，体现了中华民族在运用法律约束权力方面的智慧。

第六节 民国时期:我国监察制度的变革[4]

一、历史沿革

(一)北洋政府时期

北洋政府时期的监察机构为袁世凯当政时所设，是仿效清政府的都察院开设的监察纠弹机构，叫平政院。1914 年 3 月，北京政府颁布平政院编制令，成立平政院，负责审理行政官吏的违法不正行为，并就行政诉讼及纠弹事件行使审判权。平政院下设肃政厅，对国务卿、各部总长及一般官员行使弹劾之权，而由平政院审理，或由有关惩戒机关惩处之。同年 7 月公布的《纠弹法》规定:肃政厅肃政使除对国务卿及各部总长之违法行为应予纠弹外，对于一般在职或非在职官吏有违法、行贿受贿、营私舞弊，或溺职殃民事件，均得呈大总统纠弹之，大总统认为有上次情事者，亦得交肃政厅查办纠弹之。同时，大总统对平政院和肃政厅的裁判有最后决定权。

(二)广州国民政府时期

广州国民政府最初设置监察院，是根据 1925 年 6 月 14 日国民党第一届中央全会第十四次会议所通过的《国民政府组织大纲》第三项“设置监察院，以委员若干人组织之，监察政府各机关之行动，及考核款项收支状况”的规定，于同年 8 月建立的。同年 9 月，修正后的《国民政府监察院组织法》规定监察院的职权有:直接变更权、逮捕权、行政诉讼受理权、侦查权等。监察院设置监察委员 5 人执行院务，委员 5 人选 1 人为主席，所有全院事务均由院务会议决定。监察院设五局和一个政治宣传科，分别执掌总务、吏治、纠弹、审计、邮电、运输、税务和货币、宣传等，并承担密查或检查职务。

广州国民政府监察院的特点是:第一,受双重领导。既对国民党中央政治委员会负责，又受国民政府的指令。第二,权能广泛。监察院不单具有纠弹和行政诉讼的职能，而且具有检察机关和法院的部分职能,是监察机构所罕

---

〔4〕 参见余信红:《民国时期的监察制度评析》,载《华北水利水电学院学报》2002 年第 2 期。

见的。当时的广州国民政府比较注意自身的廉政建设,虽然监察院未曾实地开展广泛的监察和纠弹工作,但因政府颁布了一系列法规,如《惩治官吏法》《兼职条例》等,起到了一定的威慑作用。

(三)南京国民政府时期

南京国民政府监察院制度,又可以分为两个时期:从1927年南京国民政府建立至1947年12月,为训政时期的监察院;从1947年12月15日伪宪法实施,一直到国民党当局逃离大陆,为宪政时期的监察院。

1928年3月,南京国民政府先组建审计院,掌理并实地开展财政方面的监督。同年10月,国民党二届五中全会决议,推选蔡元培、陈果夫为监察院正副院长,设立监察院筹备处,加紧筹备。同年9月,还公布了《监察委员保障法》,第二年5月,公布《弹劾法》。经过数年筹备,1931年2月2日,监察院宣告成立,并将原审计院改为监察院的审计部,在同年4月颁布了《监察院审查规则》。至此,该时期的监察体系算是基本建立起来了。监察院一成立,即将全国划分为14个监察区(1934年又改为16个),按规定由监察院长提请国民政府派监察使,分赴全国各监察区,其中有9个区还建有监察使署(监察分院)。监察区的划分及监察使署的设置,是民国监察制度受古代监察制度影响的一个突出表现。

此一时期值得注意的是,监察权中的监察职能在抗日战争期间得到了进一步完善。主要原因是由于国民党政府军纪政纪涣散、腐败堕落比比皆是,在日寇面前一触即溃。因此,国民政府提出了“以政治重于军事”的方针,提出了“整饬纪纲,严惩贪污”的口号,并公布了《非常时期监察权行使暂行办法》,故比较好地发挥了监察机构在抗战中的职能。具体表现:第一,监察职能比较完善,并且新建立了纠举权和建议权。行使纠举权,目的在求手续简便,争取时效。因弹劾案由监察委员提出后,必须经过其他监察委员审查成立后,才能移交惩戒委员会作再次审理。而纠举则可由监察委员或监察使单独为之,只需经院长审核后,即可径送其上级予以行政处分。建议权是指公务员对非常时期内应办事项奉行不力或失当者,监察委员或监察使可以书面提出建议或意见,并送交其主管机关或上级机关。建议权的行使赋予了监察委员双重职权,就是说既可对应办事项是否失当提出建议或意见,又可对公务员的“失当”行为加以监察。“非常时期”增加的这两项权力提高了监察院的地位，进一步完善了监察职能。第二,派巡察团赴战区巡察。这是抗战期间监察的一大特点,加强了事前监察。总体来说,训政时期监察院的职权主要有,行使监察权和纠举权,享有建议权（宪政时期改为纠正权）,仍掌审计权，拥有考试权。

国民党一手包办的伪宪法，是1947年1月1日公布的，定于同年12月25日实施，并宣布于行宪之日起训政时期结束，因此称为宪政时期。无奈此时的国民党政府已处在风雨飘摇之中，宪法所载监察条例并未完全付以实施。此一时期值得注意的是赋予了监察院以“同意权”。所谓同意权，即对总统提名之司法院正副院长、大法官、考试院正副院长、考试委员会等任命之前，先提请监察院予以同意之权。但是，后来国民党在退踞台湾之后，推出了一个动员勘乱时期临时条款，以代替稍有民主含义的《中华民国宪法》，“总统”权力无限扩大，监察院形同虚设。

二、主要特点

监察院在形式上为国家最高监察机构，且独立于其他权力机关，并采用间接民选的办法产生。还规定了监察权可对最高统治者行使的条例，反映了孙中山“五权宪法”理论的部分实现。但由于国民党实行一党专制和以党治国的政策，以致监察院还是有名无实。一旦监察权的行使波及其最高统治者的利益，则以党权和行政权进行干预。

民国监察制度的法律、法规等建设较为完备，数量可观。随着监察制度的发展变化，深化了监察权为主体的弹劾权，还派生出诸如“纠举权”“建议权”（纠正权）等，使监察的职能体系进一步完善。

监察委员不得兼任其他职务或业务。早在1930年3月国民党第三届执委会上就通过了《限制官吏兼职案》，因此，对监察官吏的兼职作了严格的限制，这一点有利于监察员专司其职，并堵截其本身的违法和各种流弊。

第七节　中华人民共和国的监察制度

一、中华人民共和国成立初期至社会主义建设时期的监察制度

中华人民共和国成立初期,《中国人民政治协商会议共同纲领》(以下简称《共同纲领》)扮演了临时宪法的角色。《共同纲领》第十九条规定,“在县市以上的各级人民政府内,设人民监察机关”。根据这一规定,1949 年 10 月 19 日举行的中央人民政府委员会第三次会议决定,成立中央人民政府政务院人民监察委员会。1951 年 7 月,人民监察委员会根据中央政府组织法的规定,制定了各级人民监察委员会通则,并经政务院批准施行。

在监察对象上,这一时期的监察工作覆盖县(市)以上各级国家机关和各种公务人员,不仅包括行政机关,也包括审判机关、检察机关及其工作人员。1952 年以后,根据政务院命令,省(市)以上各级人民政府财经机关和国营财经企业部门建立了监察机构,在该机关及所属独立单位执行监察任务。在领导体制上,县(市)以上各级人民政府的监察机关受同级人民政府的领导,同时也受上级监察机关的业务指导;省(市)以上政府财经机关和国营财经企业部门的监察机构,接受该机关、部门首长及其上级机关监察机构的双重领导。

二、社会主义建设时期至改革开放初期的监察制度

1954 年 9 月,第一届全国人民代表大会第一次会议通过了《中华人民共和国宪法》(“五四宪法”)。根据随后通过的《国务院组织法》,政务院改为国务院,原政务院人民监察委员会改为国务院监察部,监察部成为国务院的行政部门,地位上降低至与其他部委平级。本着力量集中、机构精简的精神,1954 年年底,根据《地方各级人民代表大会和地方各级人民委员会组织法》,撤销了县和不设区的市的监察机关,适当地扩大了省、自治区、直辖市、设区的市和专员公署监察机关的组织,并对因工作需要的县和不设区的市,由专员公署或省的监察机关派驻监察组。

从监察对象来看,这一时期的监察机关主要监督国家行政机关、国营和

合作企业及其任免或管理的人员。1955 年 11 月，国务院发布的《监察部组织简则》就规定，监察部对国务院各部门、地方各级国家行政机关，国营企业、公私合营企业，合作社实施监督。从领导体制来看，根据《地方各级人民代表大会和地方各级人民委员会组织法》，地方各级监察机关受同级人民委员会领导和上级监察机关的业务指导，但在一些县和不设区的市，由专员公署或省的监察机关派驻的监察组，则由派遣机关垂直领导。

三、改革开放以来至党的十八大召开期间的监察制度

根据 1982 年《宪法》的规定，国务院行使的职权包括“领导和管理民政、公安、司法行政和监察等工作”。1986 年 12 月，第六届全国人民代表大会常务委员会第十八次会议根据国务院的提请，决定“为了恢复并确立国家行政监察体制，加强国家监察工作，设立中华人民共和国监察部”。1987 年 8 月，国务院发布《关于在县以上地方各级人民政府设立行政监察机关的通知》，各地随即设立了省（区、市）、市（地、州、盟）、县（市、旗、区）三级行政监察机关，有的地方在乡、镇也设立了行政监察机构。行政监察机关还根据工作需要，向一些政府所属部门派出了监察机构或人员。1993 年 2 月，根据中共中央、国务院的决定，中央纪委与监察部合署办公，实行一套工作机构、两个机关名称的体制。合署后的监察部仍然属于政府序列，继续在国务院的领导下工作。

从监察对象来看，初期主要是对国家机关及其工作人员、企业事业单位中由国家行政机关任命的领导干部进行监察。《行政监察条例》《行政监察法》出台后，逐渐明确为“对国家行政机关及其公务员和国家行政机关任命的其他人员实施监察”，“其他人员”既包括企业、事业单位，也包括社会团体中由国家行政机关以委任、派遣等形式任命的人员。此外，“国家行政机关和法律、法规授权的具有管理公共事务职能的组织以及国家行政机关依法委托的组织及其工勤人员以外的工作人员”，也被纳入监察范围。从领导体制来看，行政监察机关复建之初即明确，地方各级行政监察机关受所在人民政府和上级行政监察机关双重领导。《行政监察条例》《行政监察法》出台后进一步明确，地方各级人民政府监察机关受本级人民政府和上级监察机关的双重领导，监察业务以上级监察机关领导为主。

四、党的十八大以来的监察制度

党的十八大以来，党风廉政建设和反腐败斗争深入开展，监察工作的理论和实践也产生了突破。2016 年 11 月，中共中央办公厅印发《监察体制改革试点方案》，部署在 3 省市设立各级监察委员会，从体制机制、制度建设上先行先试、探索实践，为在全国推开积累经验。2016 年 12 月，第十二届全国人大常务委员会第二十五次会议通过了《监察体制改革工作决定》。经过一年的试点，2017 年 10 月，中共中央办公厅印发《关于在全国各地推开国家监察体制改革试点方案》，部署在全国范围内深化国家监察体制改革的探索实践，完成省、市、县三级监察委员会组建工作。2017 年 11 月，第十二届全国人大常委会第三十次会议通过了《全国人民代表大会常务委员会关于在全国各地推开国家监察体制改革试点工作的决定》。试点期间，全国人大常委会还审议了《监察法草案》，并面向公众征求意见。2018 年 3 月，第十三届全国人大第一次会议表决通过了监察法。

从监察对象来看，此次改革将实现对所有行使公权力的公职人员监察全覆盖。其监察范围包括六类人员：第一，国家公务员法所规定的国家公职人员，具体是中国共产党机关、人大机关、行政机关、审判机关、检察机关、民主党派机关、工商联机关的公务员，以及参照公务员管理的人员；第二，由法律授权，或者由政府委托来行使公共事务职权的公务人员；第三，国有企业的管理人员；第四，公办的教育、科研、文化、医疗、体育事业单位的管理人员；第五，群众、自治组织中的管理人员；第六，其他依法行使公共职务的人员。从领导体制来看，进一步完善了双重领导体制，监察法明确“地方各级监察委员会对本级人民代表大会及其常务委员会和上一级监察委员会负责，并接受其监督”。同时，国家监察委员会还将同党的纪律检查机关合署办公。

思考题

1. 试述夏商权力监督的制度化发展。
2. 试述元朝时期的监察法制。
3. 明朝的监察体制是怎么样的?

4. 试述清朝的监察立法。

5. 民国时期监察立法的主要特点是什么？

6. 简述党的十八大以来我国的监察制度。

第三章 监察法的基本原则

第一节 监察法基本原则概述

核心法条

《中华人民共和国监察法》第四条

监察委员会依照法律规定独立行使监察权，不受行政机关、社会团体和个人的干涉。

监察机关办理职务违法和职务犯罪案件，应当与审判机关、检察机关、执法部门互相配合，互相制约。

监察机关在工作中需要协助的，有关机关和单位应当根据监察机关的要求依法予以协助。

《中华人民共和国监察法》第五条

国家监察工作严格遵照宪法和法律，以事实为根据，以法律为准绳；在适用法律上一律平等，保障当事人的合法权益；权责对等，严格监督；惩戒与教育相结合，宽严相济。

《中华人民共和国监察法》第六条

国家监察工作坚持标本兼治、综合治理，强化监督问责，严厉惩治腐败；深化改革、健全法治，有效制约和监督权力；加强法治教育和道德教育，弘扬中华优秀传统文化，构建不敢腐、不能腐、不想腐的长效机制。

一、监察法基本原则的概念

姜明安教授认为，监察法总则第四条至第六条规定了监察法的基本原则，包括了九项：即依法独立行使监察权原则；与审判机关、检察机关、执法部门互相配合、互相制约原则；有关机关和单位依法协助原则；依宪依法监察原则；以事实为根据，以法律为准绳原则；在适用法律上一律平等，保障当事人的合法权益原则；权责对等，从严监督原则；惩戒与教育相结合，宽严相济原则以及标本兼治、综合治理原则。[1] 为监察法及其原理的理解与确定，提供了有益的启示。理性而言，准确把握监察法基本原则的基本概念，离不开语义的界定和标准的建构。

（一）原则与基本原则

语义往往是分析与理解概念的有效途径。在汉语习惯中，原则一般被理解为观察问题、处理问题的准绳；英语世界则用"principle"指称"原则"，包含"被接受或公开声称的活动或行为准则"、"行为的正确准则"以及"根本的、原始的或一般的真理，为其他真理所凭借"等多重含义。法律英语视角下，"principle"主要含义体现为两个方面，即"法律的诸多规则或学说的根本的真理或学说，是法律的其他规则或学说的原理或前提"以及"确定的行为规则、程序或法律判决、明晰的原理或前提"。基于上述，徐国栋教授立足于基本内涵和主要作用两个维度，对"原则"进行了分析：在基本内涵方面，"表明原则是其他规则的来源和依据，是整体的基础，具有不可动摇的根本地位"；就主要作用而言，"另表明了原则的两方面作用：首先，它们是其他规则产生的依据；其次，它们又是直接的行为规则"。语义分析的结果则是，"无论在汉语中还是拉丁语或英语中，原则一词的核心义项皆为根本规则"。[2]

原则既然已经以"根本规则"为其核心义项，基本原则该如何理解？在法理学视域中，依据其所调整社会关系的确定性与疏密性的强弱程度，法律规范可以被划分为规则、原则与基本原则，原则与基本原则的不同在于后者所调整的社会关系弹性更大、范围更宽，故原则所蕴含的"根本规则"非但没有淡化"基本原则"的存在基础，反而进一步强化了基本原则的地位。直言之，法学视角下的基本原则表达了特定规则在立法、执法以及司法等法律活动中的根

〔1〕 姜明安：《论监察法的立法目的与基本原则》，载《行政法学研究》2018 年第 4 期。

〔2〕 徐国栋：《民法基本原则解释——成文法局限性之克服》，中国政法大学出版社 1992 年版，第 7～8 页。

本性、基础性以及全局性的地位，其发挥作用的具体方式就是指导和规范，即指导特定规则的制定、修改以及执行，借以规范特定规则的形成和运行等有关活动。

（二）监察法基本原则的概念

监察法的基本原则是指导和规范监察法有关规则的制定、修改及实施的根本性、基础性以及全局性的行为规则。可以从以下几个方面进行理解：

1. 监察法的基本原则以监察法的有关规则为核心。监察法的内容涉及查处职务违法与打击职务犯罪，在基本内涵上呈现为运用监察法的有关规则，对被监察对象的行为进行甄别与判定，就其外在形式而言，依然要求甄别与判定本身也需要遵循监察法有关规则的规定。

党的十八大以来，党中央坚持反腐败无禁区、全覆盖、零容忍，坚定不移“打虎”“拍蝇”“猎狐”，不敢腐的目标初步实现，不能腐的笼子越扎越牢，不想腐的堤坝正在构筑。在深入开展反腐败斗争的同时，深化监察法体制改革试点工作积极推进，立足既有经验所制定的监察法，旨在把党的十八大以来在推进党风廉政建设和反腐败斗争中形成的新理念新举措新经验以法律形式固定下来，巩固监察法体制改革成果，保障反腐败工作在法治轨道上行稳致远。监察法的基本原则以监察法的有关规则为核心，不但是全面推进依法治国的基本方略的具体落实，也切合保障反腐败工作顺利推进的实践需要。故基本原则作为监察法活动中的根本性、基础性以及全局性的行为规则，自然应当以监察法的有关规则为核心。

2. 监察法的基本原则是根本性规范原则。“根本性”表明基本原则在监察法活动中处于表征终极追求的地位，亦即基本原则蕴含着监察法活动的核心价值所在，揭示了监察法活动制度和具体展开的原始意义。换言之，监察法的基本原则回答了监察法为什么存在、追求什么以及如何实现等本体价值方面的基本问题。

3. 监察法的基本原则是基础性规范原则。具体行为规则，尤其是某一特定领域的具体行为规则，是由成文法的具体法律条文确定的。与此不同的是，在成文法的具体法律条文中无法直接找到基本原则，因为基本原则常常以某种观念或者思想的形式存在，有赖行为规则的制定与运用加以体现。但是，尽管基本原则存在于无形，具体行为规则的制定、修改、废止以及实施等有关活动，无一不受到其约束，接受其指引与规范。

4. 监察法的基本原则是全局性规范原则。基本原则的全局性是着眼于效力方面的因素，故也被称为普遍性，是指监察法的基本原则在监察法活动中具有普遍适用的效力。对此，可以从宏观与微观两个维度进行理解：从宏观角度来看，一项社会活动只要性质上属于监察法活动，其就应当接受监察法基本原则的规范和引导；就微观层面而言，一项具体的监察法活动，包括立案、办理和执行等要素在内的全过程，均应接受监察法基本原则的规范和引导。

二、监察法基本原则的作用

根据监察法的规定，监察法活动表现为各级监察委员会"依照本法对所有行使公权力的公职人员（以下称公职人员）进行监察，调查职务违法和职务犯罪，开展廉政建设和反腐败工作"，即监察法是对所有行使公权力的公职人员实行的监督。同时，在实践中，各级监察委员会与党的纪律检查机关合署办公，代表党和国家行使监督权和监察权，履行纪检、监察两项职责，实现党内监督和监察法的统一。党内监督是对全体党员实行的监督，监察法是对所有行使公权力的公职人员实行的监督。我国80%的公务员和超过95%的领导干部是共产党员，这一客观事实决定了党内监督和监察法具有高度的内在一致性，也决定了实行党内监督和监察法相统一的必然性，这种将二者有机统一起来的监督制度具有鲜明的中国特色，也具有丰富的内涵与外延，而监察法活动则面临纷繁复杂的具体实际。在此背景下，监察法的基本原则将发挥重要作用。

（一）提供规则制定准则

在监察法规则制定过程中，制定者所面对的，是纷繁复杂的监察法实践以及经由该实践所抽象出的若干经验或教训。监察对象的广泛性，是导致实践面临纷繁复杂的首要因素。根据监察法第十五条的规定，监察法的对象包括：(1)中国共产党机关、人民代表大会及其常务委员会机关、人民政府、监察委员会、人民法院、人民检察院、中国人民政治协商会议各级委员会机关、民主党派机关和工商业联合会机关的公务员，以及参照《公务员法》管理的人员；(2)法律、法规授权或者受国家机关依法委托管理公共事务的组织中从事公务的人员；(3)国有企业管理人员；(4)公办的教育、科研、文化、医疗卫生、体育等单位中从事管理的人员；(5)基层群众性自治组织中从事管理的人员；(6)其他依法履行公职的人员。监察机关的复合性，也导致实践面临纷繁复杂。我国在监察法的具体实践活动中，党的机关、人大机关、行政机关、政协机关、审判机关、检察机关等国家机关以及有关社会团体、自治组织等非国家机关，依法享有并实际行使公权力，应当接受党内监督和监察，无疑形成了面临纷繁复杂的现在和将来；同时，各级监察机关在实施监督过程中，面对不同的监督对象，根据需要依法采取不同的措施，也在加剧面临纷繁复杂的局面。如前所述，监察具有运用监察法的有关规则，对被监察对象的行为进行甄别与判定的基本内涵，在良法善治的语境下，监察法的有关规则具有重要的意义，即监察法需要具备良法品格的规则作为基础。

监察法的基本原则通过对监察法基本原理、目的价值的总结和提炼，理性地引领着监察法规则的制定和发展。监察法基本原则的基础地位，使其能够成为监察法的目的和规则制度之间的有效沟通渠道，进而指导各项监察法律制度的建立健全。规则制定者经过综合全局的考虑后，明确制定监察法规范的基本价值目标、意义和方向，进而依据这些目标、意义和方向制定出具体的监察法律范围。

(二)提供规则运用准则

此功能侧重于基本原则对监察法的实施起到指导性作用。监察法基本原则的作用既发生在制定过程中，也发生在实施过程中。众多的监察法规则在制定出来后，在监察法活动中究竟该如何掌握和适用，则需要执法者的拿捏和判断，包括对被监察对象的行为进行甄别与判定。

为了保证监察法有关规则的实施效果，必须明确监察法的基本原则，执法者只有在理解和掌握了监察法的基本原则后，才能准确地把握监察法有关规则的具体含义以及内在追求，并能够将监察法有关规则的实际要求正确无误地运用到监察法活动中去。监察机关及其工作人员在行使自由裁量权时，若没有一个统一的基本原则，将无法产生一个相对稳定的裁量标准，极易导致滥用自由裁量权的情况出现，使监察过程中的自由裁量行为背离监察法规则制定的初衷和精神。

另外，监察活动日新月异，表现监察法规则的具体条文数量繁多，加之成文法的局限性，极易出现不同监察法规则或者具体条文之间相互冲突的情况。而监察法的基本原则，能够有助于解释监察法具体规则或条文，便于监察机关及其工作人员在执行监察法有关规则时进行理解适用。

（三）提供纠纷解决准则

法治的要义不在于不发生纠纷而是有效处理纠纷，故规则的法律意义不仅体现在提供行为指南，也需要提供纠纷解决的规则。如前文所揭，监察法的实践活动面临纷繁复杂的局面，在此过程中难免会发生各种纠纷，这些纠纷如果得不到有效的处理，无助于监察法规则的有效实施，进而有碍于监察法制度的顺利推进，不同程度地迟滞监察法立法目的之实现。

纠纷解决有赖于解释并运用规则，以此回应纠纷当事人的诉求。尽管其不会直接提供纠纷解决的事实依据或法律依据，但对于具体规则的解释乃至运用，基本原则不无裨益。一方面，监察法的具体规则无法避免不确定概念。不确定概念实际是指不确定法律概念，是指法律条文中的概念存在不甚具体、明确的用语，由法律适用者斟酌实际情形来决定其内容的情形。依法理学通说，法律概念是法律规范的构成部分，是解决法律规范运用问题必不可少的要素。稍加理性看待就会发现规则制定所具有的局限性，“无论立法者多么高明。规章条文也不可能网罗一切行为准则，不能覆盖一切具体案件。因此，在某种意义上可以认为：法律本身的天然局限性就是法律解释的根源”。[3] 在监察法中不乏这样的实例，如第十一条第（二）项中的“履行职责不力”，就属于不确定法律概念。另一方面，解决纠纷应当妥善处理不确定法律概念。对监察法的有关规则中客观存在的不确定法律概念进行解释适用的情况，直接影响纠纷处置的质量和有关规则目的的实现。

面对不确定法律概念，消除其模糊性的努力方案很多，其中最有效的方式可能就是，运用表征该具体规则的内在价值和精神实质的基本原则，确定具体的含义以妥善运用，因为在不确定法律概念多种解释的歧见中，概念的内在价

〔3〕 季卫东：《法治秩序的建构》，中国政法大学出版社 1998 年版，第 87 ~ 88 页。

值和精神实质为其根本所在,提供了正本清源的充足依据,有助于正确厘清概念。学者所主张的基本原则具有创造性司法活动的功能,亦是基于对基本原则表征具体规则的内在价值和精神实质的关切。

三、监察法基本原则的确定

在确定某活动或制度的基本原则时,有一种做法就是直接依据法律或者其他规则的有关规定予以界定。这种做法的可取之处就是为基本原则找到了直接的法律依据或者规则依据,同时也存在确定依据的视野方面相对较窄的不足,更需要商榷的是,该做法缺乏一种理性思考的逻辑力量予以支撑。在提炼监察法的基本原则时必须遵循一定的标准,否则基本原则的确立就会形成上述的不足,失去其应有的本原性和准则性;如果在形成一定的确定标准的基础上,运用该标准确定基本原则,其结论相对更具有逻辑力量。

(一)确定监察法基本原则的主要标准

虽然监察法制度所在的法域至今尚未成为独立的部门法,部门法基本原则判定标准形成的思路,依旧具有借鉴价值。参照行政法基本原则的做法,监察法基本原则的确定标准主要包括法律性、基础性、普遍性以及特殊性。

1. 法律性标准。该标准要求监察法的基本原则应当具备法的规范性因素。一是表现形式上的要求,即监察法的基本原则应当通过监察法的法律与其他有关规则体现出来。二是法律效力上的要求,即监察法的基本原则应当具有法律约束力,违反监察法的基本原则要求者应当受到有关机关的否定性评价。

2. 基础性标准。该标准要求监察法的基本原则应当为监察法提供核心基础,能够统一有关规则与活动。一是为监察法有关规则的制定提供统一的根源基础,确保有关规则的内容在内在价值和精神实质上保持一致,避免在根本问题上发生冲突。二是为监察法有关活动的开展提供统一的根源基础。仅从监察法就可以看出,监察活动内容丰富,形式多样,如果没有统一的根源基础,可能会导致诸多的不一致乃至冲突,故需要通过基本原则确保有关活动在内在价值和精神实质上保持一致,避免在根本问题上发生冲突。

3. 普遍性标准。该标准是指监察法的基本原则在监察法活动中具有普遍适用的效力。一是从宏观角度来看,一项社会活动只要性质上属于监察法活动,其就应当接受监察法基本原则的规范和引导。二是就微观层面而言,一项具体的监察法活动,包括立案、办理和执行等要素在内的全过程,均应接受监察法基本原则的规范和引导。

4. 特殊性标准。该标准要求监察法的基本原则应当符合监察法的本质及其呈现出的特定要求,所强调的是监察法的基本原则与其他法域的基本原则相区分。需要指出的是,该标准不是说监察法的基本原则不能与其他法域的基本原则有共同之处,而是指监察法的基本原则应体现其特有的本质,不应照搬借用其他法域的基本原则。

(二)监察法基本原则的确定结果

基于上述标准,综合有关的规定以及理论研究成果,我国监察法的基本原则主要有坚持党的领导、法治原则以及有效治理原则,具体理由如下:

1. 符合法律性标准。一方面,监察法的法律与其他有关规则体现了坚持党的领导等原则。监察法中的有关规定明确了坚持党的领导、法治、保障合法权利以及有效治理原则,如“坚持中国共产党对监察法工作的领导”、“以习近平新时代中国特色社会主义思想为指导”以及“坚持党的领导、法治、保障合法权利以及有效治理原则”等。另一方面,坚持党的领导等基本原则具有法律约束力。综合现行《宪法》序言及其第一条第二款的规定,国家根本大法就监察法应当坚持党的领导提出了明确要求;再综合监察法有关法律责任的规定以及《中国共产党纪律处分条例》等党内法规,违反该原则,应承担相应的责任。至于法治、保障合法权利以及有效治理等基本原则,其法律约束力不仅体现在行为规范的设置,还应通过法律责任予以强化。

2. 具备基础性标准。在监察法有关规定的制定中体现了坚持党的领导等原则。中国共产党历来注重反腐工作与制度建设,尤其是党的十八大以来反腐败斗争不断深入推进,以习近平同志为核心的党中央站在党和国家事业发展全局的高度,把全面从严治党纳入“四个全面”战略布局,以雷霆万钧之势,坚定不移“打虎”“拍蝇”“猎狐”,反腐败斗争压倒性态势已经形成并得以巩固发展,全面从严治党成效卓著。在此基础上,不断推动反腐败的体制改革,在加强党内有关工作部署的同时,注重国家立法,全国人大常委会在 2016 年

11 月进行部分地方试点,2017 年 12 月则在全国各地试点监察法体制改革工作,为 2018 年的监察法出台做了较为充分的准备。监察法明确了监察应当依法进行、监察法应保护合法权利以及监察法要权威高效实现有效治理等基本规则。

同时,坚持党的领导等原则为监察有关活动的具体实施提供统一的根源基础。监察活动与党内监督尽管存在不同,但需要相互配合形成合力有效反腐,故在反腐工作的实践中,党的纪律检查委员会和相应层级监察委员会合署办公。监察法的规定,充分体现了法治、保障合法权利以及有效治理原则的内在要求,为监察活动提供了统一的行动指南。

3. 达到普遍性标准。从宏观角度来看,坚持党的领导等原则不仅在党内法规中有所体现,更是明确表现于监察法的总则之中,故一项社会活动只要性质上属于监察活动,其就应当接受坚持党的领导等基本原则的规范和引导。就微观层面而言,根据《中国共产党纪律处分条例》等党内法规与《全国人民代表大会常务委员会关于在全国各地推开国家监察体制改革试点工作的决定》等国家立法的规定,监察机关工作人员在办理具体案件过程中,应当遵守坚持党的领导等原则的指引与规范,尤其是监察法第五章第三十五条至第四十九条就立案、办理和办结等的规定,充分体现了监察的具体活动应当接受坚持党的领导等基本原则的规范和引导。

4. 满足特殊性标准。需要承认的是,现行反腐制度具有鲜明的新时代中国特色。刘武俊研究员提出监察法实现的监督制度创新为:消除监察盲区,实现监察全覆盖;监察法对公职人员的职务违法和职务犯罪行为予以细化评价和分类处置;对于懒政怠政不作为,监察机关有权依法问责;用留置调查取代"两规",依法保障被调查者合法权益、规范监察行为;监察委必须接受来自外部和内部的监督;[4] 而有研究者指出,"监察法是中国特色监督的创制之举,与古今中外任何一种监察体制都不相同。监察法体制既继承了中国古代和近代监察制度的历史传统,又借鉴了西方现代权力制约制度的经验和有益成果,但是与它们又有本质区别,它是对中国历史上的监察制度的继承与发展,是对权力制约体制的新探索",其理由主要表现在以下五个方面:"是具有国家强

---

〔4〕 刘武俊:《监察法实现了哪些监督制度创新》,载《北京日报》2018 年 4 月 16 日,第 14 版。

制力的刚性监督，与非国家性的柔性监督不同"；"是体制内的自我监督，与体制外监督不同"；"是国家内部监督，与党内监督不同"；"是政府外部监督，与行政监察不同"；"具有准司法性，但与司法监督不同"。[5] 在秦前红教授等人看来，监察法所确立的监察体制有别于中国历史上的监察制度、香港的廉政公署制度、新加坡的廉政公署制度以及行政监察制度。在上述认识的基础上，吕品教授的判断富有洞见："整合反腐败资源力量，加强党对反腐败工作的集中统一领导，实现党内监督和监察法的有机统一，是推进国家治理体系和治理能力现代化的有效途径，是一条富有中国特色和时代特点的治理之路"；"我国监察法体制采用不同于西方国家多党竞争环境下的'三权分立'模式，本质上属于党和国家的自我监督，体现了中国特色社会主义监察制度创新。这样的制度设计，汲取了中国传统的自上而下的监察体制的优点，是社会主义国家构建集中统一、权威高效的监察体系的制度创新，是实现对国家所有行使公权力公职人员进行监督管理的制度创新"。[6] 故监察法与党内监督的综合体制是我国的监察法具有的鲜明特色。

在监察法与党内监督统筹推进的背景下，坚持党的领导才能满足我国监察法的特殊性要求。全面推进依法治国的治国方略、尊重和保障人权以及社会转型的特定时期，需要国家监察活动坚持的基本原则包括依法独立行使监察权原则；与审判机关、检察机关、执法部门互相配合、互相制约原则；有关机关和单位依法协助原则；依宪依法监察原则；以事实为根据，以法律为准绳原则；在适用法律上一律平等、保障当事人的合法权益原则；权责对等、从严监督原则；惩戒与教育相结合、宽严相济原则以及标本兼治、综合治理原则。

---

〔5〕 侯志山：《监察法：中国特色监督的创举》，载《中国领导干部论坛》2018 年第 4 期。

〔6〕 吕品：《党内监督与监察法有机统一彰显中国特色的治理之道》，载《中国纪检监察》2018 年第 6 期。

第二节 监察法的主要基本原则

核心法条

《中华人民共和国监察法》第四条

监察委员会依照法律规定独立行使监察权,不受行政机关、社会团体和个人的干涉。

监察机关办理职务违法和职务犯罪案件,应当与审判机关、检察机关、执法部门互相配合,互相制约。

监察机关在工作中需要协助的,有关机关和单位应当根据监察机关的要求依法予以协助。

《中华人民共和国监察法》第五条

国家监察工作严格遵照宪法和法律,以事实为根据,以法律为准绳;在适用法律上一律平等,保障当事人的合法权益;权责对等,严格监督;惩戒与教育相结合,宽严相济。

《中华人民共和国监察法》第六条

国家监察工作坚持标本兼治、综合治理,强化监督问责,严厉惩治腐败;深化改革、健全法治,有效制约和监督权力;加强法治教育和道德教育,弘扬中华优秀传统文化,构建不敢腐、不能腐、不想腐的长效机制。

监察法总则第四条至第六条规定了监察法的基本原则。具体可归纳为下述九项基本原则:[7]

一、依法独立行使监察权原则

监察法第四条第一款规定:"监察委员会依照法律规定独立行使监察权,不受行政机关、社会团体和个人的干涉",这就是"依法独立行使监察权"原

〔7〕 本部分参考了姜明安:《论监察法的立法目的与基本原则》,载《行政法学研究》2018年第4期。

则。该原则立足于社会实践,强调了国家监察机关活动的独立性,以保证其结果的正确性,应当从以下几个方面进行理解和把握:

第一,国家监察机关的活动不受行政机关、社会团体和个人的干涉。“行政机关、社会团体”应当是指所有可能干预国家监察活动的组织;而“个人”也应包括所有可能干预国家监察活动的人员,既包括非监察机关的人员,例如同级党委的领导和其他国家机关的领导,也包括监察机关内部的人员。严格意义上的要求是:凡是非相应案件的办案人员或负责人,即使是监察机关内部的领导干部或其他国家机关的领导干部,如果打听案情、过问案件、说情干预的,均属于“干涉”,应记录在案并按照有关规定追究相应的责任。

需要注意的是,“依法独立行使监察权”原则要求国家监察机关的活动不受行政机关、社会团体和个人的干涉,并不排除有关国家机关根据有关法律的规定而进行的监督。监察法第八条第四款规定,“国家监察委员会对全国人民代表大会及其常务委员会负责,并接受其监督”,该法第九条第四款也规定,“地方各级监察委员会对本级人民代表大会及其常务委员会和上一级监察委员会负责,并接受其监督”。这些规定表明,人民代表大会及其常务委员会和上级监察委员会有权对国家监察活动进行监督。

第二,国家监察机关的活动应当“依法”。国家监察机关独立行使监察权的前提应当是依照国家有关法律规范的要求行使职权,不能任性、恣意和滥用裁量权。国家监察机关的活动所依之“法”的范围包括实体法和程序法,即“依法”既表现为按实体法规定的权限、条件、标准、责任范围、限度和从重从轻规则办案,又包括了依程序法规定的过程、步骤、方式、时限及管辖规则等办案。例如,国家监察机关要采取留置的措施,监察法第二十二条第一款予以明确规定,即被调查人涉嫌贪污贿赂、失职渎职等严重职务违法或者职务犯罪,监察机关已经掌握其部分违法犯罪事实及证据,仍有重要问题需要进一步调查,并有下列情形之一的,经监察机关依法审批,可以将其留置在特定场所:(1)涉及案情重大、复杂的;(2)可能逃跑、自杀的;(3)可能串供或者伪造、隐匿、毁灭证据的;(4)可能有其他妨碍调查行为的。其中就包括了实体条件和主要程序的内容。

第三,国家监察机关应当切实履行法定的职责。监察法第十一条所规定国家监察机关应当履行的监督、调查、处置职责为:(1)对公职人员开展廉政教育,对其依法履职、秉公用权、廉洁从政从业以及道德操守情况进行监督检查;(2)对涉嫌贪污贿赂、滥用职权、玩忽职守、权力寻租、利益输送、徇私舞弊以及浪费国家资财等职务违法和职务犯罪进行调查;(3)对违法的公职人员依法作出政务处分决定;对履行职责不力、失职失责的领导人员进行问责;对涉嫌职务犯罪的,将调查结果移送人民检察院依法审查、提起公诉;向监察对象所在单位提出监察建议。国家监察机关要切实履行自己的职责的具体要求就是要做到不错位、不越位以及不缺位。"不错位"、"不越位"与"不缺位",即"国家监察机关应独立行使'监察权'而不代替其他国家机关行使其他国家权力"、"不超越法定权限采取非法定手段、措施"以及"要依法积极主动独立行使监察权而不能不作为"。据《中国纪检监察报》报道,在长春长生疫苗事件中,国家监察机关及时履行职责,对长春长生公司违法违规生产狂犬病疫苗履行监管职责不力、履行属地管理职责不力、负有直接责任和领导责任的相关人员作出组织处理。

建立中国特色监察法体制,监察权依法有效运行是关键。《宪法》第一百二十七条第一款明确规定:"监察委员会依照法律规定独立行使监察权,不受行政机关、社会团体和个人的干涉。"监察法第四条第一款也做了同样的规定。监察机关和监察人员在工作、办案中不能受到行政机关、社会团体和个人的干涉,只有这样,才能真正确保监督准确到位,案件办理合法合理,处置正确适当,从而增强监察公信力和权威性,真正实现监察体制改革的目标。监察法也建立了一系列确保依法独立行使监察权的制度,比如完备的案件管理制度,有效的报告、记录和备案制度,回避制度,保密制度以及申诉制度等。

二、与审判机关、检察机关、执法部门互相配合、互相制约原则

监察法第四条第二款规定:"监察机关办理职务违法和职务犯罪案件,应当与审判机关、检察机关、执法部门互相配合,互相制约。"这就是"与审判机关、检察机关、执法部门互相配合,互相制约"原则,其要义在于妥善处理国家监察机关与有关国家机关的关系,形成卓有成效的工作机制。根据姜明安教授的理解,该原则包括了三层含义:一是这一原则适用的范围限于"办理职务违法和职务犯罪案件"而不及于一般违纪案件;二是互相配合、互相制约的主

体包括审判机关、检察机关和执法部门而不限于人民法院、人民检察院等司法机关；三是互相配合、互相制约必须二者兼顾，不能只讲配合不讲制约，也不能只讲制约不讲配合，配合和制约的目的都是全面、正确和有效实现国家设置监察制度的目的，即深入推进反腐败和廉政建设，真正把权力（包括监督对象的权力和监督者本身的权力）关进制度的笼子里。

国家监察活动中需要整合国家反腐败力量，建立集中统一、权威高效的监察体系。在监察法颁布实施前，我国的反腐败工作机构体系中既有党的纪检监察机关，也有隶属于政府的行政监察机关、腐败预防机关、审计机关，还有隶属于检察机关的反贪侦查机构、渎职侵权侦查机构、职务犯罪预防机构，实践已经证明这些反腐败工作机构力量分散，职责重叠。故监察法明确规定，新成立的反腐败工作机构（各级监察委员会）整合行政监察、预防腐败和检察机关查处贪污贿赂、失职渎职以及预防职务犯罪等工作力量，同时各级监察委员会与党的各级纪律检查机关合署办公，切实履行纪检、监察职能。

根据监察法第十五条的规定，纳入国家监察的人员，包括中国共产党的机关、人大机关、行政机关、政协机关、监察机关、审判机关、检察机关、民主党派和工商联机关的公务员及参照《公务员法》管理的人员，法律、法规授权或者受国家机关依法委托管理公共事务的组织中从事公务的人员，国有企业管理人员，公办的教育、科研、文化、医疗卫生、体育等单位中从事管理的人员，基层群众性自治组织中从事管理的人员以及其他依法履行公职的人员，从而实现了对我国所有行使公权力公职人员的监察全覆盖。例如在实践中，国家监察机关对某些村民委员会的成员在扶贫过程中的“吃拿卡要”、“重亲厚友”与“瞒报虚领”等行为进行问责；也如湖北某大学辅导员项某，虽然只是一名普通教师，但由于项某同时负责管理学生的奖学金、助学金的相关工作，具备了管理、监督国有财产这一重要的公权力，因利用职权虚报冒领奖学金、助学金侵占学校财物，涉嫌贪污被监察机关予以留置。这就形成了国家监察机关的工作与审判机关、检察机关、执法部门存在交织的可能。为了进一步加大反腐败工作的力度，就需要审判机关、检察机关、执法部门密切配合，形成合力，充分发挥集中统一、权威高效的监察体系的作用。

当然，在国家监察活动中，国家监察机关与审判机关、检察机关、执法部门也要相互制约，防止其中部分机关违法行使职权。

三、有关机关和单位依法协助原则

监察法第四条第三款规定:“监察机关在工作中需要协助的,有关机关和单位应当根据监察机关的要求依法予以协助。”这就是“有关机关和单位依法协助原则”。它是对“与审判机关、检察机关、执法部门互相配合、互相制约原则”的重要补充,应当从以下几个方面进行把握:

一是主体范围的确定。在姜明安教授看来,本原则规范的主体范围,即“有关机关和单位”应该不包括审判机关和检察机关,因为审判机关和检察机关属于“互相配合、互相制约原则”规范的主体,但是公安机关等执法部门则属于“互相配合、互相制约原则”和“依法协助原则”的规范主体;同时,“有关机关和单位”还包括除执法部门外的企事业组织、社会团体、基层群众自治组织等。

二是内容性质的界定。该原则的核心是要求“有关机关和单位”对监察机关在行使职权、履行职责时予以协助,实际上就是为其设定了法定的义务,即在国家监察活动中,“有关机关和单位”具有依法为国家监察活动提供协助的法定义务。

三是法律后果的内容。“徒法不足以自行”,法律后果是义务主体遵守行为规范的重要保障。监察法第六十二条规定了违反这项义务的相应法律责任:“有关单位拒不执行监察机关作出的处理决定,或者无正当理由拒不采纳监察建议的,由其主管部门、上级机关责令改正,对单位给予通报批评;对负有责任的领导人员和直接责任人员依法给予处理。”

四是协助原则的边界。该原则要求“有关机关和单位”对国家监察活动予以协助的边界是“依法”,主要包含两个方面的内容:一方面予以协助的具体事项属于本单位的职责和职权范围之内。例如,根据监察法第二十三条的规定,监察机关在调查涉嫌贪污贿赂、失职渎职等严重职务违法或者职务犯罪,根据工作需要,依照规定查询、冻结涉案单位和个人的存款、汇款、债券、股票、基金份额等财产时,银行等金融机构就应当在其职权范围内予以协助;另一方面予以协助的具体方式要根据有关法律法规的要求进行。监察法第二十四条第三款规定,监察机关进行搜查时,可以根据工作需要提请公安机关配合。公安机关应当依法予以协助。

四、依宪依法监察原则

(一)内涵

监察法第五条规定,“国家监察工作严格遵照宪法和法律”。这就是“依宪依法监察原则”。这项原则实际上是法治原则在国家监察领域的具体化,核心在于国家监察要坚持法治原则。坚持法治原则就是要求国家监察的有关活动,包括监察法有关规则的制定以及具体活动的开展,应当遵循全面推进依法治国的要求。

法治原则的核心是法治的理解。众所周知,法治的经典含义为“法治应包含两重意义:已成立的法律获得普遍的服从;而大家所服从的法律又应该本身是制定得良好的法律”。[8] 千百年来,对法治的内涵理解异彩纷呈,以下较具理性与代表性:其一,法治是法律所特有或固有的美德;其二,法治是一套形式化或程序化的法律原则;其三,法治是一系列以上述原则为核心的制度;其四,法治是一种以上述原则和制度为基础的社会治理模式。[9]

(二)意义

坚持依宪依法监察原则具有以下重要意义:

第一,符合了党的十八大以来党中央的重大部署。十八届三中全会提出依法治国是党领导人民治理国家的基本方式。党的十九大报告明确指出坚持依法治国、依法执政、依法行政共同推进,坚持法治国家、法治政府、法治社会一体建设。必须坚持改革和法治相统一、相促进,在法治保障下推进改革,深化党和国家机构改革,关键要把握好深化改革和推进法治的关系。监察体制改革,事关国家、政府与社会建设的多个方面,基于实践亟须深化改革,属于重大改革范围。基于“凡属于重大改革都要于法有据”的要求,在监察体制改革中应注重发挥法治规范和保障改革的作用,要通过改革加强法治工作,主动适应改革需要,推进机构、职能、权限、程序和责任的法定化,做到在改革中完善和强化法治,为中国特色的社会主义法治注入强大的生命力。

---

〔8〕 [古希腊]亚里士多德:《政治学》,吴寿彭译,商务印书馆1965年出版,第199页。

〔9〕 参见黄文艺:《为形式法治理论辩护——兼评〈法治:理念与制度〉》,载《政法论坛》2008年第1期。

第二,确认了监察体制改革的重要成果。监察体制改革从试点改革到全面改革都遵循了依法治国的基本原则。全国人大常委会 2016 年 12 月 25 日审议通过《监察体制改革试点工作决定》,按照法定程序作出授权,为试点工作提供了坚实的法治保障;2017 年 11 月,第十二届全国人大常委会第三十次会议表决通过了《关于在全国各地推开国家监察体制改革试点工作的决定》;在十三届全国人大一次会议中,修改宪法和出台监察法既是会议的重要议程,也是部署落实深化监察体制改革的重要步骤。十三届全国人大一次会议表决通过了《宪法修正案》(2018),监察委员会正式成为国家机构,该修正案在第三章“国家机构”中专门增写了“监察委员会”一节,赋予了监察委员会的宪法地位,使深化监察体制的改革于宪有据,监察法的实施于宪有源。同时宪法修正案还对监察委员会的职能权限、体制机制以及与其他机关的配合制约关系作出了规定,把制度优势转化为治理效能,有助于推进国家治理体系与治理能力的现代化。根据《宪法》,由全国人大选举产生了国家监察委员会主任,杨晓渡同志当选并进行了宪法宣誓。十三届全国人大一次会议审议并表决通过了监察法,该法以法律的形式总结和固化了监察体制改革以来的实践经验和实践成果,将党的主张上升为国家意志,实现了立法与改革的衔接,也体现了法律为全面深化改革提供制度保障。监察法的制定过程中,特别注重立法质量,监察法的草案经过了一审、二审程序,并向社会广泛征求意见。不仅坚持与宪法修改保持一致,即表决通过的监察法中相关内容和表述都与宪法修正案中关于监察委员会的各项规定相一致、相统一,而且坚持了科学立法、民主立法和依法立法,严格依法按程序进行立法工作,充分吸收各方面意见,认真回应社会关切。例如,增加了不少有利于保障被调查人的人身财产合法权利的内容,体现了保护人权的法治思想。如“冻结的财产经查明与案件无关的,应当在查明后三日内解除冻结,予以退还”“搜查女性的身体,应当由女性工作人员进行”“对被调查人采取留置措施后,应当在二十四小时以内,通知被留置人员所在单位和家属”等条文内容,使监察法的内容更加科学规范。

第三,抓住了监察体制改革的重要抓手。党对反腐败斗争的领导不仅体现在党委主体责任和纪委监督责任的落实、从严治党依规治党、把纪律挺在前面,而且必须体现在反腐败国家治理的组织载体与执法活动之中。改革反腐败体制机构,组建监察委员会,与党的纪律检查委员会合署办公,既加强党内监督,又加强监察,实现反腐败斗争的执纪权和执法权有机衔接。在突出反腐执法独立性、统一性和权威性的过程中,保障党的反腐败方针、政策落实到腐败治理的各个环节;坚持和完善重大事项和省部级以上干部要向党中央请示制度;坚持党管干部原则;巩固党的执政地位,厚植党的执政基础。这也是党的领导方式的重大创新,是我们党科学执政、依法执政、民主执政的重要体现。作为反腐败国家立法,监察法的制定出台,使党的主张通过法定程序成为国家意志,对于构建集中统一、权威高效的中国特色监察体制,具有重大而深远的影响,必将为反腐败工作开创新局面、夺取反腐败斗争压倒性胜利提供坚强法治保障。监察法是反腐败国家立法,是一部对监察工作起统领性和基础性作用的法律。

(三)基本要求

贯彻依宪依法监察原则的基本要求主要有:

第一,坚持正确的基本观念。其一,坚持和深化法治观念。制定监察法是深化监察法体制改革总体安排中的重要一环,体现了于宪有据,改革在法治轨道上进行的要求。党中央确定先修改宪法,再制定监察法这一安排,也是贯彻宪法观念和法治理念的体现。监察法赋予监察委员会必要的权限和调查措施,特别是用留置取代"两规"措施,监察委员会在职务违法和犯罪案件的查办中,严格遵守法定程序,贯彻"未经人民法院依法判决,对任何人都不得确定有罪"基本原则,树立以"审判为中心"的理念,力戒"侦查中心""逮捕中心"等落后观念的不良影响。其二,坚持和深化程序观念。监察法通过一系列条文明确了监察机关的监察权限、监察程序等,规定了监察工作能做什么、不能做什么,怎样开展工作等。这些内容都属于程序法的范畴。为规范留置措施的使用,防止滥用,监察法也对此作了一系列规定。程序正义是实体公正的关键保障,我们在具体工作中必须严守程序,提高工作的规范性,杜绝工作随意、操作失范、权力滥用。其三,坚持和深化证据观念。最高人民法院在《关于全面推进以审判为中心的刑事诉讼制度改革的实施意见》第一条明确指出,"坚持证据裁判原则,认定案件事实,必须以证据为根据。重证据,重调查研究,不轻信口供,没有证据不得认定案件事实"。贯彻证据观念,一是要严格证据标准,贯彻非法证据排除规则,对采用暴力、威胁等非法方法收集的证人证言、被害人陈述,从执纪审查、监察调查阶段就予以排除;二是要严格证明标准,当前尤其要力戒“重口供、轻证据”旧观念,全面客观地收集运用证据,保证查证事实有足够证明力的证据支撑,更要排除证据之间的矛盾怀疑。

第二,依法切实履行国家监察职责。监察法首先是关于监察机关履行职责及其权限的实体法。根据法律规定,监察机关履行监督、调查、处置职责,涵盖了廉政教育、监督检查,调查职务违法和职务犯罪,处分、问责以及移送司法处理,提出监察建议等具体内容。依法赋予监察委员会职责权限和调查手段,丰富监察方法与方式,有利于深入开展反腐败工作。依法履行职责是有效行使监察权、更好地发挥监察作用的重要基础。坚持主体合法,监察人员和相关工作人员必须具备法定资格,履行回避义务。坚持内容合法,纪检监察机关履行监督执纪问责和监督调查处置职责首先必须有法律依据、法律权限;在具体案件中,做到秉公执法,严防“灯下黑”。

综上所述,《宪法》通过第一百二十三条至第一百二十七条确定了国家监察制度,监察法在其第五条则明确要求“国家监察工作严格遵照宪法和法律”,这是依宪依法监察原则的直接法律依据。宪法是国家的根本法,具有最高的法律效力,国家一切工作都必须以宪法为根本的活动准则,所有国家机关及其工作人员,都负有维护宪法尊严、保证宪法实施的职责。无论是制定监察法规、规章,发布监察决定、命令,还是实施监察行为（监督、调查、处置）,都必须依循和遵守宪法,不能违反宪法,与宪法相抵触。因为宪法规则一般较为原则,往往需要通过法律、法规具体化。法律在位阶上高于法规和规章。法律是全国人大及其常委会制定的,代表和体现全国人民的利益和意志,一切法规、规章和规范性文件,包括监察法规、规章和规范性文件,都必须依循和遵守法律,不能违反法律,与法律相抵触。监察机关及其工作人员的一切行为,更必须遵守法律、执行法律,切实做到、依法监察。

五、以事实为根据,以法律为准绳原则

监察法第五条规定,“国家监察工作严格……以事实为根据,以法律为准绳”。这就是“以事实为根据,以法律为准绳”原则。从法理学来看,该原则属于法的适用的基本原则范畴,在不同领域均有所体现,尤其是被确定为人民法院行使审判权、人民检察院行使检察权应当遵守的基本原则,《刑事诉讼法》、

《民事诉讼法》和《行政诉讼法》三大诉讼法都明确规定了这项基本原则，其实质是“坚持实事求是的辩证唯物主义思想路线，严格依法办事，保证办案质量”。[10] 国家监察活动是国家监察机关依照监察法等法律法规的规定，行使监察权，进行监察活动，在本质上属于监察法等法律法规的适用，在内容上涉及对监察对象违法、违纪事实的认定，涉及对他(她)们的违法、违纪行为适用法律和作出处理决定，故应该遵循“以事实为根据，以法律为准绳”原则的要求。

鉴于国家监察活动的特殊性，将“以事实为根据，以法律为准绳”作为监察工作的基本原则，有特殊的意义和特殊的重要性，[11] 因此把握该原则至少应当注意以下两点：

第一，对“事实”的理解。一般意义上的事实包括客观事实与法律事实，前者是指事情发生发展的客观情况，后者则是指通过证据进行确认的事实。本原则所指涉的“事实”是法律事实，即指经过正当法律程序认定的、有确凿证据证明的事实。这种“事实”具有客观性，因为它是通过确凿证据予以证明的事实；但也要注意到它与客观事实可能存在的差距，因为任何“确凿证据”都不可能完全重现既往的事实。在这个意义上，国家监察活动应当重视证据的作用，同时也要确保证据的“确凿”，基于此，监察机关对于监察对象的违法行为，在运用调查、收集、勘验、鉴定等方式收集证据而认定事实的过程中，必须遵守正当的法律程序，对这些事实及其证据进行审查，包括与当事人“见面”，听取其陈述、申辩后，再加以认定和作为案件处理的“根据”。

第二，对“法律”的理解。“法律”包括两种含义，一是特指全国人民代表大会或全国人民代表大会常务委员会制定的法律，二是还包括依法享有立法权的机关所制定的法律规范。结合国家监察的实践，本原则所指涉的“法律”应当采取宽泛理解的立场，即监察机关审理监察案件，不仅要依据法律，而且还要依据行政法规、地方性法规、自治条例、单行条例与规章，也要遵守党内法规规章的要求。

---

〔10〕 卓泽渊主编：《法理学》，法律出版社 2002 年版，第 345 页。

〔11〕 姜明安：《监察工作理论与实务》，中国法制出版社 2018 年版，第 7 页。

六、在适用法律上一律平等，保障当事人的合法权益原则

监察法第五条规定，“国家监察工作……在适用法律上一律平等，保障当事人的合法权益”。本原则也是法的适用的基本原则中平等原则的延伸，《宪法》规定的“法律面前人人平等”是确定平等原则的直接依据，平等原则包含以下几层含义：一是平等地遵守法律，任何人没有超越法律之上的特权；二是平等得到法律保护，任何人的合法权益受到侵害均应得到法律保护；三是平等受到法律制裁，任何违反法律规范的人均应追究其法律责任。适用法律平等原则是监察活动与监察行为应当遵守的必然要求，应当做到如下几点：

一是理解该原则的基本精神。姜明安教授指出，该原则的基本精神是要求监察机关及其工作人员办案公道，不徇私情，平等对待不同身份、不同职务级别、不同民族、性别和不同宗教信仰的监察对象，以平等保障当事人的合法权益。

二是理解该原则的基本要求。适用法律平等原则的基本要求是监察机关及其工作人员依法办案，不偏私；合理考虑相关因素，不专断；平等对待监察对象，不歧视。

所谓“依法办案，不偏私”，即要求严格遵守法律规定。因为法律不是确定某一个人的特殊利益，不是针对某一个人或某几个人的，而是针对人们整体，确定人们整体行为规则的。因此，它不会对处于同样情况的人们作出不同的规定。

所谓“合理考虑相关因素，不专断”，即要求监察机关处理案件、适用法律时严格以案件事实、证据为依据，不掺杂各种关系因素。所谓“相关因素”，包括法律、法规规定的条件、政策的要求、社会公正的准则、监察对象违法行为的情节、行为可能产生的危害后果等。所谓“专断”，就是凭自己的主观认识、推理、判断，任意地、武断地作出处理决定。

所谓“平等对待监察对象，不歧视”，即要求监察机关及其工作人员办理监察案件，作出处理决定时不厚此薄彼，不凭某种关系或自己的好恶加重或减轻对特定监察对象的处罚。监察机关适用法律处理任何监察对象的任何违法行为，都必须依法平等对待，不能因特定监察对象的身份、职务高低、民族、性别、宗教信仰等的不同而对之予以不同的待遇。当然，法律对具有某种特定情

形（如自首、揭发他人立功、主动消除或减轻危害后果等）的监察对象规定了特定处置方式的，监察机关应依法对之作出特别处理。这样做正是“适用法律平等原则”的要求。

三是注意保障被监察对象的合法权利。《宪法》第三十三条规定，“国家尊重和保障人权”，故贯彻人权保障原则是所有国家机构应尽的职责，监察委员会当然不能例外。惩治职务犯罪虽然是监察活动的最初动因，但在实施一系列具体措施的过程中注重对被调查者人权的保障，这也是法治国家的题中之义。由此监察法第四十条、第四十一条、第六十五条等条款作出了保障被调查、被留置人员的合法权利的多项规定，如调查人员在进行讯问以及调取、查封、扣押等重要取证工作时，应当对全过程进行录音录像，留存备查；如监察机关及其工作人员“对被调查人逼供、诱供，或者侮辱、打骂、虐待、体罚或者变相体罚的”依法给予处理；构成犯罪的，依法追究刑事责任；还有对被留置人员的亲属的告知，对被留置人员的饮食、休息、安全和医疗服务保障等，都需要在具体的监察工作中进行贯彻。

七、权责对等、从严监督原则

监察法第五条规定，“国家监察工作……权责对等，严格监察”。本原则侧重点在于规范国家监察权的具体行使过程，包含权责对等与从严监督两层基本含义。

所谓“权责对等”就是强调对权力应当予以监督，核心就是有权必有责，即只要行使公共权力，就必须为此承担相应的责任。同时，所承担的责任与公共权力大小有关系，行使多大的权力就必须承担多大的责任。所以，监察法第十五条实现了对我国所有行使公权力公职人员的监察全覆盖。在国家监察工作的具体实践中，监察机关在对监察对象进行监督、处置或问责的时候，必须弄清相应监察对象的岗位、职责、权力，其是处在一般工作岗位，还是相应工作的负责人岗位，还是所在机关、组织的领导岗位，在不同的岗位上有不同的职责、权力。监察机关对之进行监督、处置或问责一定要坚持“权责对等”，对不同的监察对象，根据其岗位、职责、权力采取相应的监督措施。

所谓“从严监督”就是国家监察权应当严格行使，它是从严治党、从严治吏的治党治国方略和政策在国家监察领域的体现和要求。行使公权力的公职人员担负着管理国家、管理社会和为人民服务的职责，需要接受监督。反腐败工作的实践证明，公权力监督不到位就容易滋生腐败，故如不贯彻落实从严监督，公权力就可能公器私用。信任不能代替监督，监督必须从严。

需要指出的是，权责对等、从严监督原则虽然强调必须对行使公权力的公职人员进行监督，而且要做到从严监督，但是并不意味着对公职人员只应讲义务而不讲权利，对公职人员的从严监督要与切实保护公职人员的合法权益紧密结合起来。例如监察法第十八条规定，监察机关行使监督、调查职权，依法向有关单位和个人了解情况，收集、调取证据时，有关单位和个人应当如实提供；同时也明确规定“对监督、调查过程中知悉的国家秘密、商业秘密、个人隐私，应当保密”；又如监察法第二十三条规定，监察机关调查涉嫌贪污贿赂、失职渎职等严重职务违法或者职务犯罪，根据工作需要，可以依照规定冻结涉案单位和个人的存款、汇款、债券、股票、基金份额等财产，同时也规定“冻结的财产经查明与案件无关的，应当在查明后三日内解除冻结，予以退还”；还如监察法规定监察机关调查过程中可以采取一定的强制措施，而其第四十条第二款明确规定，“严禁以威胁、引诱、欺骗及其他非法方式收集证据，严禁侮辱、打骂、虐待、体罚或者变相体罚被调查人和涉案人员”。

八、惩戒与教育相结合、宽严相济原则

监察法第五条规定，“国家监察工作……惩戒与教育相结合，宽严相济”。本原则要求正确处理好两对关系，即惩戒与教育的关系以及宽与严的关系。惩戒与教育相结合原则通常是指：教育是目的，惩戒是手段，通过惩戒达到教育的目的；而宽严相济原则立足于从宽处理与严厉打击的融合与相得益彰，实现打击、预防功能与教育、感化功能相结合。故该原则的核心是要求区别对待以实现国家监察活动取得良好的社会效果。

监察法第四十五条规定，监察机关根据监督、调查结果，依法作出如下处置：(1)对有职务违法行为但情节较轻的公职人员，按照管理权限，直接或者委托有关机关、人员，进行谈话提醒、批评教育、责令检查，或者予以诫勉；(2)对违法的公职人员依照法定程序作出警告、记过、记大过、降级、撤职、开除等政务处分决定；(3)对不履行或者不正确履行职责负有责任的领导人员，按照管理权限对其直接作出问责决定，或者向有权作出问责决定的机关提出问责建

议;(4)对涉嫌职务犯罪的,监察机关经调查认为犯罪事实清楚,证据确实、充分的,制作起诉意见书,连同案卷材料、证据一并移送人民检察院依法审查、提起公诉;(5)对监察对象所在单位廉政建设和履行职责存在的问题等提出监察建议。同时,监察机关经调查,对没有证据证明被调查人存在违法犯罪行为的,应当撤销案件,并通知被调查人所在单位。类似规定,成为该原则的直接法律依据。

"惩戒与教育相结合"主要适用于对违纪违法公职人员的惩戒过程中要注重教育的功能和地位。根据现代法治原则,对违纪违法公职人员的惩戒,不能单纯为惩戒而惩戒,惩戒应与教育相结合。监察法规定各级监察委员会的职责中,第一项职责即是"对公职人员开展廉政教育,对其依法履职、秉公用权、廉洁从政从业以及道德操守情况进行监督检查"。在监督检查过程中,发现公职人员在依法履职、秉公用权、廉洁从政从业以及道德操守方面存在问题,有违纪违法情事,自然要对之进行惩戒,但同时也要对之进行教育,使之自觉纠正违纪违法行为,并且今后不再违反。此外,"惩戒与教育相结合"这一原则中的"教育",不仅是指对违纪违法公职人员的特定教育,也指对其他公职人员的一般教育,即通过对违纪违法公职人员的惩戒,以教育其他公职人员依法履职、秉公用权、廉洁从政从业和培养良好的道德操守。

"宽严相济"是指对公职人员的惩戒,要全面考虑违纪违法公职人员行为的性质、目的动机、手段、对社会的危害等诸多情节,该严则严,该宽则宽,不能一味严惩。一味严惩既不符合现代法治的要求,也不利于教育违纪违法者,达到反腐败的治本之效。

在国家监察实践中,国家监察机关对于违纪违法公职人员做出的处理决定体现了该原则。

九、标本兼治、综合治理原则

监察法第六条明确规定,"国家监察工作坚持标本兼治、综合治理,强化监督问责,严厉惩治腐败;深化改革、健全法治,有效制约和监督权力;加强法治教育和道德教育,弘扬中华优秀传统文化,构建不敢腐、不能腐、不想腐的长效机制"。该规定可以归纳为"标本兼治、综合治理"原则,其主要内容为:一是加强监督问责,严厉惩治腐败,强化不敢腐的震慑;二是深化改革、健全法治，有效制约和监督权力，扎牢不能腐的笼子；三是加强法治道德教育，弘扬中华优秀传统文化，增强不想腐的自觉。

（一）标本兼治、综合治理原则的目的

标本兼治、综合治理原则旨在确保国家监察活动高效权威，故“效”的界定成为关键所在。《现代汉语字典》对“效”有多种解释，与本论题相关的主要有三个词：一是“效果”，指的是某种做法产生的结果，一般指好的效果；二是“效率”，完成单位工作量所用的时间；所费时间越少则效率越高；三是“效用”，指效力和作用，有效还是无效。“效用”是中性词，对某项行为进行定性判断常常使用该词语，往往综合了“效果”和“效率”两个词的意思。工作效率高，产生的效果好，那就表示有效用。于是，有学者将监察体制改革“高效”目标的理解归纳为工作过程和工作效果两个方面：“单位时间内完成的工作量多”以及“对监察体制改革质量的要求”。[12]

（二）标本兼治、综合治理原则的意义

标本兼治、综合治理原则的重要意义表现在：首先，凸显了深化监察体制改革的重要意义。深化监察体制改革在于建立集中统一、权威高效的监察体系，推动反腐败工作向纵深发展。如何使这一制度优势真正转化成治理效能，使打击腐败更加有力，依赖于纪检监察工作中每一个有效成功审查调查案件的支撑。要发扬检察机关原有反贪、反渎侦查突破案件的成功经验，做实做细初核方案、审查调查方案，重视审查调查策略谋略的运用，开展审查调查策略方法技巧的学习培训和传帮带，保证审查调查工作的实际效果，防止和减少“程序过了、工作干了、成果了了”的情况。

其次，表达了监察制度立法的价值追求。根据李建国副委员长于 2018 年 3 月 13 日在第十三届全国人民代表大会第一次会议上就监察法的说明，监察体制改革的目标是：“整合反腐败资源力量，加强党对反腐败工作的集中统一领导，构建集中统一、权威高效的中国特色监察体制，实现对所有行使公权力

---

〔12〕 参见蒋来用：《实现“高效”目标：打造监察法体制改革“升级版”》，载《河南社会科学》2018 年第 7 期。

的公职人员监察全覆盖。”[13]

最后，破除了推进监察制度改革的主要困境。根据学者调研，实现监察体制改革“高效”目标存在不少障碍：“两支队伍”融合好是迫切需要解决的现实问题、纪检监察系统内部“用力不均”影响整体效果、降低反腐败成本尚未引起足够重视、动力机制缺乏或不足影响监察体制改革效果以及评估机制缺乏让监察体制改革效果缺少直观展现的工具，导致的后果是“在改革的所有目标中，唯一没能较好实现但也是最为困难的目标就是‘高效’”。监察处于全面深化改革、全面依法治国、全面从严治党的“交点”，应当积极破除推进监察制度改革的主要困境，顺利推进监察体制的改革，实现推动党内监督和人民群众监督的结合，增添依规治党和依法治国的双动力，从而赢得广大人民群众的衷心拥护。

（三）标本兼治、综合治理原则的基本要求

1. 确立监察法权威高效的核心目标。我国反腐败监察机构要突出党的领导的权威，国家法律的权威。权威性要求反腐败机构能独立行使职权，不受外部压力不当干预。联合国毒品与犯罪事务办公室将机构独立、人事独立、经费独立、职权独立作为反腐败工作有效开展的重要标准，其中，监察法中职权独立是核心，机构独立、人事独立、经费独立是保障。这些标准对我国构建独立性更强的监察机构具有重要借鉴价值。高效性是指能及时查办腐败案件，突出表现是案件查处迅速果断；同时做到办案质量高，执法效果好，追求法律效果与政治效果和社会效果的有机统一。我国反腐败监察机构要充分运用监察法的法定手段及时发现腐败线索，从而实现发现、查处和追究的高效运转。

2. 增强监察活动的权威性。其一要增强监察机关的权威性。建立集中统一、权威高效的国家反腐败机构，保障反腐败沿着法治化道路前进。坚持在党的领导下，通过整合相关工作力量，组建各级监察委员会作为反腐败的专责机关，同党的纪律检查机关合署办公，履行纪检、监察两项职能，解决了反腐败力量分散、监察覆盖面过窄、纪律与法律衔接不畅等问题，实现了依规治党与依法治国、党内监督和监察的有机统一，从体制机制组织形式、职能定位、决策程

---

〔13〕 李建国：《关于〈中华人民共和国监察法（草案）〉的说明》，载《人民日报》2018年3月14日，第5版。

序上,将党对反腐败工作的集中统一领导法治化、具体化。

其二要明确监察权的独立性。当前对监察权的性质有行政权、司法权或者混合型的权力等不同的观点,影响到监察机关的定位。根据《宪法》与监察法的有关规定,监察委员会不是行政机关,也不是司法机关,是人大选举产生的行使监察职能的专责机关,依照法律规定,独立行使监察权。所以监察权的本质就是独立的监督权。按照监督权运行的基本规律,必须提高监察机关的权威性,保证其国家性、专门性、强制性和权威性的特征。

其三要增强监督手段的权威性。监察机关调查的内容包括职务违法和职务犯罪,而不是一般刑事犯罪行为。职务违法与职务犯罪具有极强的复杂性、智能性、隐蔽性,主体具有较高的社会地位、智商和反侦查能力,其违法犯罪行为往往采取一对一的形式,知情面窄,取证的难度大,对口供的依赖性强。为了减少调查阻力与干扰,必须赋予监察机关一定的调查手段和惩罚权,能够对监督对象形成有力震慑和实质性的惩罚后果。实际上,监察机关所行使的是调查权而不是侦查权,而且与侦查权有着本质的区别,所以需要增强监督手段的权威性。如根据监察法规定,在调查期间监察机关可以采取 12 项调查措施,但不能采取拘传、取保候审、监视居住、拘留和逮捕等刑事“强制措施”;采取技术调查措施、通缉、限制出境等措施,必须经过严格的批准手续,按照规定交有关机关执行;监察机关立案调查期间,律师不能介入。

其四要准确定位监察职责。监察法规定,监察机关根据监督、调查结果,依法作出批评教育或予以诫勉、政务处分决定、问责决定或问责建议、依法提起公诉、提出监察建议等处置。监察是个大概念,既包括公职人员的职务违法行为,也包括公职人员的职务犯罪行为,即既管公职人员“违纪”又管“违法”又管“犯罪”,既管“大错”又管“小错”,管住“好公职人员”到“阶下囚”的更广阔领域。因此,监察全覆盖首先是“监督全覆盖”,而不是“办案全覆盖”,特别是监察机关承担着对公职人员的日常监督职责,监督所有公职人员行使公权力的行为是否正确,确保公权力不被滥用。这与之前检察机关的反贪污、反失职渎职行为有本质的区别。

3. 有效展开监察法活动。首先,依法履行职责。监察法首先是关于监察机关履行职责及其权限的实体法。根据法律规定,监察机关履行监督、调查、处置职责,涵盖了廉政教育、监督检查,调查职务违法和职务犯罪,处分、问责以及移送司法处理，提出监察建议等具体内容。依法赋予监察委员会职责权限和调查手段，丰富监察方法与方式，有利于深入开展反腐败工作。依法履行职责是有效行使监察权、更好地发挥监察作用的重要基础。坚持主体合法，监察人员和相关工作人员必须具备法定资格，履行回避义务。坚持内容合法，纪检监察机关履行监督执纪问责和监督调查处置职责首先必须有法律依据、法律权限；在具体案件中，做到秉公执法，严防“灯下黑”。

其次，监察机关开展工作必须注重提高工作效率，改进工作方法，最大限度提升监察效果。对此，监察法提供了有力的法律支持和保障。各级监察委员会和监察人员能够采取法定手段进行监督、调查、处置。尤其是，各级监察机关要加强对党员领导干部和公职人员的日常监督管理，通过提醒谈话把问题扼杀在萌芽状态，并且善于深入了解所联系的地区和单位的具体情况，准确研判当地政治生态。监察的首要职责是监督，监委的监督和纪委的监督在指导思想、基本原则上是高度一致的，要抓早抓小、动辄得咎，防止党员干部和公职人员要么是“好同志”、要么是“阶下囚”。

最后，要严格遵守程序。程序是“看得见的正义”，监察权的权威源于程序的公平公正，源于当事人对监察程序的亲身经历。监察法也是监察机关行使权力的程序法。程序合法正当是现代法治的重要精神理念，是中国特色社会主义法治的鲜明特征。程序既是权力运行的必备要素，也是约束权力的重要方式。监察法用专门一章详细规定了监察机关行使权力的法定程序，包括问题线索的发现与受理、管辖、初核、立案与调查、证据的收集以及处置等，其中特别详细规定了如何处理举报、进行初核，如何采取讯问、留置等措施。监察法同时规定了如何保护当事人合法权益，包括向当事人及其家属、相关组织进行宣布和通知，禁止非法收集证据，禁止侮辱、打骂、虐待、体罚或者变相体罚被调查人和涉案人员，以及保障被留置人员的饮食、休息和安全，提供医疗服务等。建立完备的监察权运行程序，有利于提升监察机关履行职责的成效，夺取反腐败斗争的压倒性胜利。

除了上述以外，实现监察法的有效治理，也离不开良性依据的支撑。监察法活动需要依法依规进行，宪法、监察法与刑法等国家法律法规，以及《中国共产党纪律处分条例》、《中国共产党问责条例》与《中国共产党廉洁自律准则》等党内法规，为实现监察法的有效治理提供了基本依据，对于这些国家法律法规以及党内法规，应当不断结合实践情形进行反思，为监察法提供更优质的基本依据。

在监察体制改革的实践中，各部门各地方为了推进监察活动，不断进行探索，形成了各具特色的监察活动依据，例如福建省厦门市和广西宜州市分别建立起责任清单和风险清单，也如西藏自治区左贡县委制定了巡察督查督办工作办法和巡察整改工作方案，还如浙江省嘉善县委制定了《县委巡察整改责任追究办法（试行）》，对巡察整改工作明确追责情形及追责方式等。[14] 对于这些具体的活动，要依据国家法律法规以及党内法规进行合法性审查与归纳总结，以形成符合实践需要的规则，从而为实现监察法的有效治理提供良性依据。

思考题

1. 如何正确理解监察法基本原则的概念？
2. 监察法基本原则的作用是什么？
3. 确定监察法基本原则的主要标准是什么？
4. 试论依法独立行使监察权原则？
5. 试论依法依宪监察原则。
6. 标本兼治、综合治理的基本要求有哪些？

〔14〕 参见中纪委与监察法委员会官网：http://www.ccdi.gov.cn/。

第四章　监察范围和管辖

第一节　监 察 范 围

核心法条

《中华人民共和国监察法》第十五条

监察机关对下列公职人员和有关人员进行监察：

（一）中国共产党机关、人民代表大会及其常务委员会机关、人民政府、监察委员会、人民法院、人民检察院、中国人民政治协商会议各级委员会机关、民主党派机关和工商业联合会机关的公务员，以及参照《中华人民共和国公务员法》管理的人员；

（二）法律、法规授权或者受国家机关依法委托管理公共事务的组织中从事公务的人员；

（三）国有企业管理人员；

（四）公办的教育、科研、文化、医疗卫生、体育等单位中从事管理的人员；

（五）基层群众性自治组织中从事管理的人员；

（六）其他依法履行公职的人员。

一、监察范围的概念

监察范围，是指监察委员会受理监察案件的监察对象范围。监察范围主要解决的是哪些主体能够纳入监察关系当中成为监察对象的权限问题。监察范围反映的是国家监察机关与监察对象的关系，决定着监察权行使的范围界限。监察对象是否被纳入监察范围取决于监察对象是否具备公权力的特征。

二、确定监察范围的意义

(一)实现对所有行使公权力的公职人员监察全覆盖

我国公务员制度明确了依法履行公职的主体,除中国共产党机关、人大及其常委会机关、“一府两院”、民主党派和工商联机关、政协机关外,还包括行政类事业单位和人民团体或群众团体机关。现实中,依法履行公职的,除上述公务员和参照公务员法管理的人员外,还有其他相关人员。监察法第十五条明确了六类监察对象,从原来的“党组织、党员、行政监察对象”扩大到“中国共产党机关、人民代表大会及其常务委员会机关、人民政府、监察委员会、人民法院、人民检察院、中国人民政治协商会议各级委员会机关、民主学派机关和商业联合会机关的公务员,以及参照《公务员法》管理的人员,法律法规授权或者受国家机关依法委托管理公共事务的组织中从事公务的人员,国有企业管理人员,公办的教育、科研、文化、医疗卫生、体育等单位中从事管理的人员,基层群众性自治组织中从事管理的人员,其他依法履行公职的人员”等六类行使公权力的人员,既调查职务违法又调查职务犯罪行为,从而在党内监督实现对党组织和党员干部全覆盖的同时,实现由监督“狭义政府”公职人员到监督“广义政府”公职人员的转变,实现国家监察对所有行使公权力的公职人员全覆盖。

(二)弥补现行行政监察制度在监察对象方面的不足

依照原来的《行政监察法》,行政监察对象主要是国家行政机关及其公务员和国家行政机关任命的其他人员,监督的是“狭义政府”,还没有做到对所有行使公权力的公职人员全覆盖。同时,纪律和法律中间以往还存在一片管辖的“空白地带”,对行使公权力的公职人员监督没有跟上,存在犯罪有人管、违法无人问的突出现象。监察法中有关监察范围的划定,将行使公权力的公职人员全部纳入监察范围,避免了国家监察工作领域的盲区,弥补了行政监察范围过窄以及纪法中间违法无人管的“两个缺陷”,同时还解决了反腐败力量分散的问题。

(三)促进反腐败工作的制度化、法治化

在反腐败斗争的高压态势下,我国腐败案件依然频发,腐败烈度较高,形成了反腐的力度极大与腐败的烈度居高不下这一困局。这反映出,在现有机

制下，单纯加大反腐败治理的力度难以彻底解决腐败问题，必须对反腐体制进行整体性的重构和变革，彻底解决旧有制度中的痼疾，才能从根本上解决腐败问题。从国外反腐败立法的演进过程也可以看出，反腐败是一项系统工程，必须通过立法的方式，建立预防惩治的系列制度，实现标本兼治。监察范围以列举式立法的形式出现，明确监察对象范围，使国家在反腐败斗争中有了明确的立法依据，特别是在监察范围的确定上，避免了在实践中确定监察范围的模糊化和随意性，有利于快速确认监察对象，从而及时展开调查取证工作，实现反腐工作的制度化和法治化。

三、监察范围的现行规定

我国监察法中对监察范围以列举的方式作了详细的规定。监察法第十五条规定："监察机关对下列公职人员和有关人员进行监察：(一)中国共产党机关、人民代表大会及其常务委员会机关、人民政府、监察委员会、人民法院、人民检察院、中国人民政治协商会议各级委员会机关、民主党派机关和工商业联合会机关的公务员，以及参照《中华人民共和国公务员法》管理的人员；(二)法律、法规授权或者受国家机关依法委托管理公共事务的组织中从事公务的人员；(三)国有企业管理人员；(四)公办的教育、科研、文化、医疗卫生、体育等单位中从事管理的人员；(五)基层群众性自治组织中从事管理的人员；(六)其他依法履行公职的人员。"从上述法律条文可知，监察的范围实现了对行使公权力的公职人员的全面覆盖。之前的《行政监察法》的监察范围仅限于对行政机关的监督，并没有覆盖国家立法机关、司法机关以及政协机关等。而监察法中所全面覆盖的行使公权力的公职人员，不仅仅只有公务员，还扩大至履行公共职务、行使公权力的中国共产党党员及各民主党派的党务机关、国家立法机关、司法机关、行政机关、政协机关及国有企事业单位、人民团体中从事公务的人员等。以下分别针对上述列举的监察范围进行逐一解释：

1. 中国共产党各级机关工作人员。按照一般原理，政党并非国家公权力机关，但在我国，中国共产党是执政党，行使执政权和领导权，在本质上归属于公权力。因此，党的各级机关工作人员自然就是行使国家公权力的公职人员，属于国家监察对象。

2. 各级人民代表大会机关工作人员。此处所称的"工作人员"需要作广义理解，不仅包括人大工作人员，也包括人大代表。人大机关工作人员因其本身属于公务员，自然在监察对象范围之内；人大代表有时具有多重身份，但无论具有何种身份，在其担任代表期间，对与代表职务相关的行为，监察机关可进行监察。当然，由于人大代表身份和职务具有特殊性，对其实施监察时，还应遵循严格的程序限制。

3. 各级行政机关工作人员。《行政监察法》已经明确规定，其监察对象包括“国家行政机关及其公务员和国家行政机关任命的其他人员”。国家监察体制改革的目标之一，是实现对所有行使公权力的公职人员监察全覆盖，行政机关工作人员自然应属国家监察对象。

4. 各级司法机关工作人员。人民法院和人民检察院依法行使国家公权力中的司法权，作为国家公权力的行使者，包括法官、检察官和其他辅助人员在内的人民法院和人民检察院工作人员属于国家监察对象。

5. 各级政协机关工作人员。尽管人民政协并非典型的国家公权力机关，但在我国的政治架构之下，人民政协发挥着重要的作用，具有宪法地位，政协机关工作人员实际上具体行使着一部分国家公权力，因此也属于监察对象。

6. 民主党派各级机关工作人员。在我国，各民主党派是参政党，在我国政治生活中具有重要的作用，实际上行使着一定程度和范围的国家公权力。并且，我国《公务员法》也将民主党派机关工作人员纳入了公务员范畴，因此，民主党派各级机关工作人员也属于国家监察对象。

7. 工商联、工会、共青团和妇联等特殊组织的工作人员。工商联、工会、共青团和妇联是我国具有特殊政治地位和功能的组织，其所行使的权力从本质上看属于社会公权力，且比一般的社会公权力有着更强有力的作用。由这些组织本身的性质所决定，其工作人员作为公权力的具体行使者，也应成为国家监察对象。

8. 国有企业管理人员。国有企业掌握着公共资源的支配权和使用权，这种权力(利)一定意义上也是一种国家公权力，从而国有企业的管理者实质上也是公权力的具体行使者，应当纳入国家监察机关的监察对象范围。

9. 教育、科学、文化、医疗、卫生、体育等事业单位的工作人员。事业单位是我国独有的一种组织形态，是“国家为了社会公益目的，由国家机关举办或者其他组织利用国有资产举办的，从事教育、科技、文化、卫生等活动的社会服务组织”。事业单位分配和利用一定的公共资源，实际上也是在依法行使国家公权力。由其性质和目标所决定，事业单位工作人员也属于国家监察对象。

10. 法律、法规授权或者受国家机关依法委托管理公共事务的组织中从事公务的人员。得到法律、法规的授权，以及受国家机关的委托管理公共事务的公务人员，由于得到了公权力的授权，从实质上具备了行使公权力的权利，形式上也具备了公权力的特征。公共事务组织中从事公务的人员在处理公共事务时代表的是国家机关，维护的是国家的利益，因此其本身具备了公权力的特征，理应纳入监察对象的范围。

11. 基层群众性自治组织工作人员。根据宪法和法律的规定，基层群众性自治组织行使自治权力，这种自治权力在性质上属于社会公权力，并且其与国家公权力之间的关系比一般的社会公权力更为密切。基层群众性自治组织中从事管理的人员主要包括村民委员会、居民委员会的主任、副主任和委员，以及其他受委托从事管理的人员。根据有关法律和立法解释，这里的“从事管理”，主要是指：(1)救灾、抢险、防汛、优抚、扶贫、移民、救济款物的管理；(2)社会捐助公益事业款物的管理；(3)国有土地的经营和管理；(4)土地征用补偿费用的管理；(5)代征、代缴税款；(6)有关计划生育、户籍、征兵工作；(7)协助人民政府等国家机关在基层群众性自治组织中从事的其他管理工作。同时，按照国家监委有关规定，从事集体事务管理也属于“从事管理”的内容。

12. 其他应纳入监察范围的对象。除了前述监察对象之外，我国还存在一些国家公权力机关任命的人员，以及通过某种形式和途径行使国家公权力或社会公权力的公职人员，对这些人员，也应列为国家监察机关的监察对象。

第二节　监 察 管 辖

核心法条

《中华人民共和国监察法》第十六条

各级监察机关按照管理权限管辖本辖区内本法第十五条规定的人员所涉监察事项。

上级监察机关可以办理下一级监察机关管辖范围内的监察事项，必要时也可以办理所辖各级监察机关管辖范围内的监察事项。

监察机关之间对监察事项的管辖有争议的，由其共同的上级监察机关确定。

一、管辖的概述

（一）管辖的概念

管辖是不同性质、地域、层级办案机关办理案件的分工及对各机关办案职权范围的界定。监察管辖，是指各个监察委员会之间受理监察案件的职权分工。管辖权是监察机关依法独立行使监察权的前提和基础，正当行使管辖权是监察机关调查职务违法和职务犯罪，开展廉政建设和反腐败的重要途径。管辖权如何规定，不仅具有监察程序开始的程序意义，更重要的是具有保障监察公正处理的实体价值。监察管辖所解决的是职权应当如何分配的问题。这种职权分工带来两方面的效果：其一，对于监察委员会来说，它确定了同级监察委员会之间受理监察案件的具体分工，明确了上下级监察委员会之间受理监察案件的权限。其二，对于被调查人来说，则是被纳入监察对象后到哪一级监察委员会接受调查的问题。一般情况下，为节约监察资源和提高调查效率，对案件处理具有便利条件的监察机关通常被立法者优先赋予管辖权。然而，在实践中，不同的监察机关调查取证的成本和便利条件并不完全相同，而且通常表现为此消彼长的关系。这是因为许多监察机关在横向管辖上存在交叉管辖的关系，在纵向管辖上有行政级别关系。因此，确立管辖制度的首要任务是确保各级别、各区域的监察机关合理地分配监察案件。

（二）管辖的种类

根据不同的标准，监察法中的管辖可以分为不同的种类。

根据我国监察法的规定，国家监察法中的管辖包括两个方面的内容：一是监察机关、公安机关、人民检察院和人民法院各自直接受理案件的职权范围；二是各级监察机关之间受理案件的职权范围。前者是解决监察机关、公安机关、人民检察院和人民法院之间在直接受理案件上的权限划分问题，称为职能管辖。这是一个案件在面对管辖问题时的逻辑起点，只有首先确定了职能管辖，明确了案件的主管机关，才能进一步明确后续的管辖问题。后者是解决各级监察机关之间、同级监察机关之间在受理案件上的权限划分问题，称为监察管辖。监察管辖又可分为级别管辖、地域管辖、指定管辖和移转管辖。

根据是否由法律直接规定为标准，可以分为法定管辖和裁定管辖。法定管辖是由法律明确规定监察案件由哪一监察委员会行使管辖权。在法定管辖中，依据监察委员会的纵横管辖关系不同，又可以分为级别管辖和地域管辖。裁定管辖是由监察委员会根据具体的案件情况作出决定，以确定具体管辖的监察委员会。根据管辖的决定方式不同，裁定管辖又可以分为指定管辖、移转管辖。

（三）确定管辖的原则

监察管辖的确立原则，是贯穿于监察法律制度中的基本思想与主要考虑因素。它是立法者关于管辖的精神所在，也体现了立法者制定监察管辖制度的基本意图。监察中的管辖，一般是根据监察案件的发生地点、复杂程度、影响大小等不同特点来确定。监察法关于监察机关的权限划分的基本出发点是保证监察调查的顺利实现。监察法关于管辖的确定，主要依据以下几个原则：

1. 便于监察机关行使监察权原则。我国监察法第十六条第一款规定："各级监察机关按照管理权限管辖本辖区内本法第十五条规定的人员所涉监察事项。"这意味着绝大部分的监察案件均由本辖区内的监察委员会管辖。一般情况下，监察机关对本辖区的各项情况比较熟悉，地理条件便利，这不仅有利于监察机关对管辖区内的监察事项进行调查、取证，也便于被调查人接受调查，以保证监察机关有效地行使监察权。

2. 促进监察机关公正处理案件原则。实现案件的公正处理是监察机关的基本目标。监察法在制定之初即强调独立行使监察权，不受行政机关、社会团体和个人的干涉。在管辖方面也制定了相应的措施来维护该原则。例如，监察法第十七条规定："上级监察机关可以将其所管辖的监察事项指定下级监察机关管辖，也可以将下级监察机关有管辖权的监察事项指定给其他监察机关管辖。监察机关认为所管辖的监察事项重大、复杂，需要由上级监察机关管辖的，可以报请上级监察机关管辖。"该条文是指定管辖和移转管辖的具体体现。在具体的案件调查过程中，时常会出现一些客观的因素，使按照原来的管辖会导致案件处理缺乏外在的公正性，进而影响监察机关公正调查和处理。因此，必须由相应的监察机关来指定其他机关来处理，或移送给相应的监察机关来管辖。

3. 监察机关均衡负担原则。监察机关均衡负担原则包括监察机关系统内上下级之间监察力量和监察案件数量的合理分工以及同级监察机关之间监察案件的数量合理分担问题。这一原则要求在确定管辖时应该考虑到各级监察机关间应有一个合理性、明确性的分工，而不致某一级或某一个监察机关的负担过重，否则不利于案件的及时调查和取证，进而影响整个反腐工作的大局。基于我国行政区域的辽阔性以及地区经济发展的不均衡性，导致各地受理监察案件数量的差异性。因此，在确定监察管辖制度的时候，应当充分考虑各级行政区域、各级监察机关实地的情况，采取均衡负担原则，使各行政区域、各级监察机关受理案件数量达到一个稳定合理的状态。

4. 原则性和灵活性相结合原则。我国监察法在确定管辖时，为了适应监察调查过程中的各种复杂情况以及办案实际工作的需要，监察案件的管辖除了要有明确的原则性规定之外，还应有一定的灵活性。为了适应监察案件的各种复杂情况，监察法赋予了上级监察处理管辖问题的机动权，还规定了机动灵活的裁定管辖。上级监察机关不仅可以灵活地将其所管辖的监察事项指定下级监察机关管辖，也可以将下级监察机关有管辖权的监察事项指定给其他监察机关管辖；下级监察机关认为所管辖的监察事项重大、复杂，需要由上级监察机关管辖的，可以报请上级监察机关管辖。

（四）管辖的意义

监察管辖涉及监察委员会内部受理监察案件的分工，是监察机关处理案件的首要工作。因此,明确监察管辖具有重要的意义。

第一,有利于将监察机关、公安机关、检察院、法院之间的职能管辖范围区分开来,有利于案件及时、准确的处理。也有利于各级监察机关依法行使职权。这既可以防止监察机关之间互相推诿和互相争管,又可以充分发挥每个部门、每个单位在反腐败斗争中的职能。

第二,有利于机关、团体、企业事业单位和公民按照管辖的规定向监察机关报案和举报,减少案件的移送,有助于监察调查能够迅速地展开。

第三,便利人民群众监察监督。监察法把大部分的监察案件交由本辖区监察机关,这便于监察机关依法向辖区公开应当公开的信息,接受民主监督、社会监督、舆论监督。

二、职能管辖

(一)职能管辖的概念

监察中的职能管辖,在理论上又称立案管辖或部门管辖,是指监察机关、人民法院、人民检察院、公安机关和审计机关等各自受理案件的职权范围,也就是监察机关、人民法院、人民检察院、公安机关和审计机关之间,在直接管理案件范围上的权限划分。职能管辖所要解决的是哪类案件应当由监察机关、人民法院、人民检察院、公安机关和审计机关中的哪一个机关立案受理的问题。职能管辖是监察制度中非常重要的一个问题,它决定了职务违法和职务犯罪案件应当由谁来启动立案程序的问题。我国的监察程序是从立案开始的,立案是我国监察机关在监察过程中的一个独立阶段和必经程序,其目的在于确认监察案件成立,对职务违法犯罪行为开始独立的监察调查工作。明确职能管辖,能够保证监察机关及时、准确地同职务违法、职务犯罪作斗争,不失时机地开展监察调查活动,迅速、有力地惩罚和制止职务违法犯罪。

(二)职能管辖的现行规定

在监察法出台之前,我国的监察体系呈现出多元化的特征,纪律监督、人大监督、司法监督、行政监察、审计监督和检察院职务犯罪法律监督等并行。这些隶属于不同权力系统的监督权之间形成的多头监督"交叉监督"分散监督格局,存在诸多弊端:一是分散和浪费了政治资源;二是监督权在整个政权系统中的级别和地位参差不齐,约束权力的效果有限;三是由于缺少顶层设计而导致监督疏密不同,表现为:办案力量不集中,多头办案、分阶段办案、各自办案等,导致办案力量过于分散,办案机关之间不协调,办案效率不高等问题。监察法的制定,遵循一体化的原则整合监督权力,整合了监察部门的力量,形成监督合力,构建集中统一、权威高效的中国特色国家监察体制。监察机关依照监察法,对所有行使公权力的公职人员进行全面监察,将职务违法和职务犯罪作为调查的职能范围,这也就确定了监察机关的职能管辖范围。

监察法第三条规定:“各级监察委员会是行使国家监察职能的专责机关,依照本法对所有行使公权力的公职人员(以下称公职人员)进行监察,调查职务违法和职务犯罪,开展廉政建设和反腐败工作,维护宪法和法律的尊严。”该条是职能管辖的纲领性条文。它明确了监察机关的职能管辖范围为:专门针对所有行使公权力的人员在职务违法和职务犯罪中的监察和调查工作。监察法第十一条第二项规定,“监察委员会依照本法和有关法律规定履行监督、调查、处置职责:……(二)对涉嫌贪污贿赂、滥用职权、玩忽职守、权力寻租、利益输送、徇私舞弊以及浪费国家资财等职务违法和职务犯罪进行调查……”从该法条可知,我国通过法律赋予监察机关在涉嫌贪污贿赂、滥用职权、玩忽职守、权力寻租、利益输送、徇私舞弊以及浪费国家资财等职务犯罪上的管辖权。监察法第十一条第(三)项规定:“对违法的公职人员依法作出政务处分决定;对履行职责不力、失职失责的领导人员进行问责;对涉嫌职务犯罪的,将调查结果移送人民检察院依法审查、提起公诉;向监察对象所在单位提出监察建议。”该法条表明:监察机关对涉嫌职务犯罪的,可将调查结果移送人民检察院依法审查和提起公诉。这就明确了监察机关对上述涉嫌职务犯罪的案件享有职务侦查的权力。法律把职务犯罪的侦查权赋予监察机关,是与监察机关的性质、职能和办案条件相适应的,也契合了监察制度改革的初衷,符合当前国家实现反腐制度化、法治化的客观需要,也是全面推进依法治国,实现国家治理体系和治理能力现代化的重要举措。

此外,监察法第三十四条第一款规定:“人民法院、人民检察院、公安机关、审计机关等国家机关在工作中发现公职人员涉嫌贪污贿赂、失职渎职等职务违法或者职务犯罪的问题线索,应当移送监察机关,由监察机关依法调查处置。”该条规定也清楚的表明,监察机关与其他机关在职能管辖范围上的权限划分。此外,第三十四条第二款还规定:“被调查人既涉嫌严重职务违法或者职务犯罪,又涉嫌其他违法犯罪的,一般应当由监察机关为主调查,其他机关予以协助。”这一规定是针对当前实践中经常出现的情况。当两个或多个部门的职能管辖范围存在交叉管辖的时候,立法规定应当以监察职能管辖为主的原则,其他机关应当积极配合与协助监察部门的职能管辖。

(三)职能管辖制度的完善

监察法第三十四条第二款规定了监察交叉管辖的制度。然而,从法条上分析,该规定依然存在许多不足。立法在大部分存在交叉管辖的情况下,采取的是“以监察机关管辖为主,其他机关为辅”的原则。这仅仅是确定了监察交叉管辖的一般处理的原则,但在具体的实践中很可能会出现特殊的情形,即案件管辖其他机关作为主要管辖更有利的情形。立法在这方面的规定依然是一片空白,未对此作出任何解释。建议出台针对监察法第三十四条第二款中对“一般”的特别解释,以及对例外情况作出规定,以避免引起实务部门在适用该法律条文时产生混乱。

三、级别管辖

(一)级别管辖的概念

级别管辖,是指上下级监察机关之间受理监察案件的分工和权限。确定级别管辖是明确监察案件管辖权的前提条件。级别管辖是在监察机关内部从纵向上解决监察案件应由哪一级监察机关受理的问题。级别管辖制度往往是在明确了职能管辖之后,对于监察案件管辖事项在不同级别监察机关之间的分配工作。不同级别监察机关之间的管辖分工,取决于管辖制度涉及主体的利益关系的协调和诸多立法政策的考量。从管辖制度的设计原理看,级别管辖普遍实行三级或四级结构的职能分层,呈现一种金字塔形的程序设计。其设计的一般原理,则是越往上靠近顶端的级别机关主要制定政策和服务公共目的为主,越往下的级别机关则直接以普通的监察案件为主。在具体实践中,级别管辖与地域管辖的关系密不可分。任何以级别获得管辖权的监察机关,都是以该机关具有与案件发生地有联系为先决条件。但是,在以地域为条件所形成的级别管辖情形下的监察管辖权,立法考量的主要因素是该监察机关的级别问题,它是对地域管辖的一种调试或改变。

(二)级别管辖的现行规定

监察法中虽然没有直接采取列举的方式规定监察机关的级别管辖,但从许多条款中可以透露出监察级别管辖的相关规定。首先,我国监察法第七条规定:“中华人民共和国国家监察委员会是最高监察机关。省、自治区、直辖市、自治州、县、自治县、市、市辖区设立监察委员会。”根据监察法上述规定,我国监察机关的设置分为四个级别,分别为:国家监察委员会、省级监察委员会、市级监察委员会、县级监察委员会。这四个级别的监察委员会是按照行政级别进行的划分。监察机关分为四个级别,监察法关于级别管辖的规定,是划分各级监察机关受理监察案件的分工,确定案件具体由哪一级监察机关来进行调查。其次,监察法第十六条第一款规定:“各级监察机关按照管理权限管辖本辖区内本法第十五条规定的人员所涉监察事项。”该条款说明各个级别的监察机关分别管辖各自的受案范围,即各个级别的监察机关存在级别管辖区域范围的差异。再次,监察法第十六条第二款规定“上级监察机关可以办理下一级监察机关管辖范围内的监察事项,必要时也可以办理所辖各级监察机关管辖范围内的监察事项”。根据该规定,上级监察机关对于下级监察机关的监察事项享有决定管辖权,一是对下一级监察机关管辖范围内的监察事项享有管辖权。二是必要的时候,上级监察机关可以对其下级各个监察机关管辖范围内的监察事项享有管辖权。该条文中“必要的时候”,常常是指案件较为疑难复杂或社会影响力较大,而这些案件一般都由级别较高的监察机关来受理。这是管辖权转移的相关规定,是级别管辖的变通和补充。显然该规定间接确定了监察案件级别管辖的分工和权限。最后,从监察法第十七条“监察机关认为所管辖的监察事项重大、复杂,需要由上级监察机关管辖的,可以报请上级监察机关管辖”可以得知,“重大”“复杂”的案件,应该由更高级别的监察机关来管辖,这就符合级别管辖设立的基本原理,也从一个侧面证实立法已经明确规定了监察级别管辖制度。

(三)级别管辖制度的完善

相比于《刑事诉讼法》和《人民检察院刑事诉讼规则(试行)》中有关管辖的规定,监察法中关于监察级别管辖制度并不完善,立法规定显然过于原则和粗糙,法律条文的数量也略显偏少;在立法技术上,条文没有以列举的方式来明确监察机关管辖的具体范围,这将会给实务部门在具体的办案过程中带来诸多不便,监察级别管辖亟待进一步修改完善。

第一,建立监察机关分级监察制度。采用列举式的立法方式,明确四个级别的监察机关具体的受理案件范围,分别为:国家监察委员会受理监察全国性的重大案件;省级监察委员会受理监察全省(自治区、直辖市)性的重大案件;市级监察委员会受理监察本辖区的重大案件;县级监察委员会受理监察本辖区的一般案件。明确的分级监察制度,有利于监察机关根据案件的性质、影响力大小等因素迅速、准确地划分管辖权限,便于监察机关进行调查取证工作。

第二,级别管辖标准的清晰化。主体的特殊性是职务犯罪案件与普通刑事案件的显著区别,职务级别的高低通常决定了被调查人能够支配的反监察能力的多少、决定监察人员调取证据的难易程度和案件社会影响的大小。因此,以被调查人的职务级别作为分级的标准不失为较优的选择。在具体的级别管辖标准方面,建议作以下补充:国家监察委员会监察省部级以上领导干部、中央直属机关担任厅局级实职的领导干部的职务违法、职务犯罪案件;省级监察委员会监察其他厅局级以上领导干部、省直机关担任处级实职的领导干部、各地市与各县区的党政主要领导干部的职务违法、职务犯罪案件;市级监察委员会监察其他县处级以上领导干部、市直机关担任科级实职的领导干部的职务违法、职务犯罪案件。县级监察委员会监察各乡镇的党政主要领导的职务违法、职务犯罪案件。

四、移转管辖

(一)移转管辖的概念

移转管辖,是指经上级监察机关决定或同意,必要时把案件的管辖权由上级监察机关转移给下级监察机关,或者由下级监察机关通过上报方式将案件管辖权移交给上级监察机关。移转管辖作为管辖权转移的一种形式,在现行法律框架下实现了监察管辖区域与行政管理区域的有限分离,可以有效减少行政权力对监察活动的不当干预,保障监察权的独立行使。

(二)移转管辖的现有规定

监察法第十六条第二款规定:“上级监察机关可以办理下一级监察机关管辖范围内的监察事项,必要时也可以办理所辖各级监察机关管辖范围内的监察事项”;第十七条规定:“上级监察机关可以将其所管辖的监察事项指定下级监察机关管辖,也可以将下级监察机关有管辖权的监察事项指定给其他监察机关管辖。监察机关认为所管辖的监察事项重大、复杂,需要由上级监察机关管辖的,可以报请上级监察机关管辖。”上述法律规定可知,监察案件移转管辖可以分为以下两种情况:第一,上级监察机关有权管辖下级监察机关的监察案件。在监察案件的实践中,对于下级监察机关既不受理又不作不予受理裁定的案件,上级监察机关认为符合受理条件的,可以先行受理。受理后的上级监察机关可以指定下级监察机关办理,也可以自行办理。第二,下级监察机关对其管辖的监察案件,认为所管辖的监察事项重大、复杂,需要上级监察机关管辖的,可以报请上级监察机关决定。

(三)移转管辖制度的完善

出台相关的监察法解释,规范移转管辖的适用条件。移转管辖是对管辖权转移的一种形式,它的实行常常伴随监察人员的自由裁量权,即哪些案件需要移转管辖,监察法对移转管辖的适用条件规定得很笼统,缺乏可操作性的规范。因此,有必要出台相关的监察法解释,对哪些案件为“重大、复杂”、何为“必要时”等含糊不清的立法作出明确解释,以统一移转管辖的适用条件,避免监察部门在实践中滥用、乱用移转管辖。

完善特殊案件的管辖权上报制度。为避免下级监察机关随意上报、不规范上报的问题,应当完善管辖权上报制度。下级监察机关遇到需要上报上级监察机关的重大、复杂案件时,其上报的程序需要进一步的规范化。一是对监察案件的评估制度。下级监察机关在受理案件后,应当成立监察核查小组,对个案的复杂性、影响性、新型化等因素作初步评估。二是下级监察机关根据评估的结果撰写核实情况报告,由监察机关负责人批准上报上级监察机关。三是上级监察机关应当综合考量案件的具体情况以及下级监察机关的办案经验及能力等各方面因素决定是否移转管辖。如果适用移转管辖,则及时告知下级监察机关;如果认为不符合移转管辖的适用条件的,应当附带说明理由。

五、地域管辖

(一)地域管辖的概念

地域管辖,是指同级监察委员会之间横向划分其各自辖区内受理监察案件的权限。监察地域管辖是监察调查阶段以地域为因素对监察权限的划分，它是监察管辖的具体形式。划分地域管辖最基本的着眼点在于监察机关办案成本或负担的合理分配、可能牵涉确保案件的实体处理以及不致受到当地不当影响等因素。地域管辖和级别管辖既有区别又有联系。它们的区别在于，级别管辖是从纵向上来划分，由哪一级监察机关管辖；地域管辖是从横向上来划分，由哪个地方的监察机关管辖。联系在于，级别管辖是基础，只有在确定级别管辖的基础上，才能进一步确定地域管辖。

(二)地域管辖的现行规定

监察法第十六条第一款规定："各级监察机关按照管理权限管辖本辖区内本法第十五条规定的人员所涉监察事项。"这一规定表明，各辖区内的监察机关有权对发生在本辖区内的法定的涉及监察事项进行管辖。所谓的"本辖区"主要是指与监察机关相对应的行政区域，这些区域具备地域性的范围特征，是典型的监察地域管辖的规定。

(三)地域管辖制度的完善

从监察法的规定来看，我国监察法对地域管辖的规定比较简略和模糊，它仅仅是从原则上大体确定了各级监察机关对本辖区内的监察事项的管辖权限，至于地域管辖具体适用的原则和例外规定，法条并没有进一步作出明确规定。地域管辖在实践中涉及诸多与案件相关的地域特征，究竟哪一个地域在什么样的情况下才能作为监察地域管辖的一般管辖原则，需要法条作出明文解释。鉴于此，在日后的立法修改或出台相关解释的时候，建议确定以调查对象工作单位所在地为监察机关地域管辖的一般规则。如果其他监察机关管辖更为适宜的，可以由其他监察机关管辖。此外，遇到一些特殊情况，例如几个监察机关对于监察事项均有管辖权时，可以确定由最初受理的监察机关管辖。在必要的时候，可以由主要职务违法、犯罪地的监察机关管辖。将调查对象工作单位所在地作为监察法一般地域管辖规则，主要是基于方便监察机关调查取证的考量。调查对象的工作单位处于监察机关的管辖区内，对本管辖内的工作单位的基本情况较为熟悉，而且由于地域上的便利，使对调查对象进行调查和取证工作会更为顺畅，从而有利于监察工作的顺利展开。

六、指定管辖

（一）指定管辖的概念

指定管辖，是指上级监察机关以指定的方式将某一案件交由某个下级监察机关进行管辖的法律制度。由于监察实践中出现的情况复杂多变，我国监察管辖制度中如果只有级别管辖和地域管辖，那么在遇到某些情况特殊的案件时，管辖监察机关将难以应对，使监察程序难以为继。因指定而改变管辖，调整了法律确定的办案主体，是一种因案件特殊性而采取个案调整的方式人为影响案件管辖秩序的做法。这一制度设置的出发点是保障调查的公正和效率，在实践中发挥了积极作用。为此，从世界范围的监察制度典章来看，各国监察制度都会在级别管辖和地域管辖的基础上授权上级监察机关以指定管辖权的方式来应对特殊情况的要求。

（二）指定管辖的现行规定

监察法第十六条第三款规定："监察机关之间对监察事项的管辖有争议的，由其共同的上级监察机关确定。"第十七条第一款规定："上级监察机关可以将其所管辖的监察事项指定下级监察机关管辖，也可以将下级监察机关有管辖权的监察事项指定给其他监察机关管辖。"这些条款表明，有些监察案件是在地域管辖的基础上，根据上级监察机关的指定而确定的，因此被称为指定管辖，是相对于法定管辖而言的。指定管辖一般适用于两类监察案件：一是地域管辖不明确的监察案件。例如，某个监察案件发生在两个或两个以上的监察机关交界的范围内，使两个以上的监察机关对于同一监察事项均享有管辖权并产生了管辖权的争议，导致管辖权不明确。在这种情况下，就可以交由其共同的上级监察机关来指定该监察案件的管辖机关。这样就可以避免案件无人管辖或因管辖争议而延误案件的处理。二是由于各种原因，原来有管辖权的监察机关不适宜或者不能处理监察案件。例如为了排除干扰，保证调查活动的顺利进行，上级监察机关可以将其所管辖的监察事项指定下级某监察机关来进行处理，也可以将下级监察机关有管辖权的监察事项指定给其他监察机关来进行管辖。这里的原因一般均为出现了特殊原因。"特殊原因"一般为法律上的原因或者事实上的原因。法律上的原因，主要是法律规定的情形；

事实上的原因如发生了自然灾害等。

作为级别管辖和地域管辖的变通,指定管辖普遍存在各类的监察案件中。在职务违法和职务犯罪案件中,指定管辖在确保监察公正、提高侦办水平上具备三个方面的优势。首先,指定管辖带来的异地调查能够有效地防止权势和社会关系影响对监察调查的干扰,确保监察机关更好地独立行使监察权;其次,一般来说,对于指定管辖的案件,上级监察机关会更加重视。在指定的机关、监察人员能力和调查环境方面都更具优势,能够更好地保证监察调查的效果。最后,由于采取了指定管辖的措施,使社会对于监察机关的公信力会大大增强,使人民群众更易于接受指定管辖下的监察调查结果。

(三)指定管辖制度的完善

指定管辖制度在其实施过程中,因为制度不完善以及执行不当等方面的因素,产生了一系列问题:其一,指定管辖适用的随意性较大,启动程序缺乏立法规定。哪些案件、何种缘由可以启动指定程序改变案件管辖,法律没有做出任何规定。此外,改变管辖后的案件承接单位如何确定,法律也没有做出任何规定。一般认为,承接单位应当是有能力,较能保证公正、有效处理案件的监察机关。但保证公正与有效处理案件的具体标准如何评价和掌握,有较大随意性。其二,指定管辖程序处理缺乏统一的规范性。指定管辖中所谓的"上级机关"的范围立法缺乏明确规范。究竟上级机关是该部门的上级机关,还是上级机关的相关部门,立法缺乏明确的规定。为此,针对上述指定管辖中存在的问题,应当进一步完善监察指定管辖的程序制度。

1. 明确指定管辖的适用范围。指定管辖适用于如下情形:(1)有管辖权的监察机关,因案件涉及本单位领导需要回避或涉及本单位利益等原因,不宜行使管辖权的;本单位人员及其近亲属涉嫌犯罪的案件,不宜由该单位办理的;(2)当地领导干部涉嫌违法、犯罪,可能影响公正调查的;(3)案件与本行政区域国家机关有重大利害关系,可能影响公正调查的;(4)其他重大监察案件,因存在某些特殊情况,改变管辖有利于案件办理的公正与效率的,包括存在舆论偏向、地方保护主义影响以及实现监察调查效益的特殊要求等。

2. 对监察指定管辖的启动程序进行完善,明确适用指定管辖的考量因素。应当规定:决定适用指定管辖的上级机关,在启动指定管辖时,应当从案件的性质、调查对象职务的高低、案件社会影响力大小等因素综合考量，详细规定监察指定管辖的启动程序。

3. 明确指定管辖的相关主体。根据监察法管辖条款所实施的指定管辖，应当由监察机关的上级机关，在考虑有利于公正和效率的相关因素作出指定管辖的决定。这里的"上级机关"是个狭窄定义，仅特指监察机关上级监察部门，而不包括与监察职能无关的其他上级机关。这样就避免了实务中其他上级机关对监察案件的不当干涉。

4. 赋予被调查人及其近亲属对指定管辖的异议权。该制度的前提是作出决定的监察机关将指定管辖的理由及时告知上述权利主体，若其认为监察指定管辖违反法定情形或无正当理由，以及由其他监察机关侦查明显更有利于查清案件事实的，则有权向作出指定管辖决定的监察机关的上级机关提出异议。上级监察机关经审查发现情况属实、异议理由成立的，应责令原决定机关重新作出监察指定管辖决定，以维护被调查人的正当权利。若上级监察机关经过审查认为原决定合法合理，上级监察机关应当向被调查人及近亲属予以客观解释和说明。

思考题

1. 为什么要确定监察范围？
2. 监察法规定的监察范围是什么？
3. 确定监察管辖的原则有哪些？
4. 试述监察案件级别管辖的规定及其完善。
5. 试述监察案件地区管辖的规定及其完善。
6. 试述监察案件指定管辖的规定及其完善。

第五章　监 察 权 限

第一节　监察权限概述

核心法条

《中华人民共和国监察法》第三条

各级监察委员会是行使国家监察职能的专责机关，依照本法对所有行使公权力的公职人员（以下称公职人员）进行监察，调查职务违法和职务犯罪，开展廉政建设和反腐败工作，维护宪法和法律的尊严。

监察机关的监察权限，是指监察机关依照法律规定享有的履行监察职能，行使监察权力的幅度与范围。监察机关的监察权限作为国家机关权力的一种，是监察机关的专有权限，其属性直接体现了监察机关在国家权力治理结构下的地位和性质。宪法赋予了监察机关享有与行政机关、检察机关、审判机关相平行的地位。同时，宪法和监察法以法律条文的形式明确规定了监察机关应当履行的监察职能。监察机关的监察权限是国家监察职能得以实现的关键。

一、我国现行监察权限的创设与形成

我国现行的监察权限是在遵循我国现阶段的基本国情和社情的基础上，为了遏制公权力腐败而创设与形成的。现行的监察权限既创造性地吸收与继承了原有反腐机构有关监察权限设置方面的优点，又改造了原有反腐机构有关监察权限设置方面的不足，从而形成具有质的飞跃的新型的监察权限。这种经过重新调整和分配的监察权限，实质上是对原有国家政治资源的重新调

整和分配，即重新调整和分配了政府机关的行政监察权与行政预防权，以及重新调整和分配了检察机关的职务犯罪侦查权与职务犯罪预防权。这种新型的监察权限，是在传统“分散反腐模式”下对原隶属于各种反腐机构的监察权限及其保障措施和手段的继承和改造。监察机关与行政机关、检察机关、审判机关一样，属于国家机关，它是在中国共产党领导下专门负责廉政建设与反腐败工作的国家机关。监察机关依法应当履行的主要职能有监督职能、调查职能和处置职能。为了保障监察机关有效履行上述职能，监察法赋予了监察机关享有与其监察职能相对应的监察权，即监督权、调查权和处置权。同时，为了确保监察机关监察职权的有效运行，监察法进一步对监察机关履行监察职能和行使监察权力的手段和措施进行了明确规定。其中包括对人身方面采取的限制措施，也包括对物品方面采取的限制措施。其具体主要有下列十二项手段和措施：谈话、讯问、询问、查询、冻结、调取、查封、扣押、搜查、勘验检查、鉴定、留置。监察机关的上述手段和措施，是对原隶属于各种反腐机构的保障措施在种类和范围等各方面进行的高度有机整合。上述措施，无论在范围还是种类上，不仅远远超于政府的行政监察机关采取的五项措施，也远远超于检察机关在侦查职务犯罪过程中采取的六项措施，还超于党的纪律检查委员会在查办职务违纪违法过程中采取的八项措施。这些措施的行使，不仅保障了监察机关可以有效地履行国家监察职能，同时也充分保障了被调查对象依法享有的基本权利。

二、国外监察机构对监察权限的相关规定

综观国外对监察权限的相关规定可以发现，世界各国通常让监察机构享有广泛的监察职权和必要充分的监察措施。因为当前腐败问题不仅存在于中国，也存在于全世界范围内的其他国家，即所有国家，不论是发达国家还是发展中国家，腐败问题都是避免不了。腐败不仅侵入了经济界、金融界，也越来越多地侵入了政界、司法界、医疗界，甚至学术界、文艺界、体育界等，可以说腐败已经渗透到了生活、生产、工作的方方面面，其不仅仅与经济问题相关联，也与政治问题、社会问题相关联。腐败行为侵蚀国家法治，损害政府威望，影响社会公平正义，危害性极大。当前，腐败分子的警觉性高，反侦查意识和能力强，腐败分子想方设法通过各种各样的渠道或名目来掩盖其行贿受贿的违法

犯罪行为，其作案手段也越来越狡诈，比如以受贿高档电器、高档消费品、交通工具等方式代替受贿现金；以签订投资协议的名义或以捐赠的名义来掩饰其犯罪行为等。另外，腐败分子往往不再是单兵作战，而往往是几个人合伙作案，甚至是整个部门的所有工作人员参与作案，其不仅在政治上具有紧密的人身依附关系，同时在经济上也结成了利益共同体。因此，为了保存现有的私人利益，腐败分子及其涉案人员之间往往会串供翻供、对抗调查，而反腐败调查取证的难度往往非常大，其面临的风险也是非常高的。

为了查办腐败案件，惩治和追究腐败分子的法律责任，世界各国尤其是发达国家往往通过设立专门的反腐机构来负责查处腐败案件。同时，为了保障这些反腐机构能够顺利履行职责，确保惩治腐败的有效性和威慑力，各国往往赋予其很大的监察权限。其监察权限包括一般性的调查权限和特殊性的调查权限。一般性的调查权限主要是采取常规性的手段和措施对被调查人员进行询问、讯问、查封、扣押、冻结等；而特殊性的调查权限主要是采取秘密的手段和措施对被调查人员进行跟踪、监听和监控等；甚至还有些国家允许反腐机构采取武力手段来调查取证。[1] 其中，较为典型的国家是新加坡。《新加坡预防贪污贿赂法》规定，反贪污调查局不仅可以采取一般性的调查权限，也可以采取特殊性的调查权限。一般性的调查权限有查封、扣押、冻结等；而特殊的调查权限包括：首先，反贪污调查局可以秘密跟踪或秘密监视所有的履行公职的人员；其次，反贪污调查局在秘密跟踪或秘密监视的过程中，如果发现被跟踪对象或被监视对象有可疑情况的，可以对被跟踪对象或被监视对象采取窃听、录音、秘密拍摄等手段，以此来收集证据。另外，在调查涉嫌腐败的重大案件时，反贪污调查局享有特别调查权，在没有逮捕证的情况下，可以对涉嫌腐败犯罪的公职人员进行讯问、拘留和逮捕等。上述可见，新加坡设立的反贪污调查局在调查职务犯罪和职务违法案件的过程中享有极为广泛的调查权限。

三、明确界定监察权限的意义

监察法第四章以立法的形式对监察权限进行了明确规定，这对监察机关

---

〔1〕 李庚：《为什么要赋予监察机关相应的监察权限——确保惩治腐败的有效性和威慑力》，载《中国纪检监察》2018 年第 6 期。

有效履行监察职能具有重要意义。

随着监察机关在全国各地的逐步设立,监察机关的相关职能也不断发生变化,与监察职能相对应的监察职权以及与监察职权相配套的监察措施也日益完善。《行政监察法》和《行政监察法实施条例》规定,监察机关享有检查、调查、建议以及行政处分等权力。但是上述法律并没有明确规定监察机关可以对被调查人员采取强制措施,比如说没有明确规定监察机关可以对被调查人员采取查封、扣押、冻结、留置等强制措施。同时,上述法律也没有明确规定监察机关可以对被调查人员采取强制执行的权力,这在一定程度上限制了监察机关监察职能的有效发挥。监察法通过后,其对监察机关在办案过程中可以采取的监察措施予以了增加。该法规定,对于涉案财产和账户,监察机关有权采取查封、冻结、扣押等强制措施;对于涉嫌严重职务违法或者职务犯罪的公职人员,监察机关有权采取留置措施;另外,在必要的时候并履行相关手续后,监察机关还有权采取技术调查、限制出境、通缉等监察措施。这些新增的监察措施不仅与监察机关履行职责相匹配,而且也与现代法治精神相吻合。它们对原来以事后监督为主的监督方式进行了相应补充与完善,将事前监督、事中监督与事后监督这三种监督方式有机结合起来,这样既保证了监察机关可以有效地履行监察职能,同时也有效地保护了被调查人员及其他涉案人员的权利。

第二节　监察权限适用的一般原则

核心法条

《中华人民共和国监察法》第十一条

监察委员会依照本法和有关法律规定履行监督、调查、处置职责:

(一)对公职人员开展廉政教育,对其依法履职、秉公用权、廉洁从政从业以及道德操守情况进行监督检查;

(二)对涉嫌贪污贿赂、滥用职权、玩忽职守、权力寻租、利益输送、徇私舞弊以及浪费国家资财等职务违法和职务犯罪进行调查;

（三）对违法的公职人员依法作出政务处分决定；对履行职责不力、失职失责的领导人员进行问责；对涉嫌职务犯罪的，将调查结果移送人民检察院依法审查、提起公诉；向监察对象所在单位提出监察建议。

根据监察法规定，监察机关具有监督、调查、处置三大职权，并且有权采取前述的十二项监察措施，以及有权依法采取技术调查、限制出境、逮捕等措施。为了最大限度地保障监察职能的有效运行，保证监察工作法律效果和社会效果的有机统一，以及保证反腐斗争的深入、持续、健康发展，我们有必要对监察权限适用的一般原则予以明确，具体主要有下述三项一般原则。

一、遵循惩治腐败与保障人权相平衡的原则

监察法规定，监察机关是国家设立的专门用来预防和惩治腐败的国家机关。监察机关的监察权力是国家权力机关的重要组成部分，属于公权力之列。与此同时，《宪法》第三十三条第三款规定："国家尊重和保护人权。"即尊重和保护人权是所有国家机构都应该尽到的职责。因而在建设民主法治的中国特色社会主义现代化进程中应当遵循惩治腐败与保障人权相平衡的原则。惩治腐败与保障人权是监察法的两个重要目标，也是监察法立法目的的重要体现。惩治腐败与保障人权是不冲突的，二者相辅相成，相互协调，共同推进。遵循惩治腐败与保障人权相平衡的原则，不仅有利于提高惩治腐败的能力，也有利于提高保障人权的水平，使惩治腐败和保障人权这两者在更高层次上达到新的平衡。

贯彻惩治腐败与保障人权相平衡的原则，要求监察机关应当遵守以下基本要求：

1. 既要确保惩治腐败的有效推进，也要确保保障人权的有效推进，促使二者协同共进。即监察机关在行使监察职权，采取监察手段或措施对职务违法犯罪案件进行查证、惩治时，应当充分考虑保障人权的现实与需要。与此同时，监察机关在预防出现冤假错案，保障被调查人员和涉案人员权利，最大限度地追求保障人权时，也不能忽略惩治腐败的紧迫性和必要性。贯彻惩治腐败和保障人权的平衡，是实现监察法预期目的的要求，也是社会进步与发展的

要求。

2. 既要严格规制监察机关公权力的行使，也要赋予监察机关惩治腐败的必要手段。为了防止监察机关的公权力对被调查人权益的非法侵害，需要对监察机关公权力的行使进行必要的规制，以防止监察机关滥用公权力。同时，随着社会发展与科技进步，形形色色的职务违法犯罪层出不穷，职务违法犯罪方式也在“与时俱进”，职务违法犯罪手段的“技术含量”不断增强，监察机关追究职务违法犯罪的难度越来越高。在此情况下，一些传统的监察手段和措施已难以适应惩治腐败的需要，为适应与各种职务违法犯罪特别是新型职务犯罪作斗争的实际需要，赋予监察机关相应的监察手段和措施，是非常必要的。

二、遵循比例原则

监察权限的行使，不仅要考虑监察目的的实现，也要兼顾手段选择的适当性，要将目的实现和手段选择这二者紧密结合在一起，既要保障社会公共利益，也要保障被调查人的权益。如果为了实现保障社会公共利益的监察目的，可能会损害被调查人的个人权益的，应当将这种损害降低到必要性的、适当性的最小限度和范围之内。比例原则要求监察机关在行使监察权限时，应当遵循下述三项次级原则：

1. 必要性原则，监察机关行使监察权限对被调查人进行监督、调查、处置时，如果多种手段、多种措施中可以选择的，应当选择对被调查人权益损害最小的手段、措施，并且这种对被调查人权益的最小损害对于与之相对应的监察目的的实现是必要的。

2. 适当性原则，监察机关在对被调查人进行调查的过程中，特别对被调查人采取不利于被调查人的手段或措施时，只有认定该手段或措施有助于达到相应监察目的时才能采取。如果该手段或措施无助于相应监察目的实现，监察机关则应终止相应手段或措施的采取或者选择另外的监察手段或措施。

3. 均衡性原则，监察机关行使监察权限对被调查人进行监督、调查、处置时，必须先进行利益权衡。只有通过利益权衡，确认采取该手段或措施不仅对于实现相应监察目的是必要的和适当的，而且其可能获得的利益大于可能损失的利益的，才可以实施。

三、遵循程序法治原则

任何一项国家职权的运行,都必须依照严格的程序规范开展。监察机关行使监察权限对案件事实真相进行查明的过程中,也应当严格按照法定的规则和程序进行。也就是说,监察机关在对国家公职人员涉嫌违规、违法和职务犯罪行为进行监督、调查和处置时,必须严格执行和遵守监察法及其他相关法律,不能仅仅为了查明案件事实真相而"不择手段"。监察机关在查明案件事实真相的过程中采取的手段可能干涉被调查人的基本权利的,应当受程序法的严格规制。[2] 程序法治原则对于实现监察公正、维护监察秩序、增加监察效益方面具有重要意义。同时,在保障人权和抑制监察机关权力的滥用方面也有着不可忽视的重要作用。程序法治原则,要求监察机关在办理案件的过程中应当遵循下列几个基本要求:

1. 监察机关只能采用监察法及其他相关法律明文规定的监察手段或措施,没有规定的监察手段或措施应当禁止使用。

2. 监察机关对被调查人员采取监察手段或措施,应该严格依照法律规定的条件、范围、方式、程序以及期限等予以适用。

3. 监察机关依法作出技术调查、限制出境、逮捕等强制措施的决定后,应当交由公安机关或由其他有关机关执行,监察机关无权执行上述监察措施。

第三节 监察权限适用的权力主体:监察机关

核心法条

《中华人民共和国监察法》第七条

中华人民共和国国家监察委员会是最高监察机关。

省、自治区、直辖市、自治州、县、自治县、市、市辖区设立监察委员会。

---

〔2〕 童建明:《遵循追究犯罪与保障人权相平衡原则推进刑事诉讼制度的改革与完善——以检察机关的法律监督制度为视角》,载《人民检察》2011年第12期。

监察法对监察权限适用的权力主体即监察机关的性质与法律地位、国家监察机关与党的纪律检查机关的相互关系等进行了明确规定,具体内容如下:

一、监察机关的含义

监察机关是国家为了监督公职人员依法行使公权力而设置的,它运用法律赋予它的权力对公职人员的职务违法和职务犯罪等职务行为进行监察。监察机关是行使国家监察职能的专责机关。

首先,监察机关是国家机关的组成部分。它是由国家依法设立的,并且它是以国家的名义履行国家职能的机关。监察机关的这个特点与政党、社会组织、团体是不同的。政党,不管是执政党,还是其他党派,尽管它们在发展政治、经济、文化等方面发挥很大的作用,甚至是决定性的作用,但它们都不是国家机关。社会组织和团体,尽管其在有法律、法规授权的情况下,可以在法律、法规授权范围内履行一定的国家职能,但它们也不是国家机关,因为它们都不是由国家设置的专门以国家的名义履行国家职能的主体。

其次,监察机关的基本职能是履行国家监察职能。监察机关的这一个特点使其不同于立法机关、行政机关和司法机关。立法机关的基本职能是制定、修改与废除法律。行政机关的基本职能是履行国家行政管理职能。司法机关的基本职能是履行国家司法职能。其中,司法机关的基本职能由两个部分组成:其一,是人民法院履行的国家审判职能;其二,是人民检察院履行的国家检察职能。而监察机关履行的是一种监督执法职能,即由监察机关专门负责对公职人员在行使公权力过程中出现的职务违规行为、职务违法行为和职务犯罪行为进行监督。

二、监察机关的设置与产生

(一)国家监察机关的设置与产生

监察法第七条第一款规定:“中华人民共和国国家监察委员会是最高监察机关。”该规定表明我国的最高监察机关是中华人民共和国国家监察委员会,简称国家监察委员会。它负责领导全国地方各级监察委员会的工作。

国家监察委员会如何产生?监察法第八条作了明确规定。该条规定的主要内容是:“国家监察委员会由全国人民代表大会产生,负责全国监察工作。

国家监察委员会由主任、副主任若干人、委员若干人组成，主任由全国人民代表大会选举，副主任、委员由国家监察委员会主任提请全国人民代表大会常务委员会任免。国家监察委员会主任每届任期同全国人民代表大会每届任期相同，连续任职不得超过两届。国家监察委员会对全国人民代表大会及其常务委员会负责，并接受其监督。"该规定明确了国家监察委员会的产生、组成、任期及其法律地位。

(二)地方监察机关的产生

监察法第七条第二款规定："省、自治区、直辖市、自治州、县、自治县、市、市辖区设立监察委员会。"该规定表明，地方监察机关分为三个级别：首先是省、自治区、直辖市监察委员会；其次是社区的市、自治州监察委员会；最后是县、自治县、市、市辖区监察委员会。

地方各级监察委员会如何产生？监察法第九条作了明确规定。该条规定的主要内容是："地方各级监察委员会由本级人民代表大会产生，负责本行政区域内的监察工作。地方各级监察委员会由主任、副主任若干人、委员若干人组成，主任由本级人民代表大会选举，副主任、委员由监察委员会主任提请本级人民代表大会常务委员会任免。地方各级监察委员会主任每届任期同本级人民代表大会每届任期相同。地方各级监察委员会对本级人民代表大会及其常务委员会和上一级监察委员会负责，并接受其监督。"该规定明确了地方各级监察委员会的产生、组成、任期及其法律地位。

三、国家监察机关与党的纪律检查机关的合署办公

为了推进国家监察体制的不断完善，中国共产党十九届三中全会审议通过了《中共中央关于深化党和国家机构改革的决定》，该决定明确要求组建国家、省、市、县的监察机关，构建国家监察机关与党的纪律检查机关的合署办公的模式。其中，党的纪律检查机关以行使与党章有关的监督职能、执纪职能、问责职能等职能作为其主要职能，负责对党内工作人员进行监督。而国家监察机关则是以履行监督职能、调查职能、处置职能作为其主要职能的，专门负责对所有公职人员的履职情况进行的外部监督。监察机关与党的纪律检查机关的合署办公，形成了具有中国特色的中国共产党的内部监督与监察机关的

外部监督相结合的监督模式,形成了党的纪律检查机关的纪律检查与国家监察机关的执法监察相结合的监察模式。

(一)党内监督和国家机关监督的有机结合

党的纪律检查机关与国家监察机关的合署办公,是党的纪律检查机关的执纪检查与行政机关的执法监察合署办公的“升级版”,是纪律检查与行政监察的单轨运行模式,向党的纪律检查机关与国家监察机关的合署办公的双轨运行模式的转变。原纪律检查与行政监察的单轨运行模式主要突出党内监督、执纪、问责职能,行政监察职能发挥作用不大。现行双轨运行模式通过整合行政监察、预防腐败和检察机关查处职务犯罪等工作力量,设立监察内设机构,组建为党纪检查与国家监察并行的合署办公体制。这种新型的由党的纪律检查机关与国家监察机关双轨运行的合署办公模式,实行同一套工作机制,但拥有两个机关名称。这两个机关合署后,同时履行党的纪律检查和国家的执法监察两项职能。党的纪律检查机关与国家监察机关的合署办公体制,契合了腐败从违规到违法直至犯罪的滋生规律,是提升中国共产党党员自我净化能力,保证党员干部自身清正廉明的客观要求。

党的纪律检查机关与国家监察机关的合署办公机构,具有双重身份,它既属于党的机构,也属于国家机构。国家主席习近平在第十八届中央纪委第六次全会上指出,中国共产党党员的人数比例占公务员总人数比例的80%以上,而县处级以上领导干部中,其党员所占的比例超过95%。因此,监督公务员,特别是监督党员、党员干部正确、廉洁行使公权力是党内监督的应有之义。由此可见,我国80%的公务员、95%的领导干部都是共产党员,这种国家公务员主体的客观性,决定了党内监督与国家监察机关的监察既具有高度内在一致性,又具有高度互补性,是党的自身监督与国家监察机关监督合署运行的制度基础和现实基础。

(二)党的纪律检查机关的执纪职能和国家监察机关的执法职能的有机结合

党的纪律检查机关的执纪手段或措施不同于国家监察机关的执法手段或措施。党的纪律检查机关进行的党内纪律检查和行政机关的监察对象是违纪违规等行为,该行为尚未构成犯罪。它们只能采取一般性的调查手段,不能使用刑事诉讼法规定的限制或者剥夺被调查人的人身自由、财产自由或通信自由等强制措施和侦查措施。只有在立案审查,并依照法律规定的程序进入刑事调查后,才能采取法律规定的刑事拘留、监视居住、取保候审、依法逮捕等强制措施。这是党的纪律检查机关的执纪手段措施和国家监察机关的执法手段措施在性质、手段上的重要区别。在监察体制改革的进程中,党的纪律检查机关的"双规"措施也随之被取消了。这说明党的纪律检查机关的执纪手段措施应当要严格分离于国家监察机关的执法手段措施。这种将执纪手段措施严格分离于执法手段措施的方式,有利于发挥党的纪律检查机关在预防和控制控腐败方面的优势,防止党的纪律检查机关在办理案件的过程中出现违规违法行为,或者甚至出现冤假错案,保证办理案件的质量和效果,维护中国共产党的执政形象和国家法治的形象。

第四节　监察机关的职责与职权

核心法条

《中华人民共和国监察法》第十一条

监察委员会依照本法和有关法律规定履行监督、调查、处置职责:

(一)对公职人员开展廉政教育,对其依法履职、秉公用权、廉洁从政从业以及道德操守情况进行监督检查;

(二)对涉嫌贪污贿赂、滥用职权、玩忽职守、权力寻租、利益输送、徇私舞弊以及浪费国家资财等职务违法和职务犯罪进行调查;

(三)对违法的公职人员依法作出政务处分决定;对履行职责不力、失职失责的领导人员进行问责;对涉嫌职务犯罪的,将调查结果移送人民检察院依法审查、提起公诉;向监察对象所在单位提出监察建议。

《中华人民共和国监察法》第十八条

监察机关行使监督、调查职权,有权依法向有关单位和个人了解情况,收集、调取证据。有关单位和个人应当如实提供。

监察机关及其工作人员对监督、调查过程中知悉的国家秘密、商业秘密、个人隐私,应当保密。

任何单位和个人不得伪造、隐匿或者毁灭证据。

职责和职权是两个不同的概念,二者既有联系,也有区别。职权来自于职责。监察法首先以法律条文的形式赋予了监察机关应当履行的各种职责。为了使监察机关能顺利有效地完成法律赋予它的职责,监察法赋予监察机关享有与监察职责相对应的监察职权以及各种监察手段和措施。如果没有监察职责,那么监察职权和监察措施也就失去了存在的意义。

一、监察机关的主要职责

《宪法》第一百二十三条规定:“中华人民共和国各级监察委员会是国家的监察机关。”即我国的监察机关是各级监察委员会。各级监察委员会代表国家履行监察职责的监察机关。同时,监察法第十一条对我国监察机关的职责进行了明确规定,即规定监察机关有三项职责,包括监督职责、调查职责和处置职责。

(一)监督职责

监察机关的首要职责是监督职责。监察法第十一条第(一)项规定:“对公职人员开展廉政教育,对其依法履职、秉公用权、廉洁从政从业以及道德操守情况进行监督检查。”即监察机关依法应当履行监督职责。其监督职责主要包括,监督检查公职人员是否依法履行职务,是否能够秉公行使权力,是否能够做到廉洁从政,以及监督公职人员道德操守是否存在问题等。监察机关之所以要对公职人员行使权力的情况进行监督,是因为任何权力的行使都是与监督紧密联系在一起的。权力的有效运作离不开必要的监督,监督可以有效预防和遏制权力滥用。如果权力的行使没有必要的监督,或者监督不到位,或者监督力度不够,那就无可避免地会导致权力被滥用。如果权力被滥用,那么公民的合法权利就不可避免地会被侵害。因此,为了使国家权力能够有效且规范行使,使国家权力不会遭受肆意扩张,以及为了使国家权力能在法律的轨道上正常运转,国家进一步完善了监察权力机制,建立了具有中国特色的集中统一、权威高效的国家监察机制,以加强对所有行使公权力的公职人员的监督。

(二)调查职责

监察机关的常规性职责是调查职责。监察法第十一条第(二)项规定:

“对涉嫌贪污贿赂、滥用职权、玩忽职守、权力寻租、利益输送、徇私舞弊以及浪费国家资财等职务违法和职务犯罪进行调查。”即监察机关依法应当对公职人员在履行职务过程中出现的职务违法和犯罪行为进行调查。其是以行使国家公权力的公职人员为调查对象,以公职人员在履行职务的过程是否涉嫌职务违法和职务犯罪为调查内容的。其调查内容主要包括七大类腐败行为,即贪污贿赂、滥用职权、玩忽职守、权力寻租、利益输送、徇私舞弊以及浪费国家资财。监察机关的上述主要调查内容基本上涵盖了国家公职人员在履行职务过程中可能出现的腐败行为的各种类型,这些腐败行为也是党的纪律检查机关在执纪、巡视过程中发现的比较突出的腐败行为。监察机关对公职人员的上述职务违法行为和职务犯罪行为进行调查,其目的是查明真相,督促公职人员依法履行职责。

(三)处置职责

监察机关的法定职责之一是处置职责。监察法第十一条第(三)项规定:“对违法的公职人员依法作出政务处分决定;对履行职责不力、失职失责的领导人员进行问责;对涉嫌职务犯罪的,将调查结果移送人民检察院依法审查、提起公诉;向监察对象所在单位提出监察建议。”即监察机关依法应当对公职人员在履行职务过程中出现的职务违法和犯罪行为进行处置,即监察机关依法应当对涉嫌职务违法或职务犯罪行为的公职人员作出处置决定,对涉嫌职务犯罪的,移送检察机关依法提起公诉。监察机关的处置职责主要包括下列内容:首先,如果发现公职人员在履行职务过程中有职务违法行为的,依法应当对其作出行政处分的决定;其次,如果发现公职人员在履行职务过程中有职务犯罪行为的,依法应当将调查结果移交人民检察院,由人民检察院依法进行审查并决定是否提起公诉;最后,如果发现领导人员在履行职务过程中有不当行为的,依法应当对该领导进行问责追究。另外,监察机关如果发现被调查单位存在廉政建设问题或者被调查人员履行职责存在问题的,依法应当向被调查单位或者被调查人员所在单位提出监察建议。

二、监察机关的基本职权

为了保障监察机关有效履行其职责,监察机关应当享有与其职责相对应的职权。因此，监察法对监察机关的职权进行了相应规定，即规定监察机关享有三项基本职权，其具体包括监督权、调查权和处置权。其中，监督权是监察机关的基础性职权，调查权是监察机关的主导性职权，而处置权同样也是监察机关的主导性职权，调查权和处置权二者共同支撑和保障着监督权的有效运行。

（一）监督权

监督权，是指监察机关为保障监察职能的实现而对被监察对象遵守法律、法规、履行义务等情况进行检查监督的权力。监督权是监察机关的一项独立的权力，是调查权和处置权得以实现的保障。监察机关监督的方式多种多样，包括对国家公职人员进行批评教育和组织处理，以及依托于监督、调查、处分的情况，对国家公职人员提出监察建议，进行宣传、教育等，还有在发现问题的情况下，采取预防违法等措施。

（二）调查权

调查权，是指监察机关为了履行其监察职责，依法对国家公职人员的违规行为、违法行为以及犯罪行为进行调查取证的权力。监察法第十八条第一款规定："监察机关行使监督、调查职权，有权依法向有关单位和个人了解情况，收集、调取证据。有关单位和个人应当如实提供。"即监察法以法律条文的形式赋予了监察机关享有调查取证的权力。调查权一般包括一般性的调查权和特殊性的调查权。一般性的调查权是针对违反党纪和行政法规行为进行的普通性质的调查权，是监察机关履行监察职能的常规性手段。一般性的调查权是监察机关在对公职人员进行监督的过程中，发现公职人员有违规行为或者有违法行为，依法应当适用党章和行政法规的相关规定，对该违规行为或者违法行为进行信息收集和查证核实。特殊性的调查权又称刑事侦查权，是针对公职人员的职务犯罪行为进行的特殊调查。[3] 它是监察机关在对公职人员进行监督的过程中，发现公职人员有涉嫌职务犯罪的，依法应当适用刑法和刑事诉讼法以及其他相关法律，对该职务犯罪行为进行侦查。同时，为了保证侦查工作的顺利进行，监察机关可能会对被调查人采取相应的措施，比如限制或

〔3〕 参见吴建雄：《监察委员会的职能定位与实现路径》，载《中国党政干部论坛》2017年第2期。

剥夺被调查人的人身自由、住宅自由、财产自由、通信自由等。当然如果有证据证明被调查人有可能触犯刑法的，就要立案侦查。监察机关的这种特殊的调查权是监察机关享有的最重要的且最具威慑力的一项基本职权。

（三）处置权

处置权，是指监察机关行使监察职能，依法对国家公职人员的违规、违法、犯罪行为进行审查，并作出处分和处理的权力。处置权是监察机关在对公职人员行使权力进行监督的过程中的一项重要权力。监察机关往往通过行使处置权来履行其监察职责。根据被调查对象违纪行为、违法行为、犯罪行为的性质不同以及其情节轻重程度的不同，监察机关可以分别作出不同的处分和处理。监察机关的处置权主要包括以下四个方面内容：一是监察机关在对被调查人员的履职情况进行监督或调查时发现其有职务违法行为的，监察机关有权根据监督情况或调查结果，并且依照法律规定的程序，对存在职务违法行为的被调查人员作出政务处分处理。其政务处分的类型主要包括警告、记过、记大过、降级、撤职、开除公职等。二是监察机关在对被调查人的履职情况进行监督或调查时，发现被调查人员涉嫌职务犯罪的，且其犯罪事实清楚，证据确实、充分的，应当制作起诉意见书，连同案件材料、证据一并移送检察机关，由检察机关依法进行审查，并决定是否提起公诉。三是监察机关在对领导人员的履职情况进行监督或调查时，发现领导人员存在职责履行不力或失职履行职责的情形的，监察机关有权依法对该领导人员予以问责，即监察机关可以行使其监察权限，依照问责的有关规定对职责履行不力或失职的领导人员予以问责并作出问责决定，监察机关也可以向有权作出问责决定的机关提出问责建议。四是监察机关在对被调查对象的履职情况进行监督或调查时，发现被调查单位存在廉政问题或被调查人员履行职责存在问题的，有权向被调查单位或者被调查人员所在单位提出监察建议。此外，监察机关在监督或调查时，如果发现被调查人员存在职务违法行为但其违法情节较轻的，监察机关可以直接或者委托有关机关或个人，对该被调查人员进行谈话提醒，或者对其进行批评教育，或者责令予以检查以及予以诫勉等。监察机关行使的上述处置权，对审查把关证据，保障办案质量，以及保障被调查人合法权益，维护公正执法等具有重要作用。

第五节　监察机关履行监察职权采取的必要措施

核心法条

《中华人民共和国监察法》第二十二条

被调查人涉嫌贪污贿赂、失职渎职等严重职务违法或者职务犯罪，监察机关已经掌握其部分违法犯罪事实及证据，仍有重要问题需要进一步调查，并有下列情形之一的，经监察机关依法审批，可以将其留置在特定场所：

（一）涉及案情重大、复杂的；

（二）可能逃跑、自杀的；

（三）可能串供或者伪造、隐匿、毁灭证据的；

（四）可能有其他妨碍调查行为的。

对涉嫌行贿犯罪或者共同职务犯罪的涉案人员，监察机关可以依照前款规定采取留置措施。

留置场所的设置、管理和监督依照国家有关规定执行。

《中华人民共和国监察法》第二十八条

监察机关调查涉嫌重大贪污贿赂等职务犯罪，根据需要，经过严格的批准手续，可以采取技术调查措施，按照规定交有关机关执行。

批准决定应当明确采取技术调查措施的种类和适用对象，自签发之日起三个月以内有效；对于复杂、疑难案件，期限届满仍有必要继续采取技术调查措施的，经过批准，有效期可以延长，每次不得超过三个月。对于不需要继续采取技术调查措施的，应当及时解除。

为了保证监察机关有效履行职责，监察法第四章对监察权限进行了明确规定，即规定监察机关在对公职人员履行职务情况进行监督、调查或者处置的过程中，可以采取的监察措施。监察机关可以采取的监察措施主要包括两种类型：一是监察机关可以自行决定和实施的监察措施。其具体主要有十二项，即谈话、讯问、询问、查询、冻结、调取、查封、扣押、搜查、勘验检查、鉴定、留置。二是监察机关须交由其他机关实施的监察措施。其具体主要有技术调查、限制出境、通缉等。此外,监察法还对监察机关在采取监察措施时适用的主体、范围、程序以及监督机制等进行了明确规定。

一、监察机关可以自行决定和实施的监察措施

监察机关可以自行决定和实施的监察措施,又可以分为两种:一是监察机关享有的一般性措施,具体包括谈话、讯问、询问、查询、冻结、调取、查封、扣押、搜查、勘验检查、鉴定。二是监察机关独有的措施,即留置措施。对于监察机关享有的一般性措施,其在我国现行的刑事诉讼法中有明确的规定,也有相关的解释对其予以规定,在之前的司法机关、行政监察机关或党的纪律检查机关等机关的调查案件过程中也被普遍适用,它们在实际办案中的适用已经很规范。而监察机关独有的措施,即留置措施,则是监察机关独享的一项新生的权力。

(一)一般性措施

谈话,是指对被监察对象进行谈话,以便警示诫勉。监察法第十九条规定:"对可能发生职务违法的监察对象,监察机关按照管理权限,可以直接或者委托有关机关、人员进行谈话或者要求说明情况。"由此可见,谈话措施是监察机关的一项法定措施。监察机关的谈话措施具体包括以下几个方面内容:首先,谈话的权力使用主体是监察机关工作人员,或者监察机关委托的被监察对象所在单位的相关人员;其次,被谈话的对象是可能存在职务违法行为的公职人员;最后,谈话适用的条件是有相关问题线索反映被监察对象实施了轻微违法违纪行为,或者有相关问题线索反映被监察对象在履行职务的过程中出现了职务违法行为的苗头或倾向。法律赋予监察机关享有谈话措施是为了避免使可能存在职务违法行为的被监察对象滑向职务违法或职务犯罪的深渊。

讯问,是指监察机关的工作人员对被调查人员进行提问,以获取被调查人的口供或者其他相关证据,从而印证被调查人员是否涉嫌职务犯罪的过程。监察法第二十条第二款规定:"对涉嫌贪污贿赂、失职渎职等职务犯罪的被调

查人,监察机关可以进行讯问,要求其如实供述涉嫌犯罪的情况。”由此可见,讯问措施也是监察机关的一项法定措施。监察机关的讯问措施主要包括以下内容:首先,讯问措施的权力使用主体仅限于监察机关工作人员。因此,监察机关不能将讯问措施委托给被监察对象所在单位的工作人员;其次,被讯问的对象仅限于被调查人员涉嫌职务犯罪的情形,不包括被调查人员涉及职务违法的情形。法律赋予监察机关在掌握了被调查人员实施职务犯罪的线索或证据时,依法有权采取讯问措施,其目的是核实相应线索或证据,以便于侦破案件。当然监察机关工作人员在对被调查人员进行讯问的过程中,应当将整个讯问过程同步录音录像,并且对被调查人员的权利应当依法予以保障,不得对被调查人员使用非法方式或手段来获取供述,也不得对被调查人员进行侮辱、虐待、体罚或变相体罚等。

询问,是指询问证人。监察法第二十一条对监察机关的询问措施予以明确,即规定:“在调查过程中,监察机关可以询问证人等人员。”监察机关的询问措施主要包括以下内容:询问措施的权力使用主体是监察机关工作人员。监察机关不得将询问权限委托给其他人。被询问的对象是证人及其他相关人员。而询问证人的地点,这个比较灵活,法律并没有明确规定必须在某个固定的场所进行询问,比如可以在调查现场、证人所在单位、证人居所、证人指定的某个地点以及办案场所等场所进行询问。但是通过询问证人获得的证言,如果涉嫌职务犯罪的,应当经过控辩双方质证,并且经法院查证属实后,方可以作为认定案件事实的根据。

查询,是指对被调查人员的财产信息情况进行查询,包括查询被调查人员的银行存款、汇款、证券交易、股权买卖、基金份额等。监察法第二十三条第一款规定:“监察机关调查涉嫌贪污贿赂、失职渎职等严重职务违法或者职务犯罪,根据工作需要,可以依照规定查询、冻结涉案单位和个人的存款、汇款、债券、股票、基金份额等财产。有关单位和个人应当配合。”即监察机关在对被调查人员进行调查的过程中,如果发现被调查人员有涉嫌重大职务犯罪或职务违法行为的,监察机关的调查人员可以根据工作需要,向掌握被调查人员违法犯罪信息的电信部门、银行部门、证券部门、邮政部门等部门查询,以获取相应信息。查询措施是监察机关掌握被调查人员财产情况的一种重要手段。

冻结,是指冻结与案件相关的单位和个人的银行存款、邮政汇款、证券交易、股权买卖、基金份额等财产,以防止涉嫌违法违纪的被调查人员转移涉案资金、款项。监察法第二十三条第一款同样也对监察机关的冻结措施进行了明确规定,即监察机关的调查人员可以根据案件需要,请求银行部门、证券部门、邮政部门等相关部门协助配合其工作,对被调查人员的涉案财产予以冻结。如果监察机关的调查人员经调查后,发现其申请冻结的被调查人员的财产与审查案件无关的,监察机关调查人员应当在三日内作出解除冻结的决定,并及时将冻结财产退还给被调查人员。冻结措施是监察机关掌握被调查人员财产信息和控制被调查人员财产的一种强制措施。

调取,是指从有关部门、组织和个人中调取与案件相关的财物、案卷、资料、文件、电子数据等信息。调取是监察法赋予监察机关在调查取证过程中享有的一项重要手段。监察法第二十五条第一款规定:“监察机关在调查过程中,可以调取、查封、扣押用以证明被调查人涉嫌违法犯罪的财物、文件和电子数据等信息。采取调取、查封、扣押措施,应当收集原物原件,会同持有人或者保管人、见证人,当面逐一拍照、登记、编号,开列清单,由在场人员当场核对、签名,并将清单副本交财物、文件的持有人或者保管人。”即监察机关在对被调查人员进行调查的过程中,如果发现被调查人员有涉嫌违法犯罪的,可以对其涉嫌违法犯罪的相关信息进行调取,包括财物信息、文件信息和电子数据信息等。当然,监察机关调查人员在对被调查人员的上述信息进行调取的过程中,应当遵循法定的程序,履行相应的手续,确保调查取证合法有序进行。

查封、扣押,是指对有违法犯罪嫌疑的人员的财物、场所或设施进行查封、扣押。查封、扣押是监察机关在办理案件的过程中采取的一种强制措施。依据监察法第二十五条的规定,监察机关在调查取证的过程中,有权查封或者扣押用以证明公职人员涉嫌违法犯罪的财物、场所或设施等。监察机关在对有违法犯罪嫌疑的人员的财物、场所或设施进行查封或者扣押之后,应当妥善保管或者看管好被查封或者被扣押的财物、场所或设施,不得毁损被查封或者被扣押的财物、场所或设施,也不得将被查封或者被扣押的财物、场所或设施挪作他用。如果被查封或者被扣押的物品中有价值不明的,监察机关应当及时指派或聘请有关机关或专家进行鉴定,并且对该价值不明物品进行专门封存保管。如果监察机关在对有违法犯罪嫌疑的人员的财物、场所或设施进行查封或者扣押之后,发现被查封或者被扣押的物品与被调查案件无关的,监察机关应当及时作出解除查封或扣押的决定，并且将被查封或者被扣押的物品退还给当事人。

搜查，是指对有职务犯罪嫌疑的人员的身体、物品、住宅和工作场所等进行搜查。监察法第二十四条第一款规定："监察机关可以对涉嫌职务犯罪的被调查人以及可能隐藏被调查人或者犯罪证据的人的身体、物品、住处和其他有关地方进行搜查。在搜查时，应当出示搜查证，并有被搜查人或者其家属等见证人在场。"即监察机关在对被调查人进行调查的过程中，如果发现被调查人存在职务犯罪嫌疑的，监察机关可以对该被调查人的工作场所、住宅、身体、物品等进行搜查；如果监察机关发现其他人员存在隐藏被调查人或者隐藏被调查人犯罪证据可能的，监察机关也可以对该人的身体、物品、住处等进行搜查；如果监察机关发现其他地方存在隐藏被调查人或者隐藏被调查人犯罪证据可能的，监察机关也可以对该地方进行搜查。搜查是监察机关在调查取证过程中享有的一项比较严厉的手段。监察机关在对被调查人、其他相关人员或者其他地方进行搜查的时候，应当出示搜查证。如果是到被调查人或其他相关人员住处进行搜查的，还应当有见证人在场，见证人包括被搜查人或者其家属等。如果是对女性身体进行搜查的，必须由女性工作人员进行。同时，如果监察机关在对被调查人、其他相关人员进行搜查时，遇到被搜查对象或者其他相关人员以暴力、威胁等方法阻碍搜查的，监察机关可以提请公安机关予以协助。公安机关在收到监察机关的协助请求后，应当协助监察机关开展搜查工作。

勘验检查，是指对职务违法犯罪现场进行的勘验检查。勘验检查是监察机关在调查取证的过程中采取的一种比较常用的手段。监察法第二十六条规定："监察机关在调查过程中，可以直接或者指派、聘请具有专门知识、资格的人员在调查人员主持下进行勘验检查。勘验检查情况应当制作笔录，由参加勘验检查的人员和见证人签名或者盖章。"即监察机关在调查取证的过程中，可以直接或委派其他具有专业知识、资格的人员对与职务违法或职务犯罪行为有关的场所、物品、身体等进行勘验检查。监察机关在对职务违法犯罪现场进行勘验检查过程中可以采取的具体措施，包括对涉案现场的勘验、对相关物证或书证的检验，也包括对有关人员身体的检查等。一般情况下，监察机关是通过其内部的调查人员对职务违法犯罪现场进行勘验检查的；在必要的情况下,监察机关为了确保勘验结果的准确性和可靠性,也可以指派或聘请其他具有专业知识、资格的人员对职务违法犯罪现场进行勘验检查。监察机关指派或聘请专业人员对职务违法犯罪现场进行勘验检查的,应当在监察机关调查人员的指导下进行。参加勘验检查的人员,不管是监察机关内部的调查人员,还是监察机关指派或聘请的专业人员,在其勘验检查结束后,都应当根据勘验检查的具体情况,制作勘验检查笔录,并且应当在勘验检查笔录上签名或盖章。如果有见证人的,见证人也应当在勘验检查笔录上签名或盖章。

鉴定,是指指派或聘请具有专业知识的人员对案件中的专门性问题进行的鉴定。鉴定也是监察机关在调查取证的过程中采取的一种比较常用的手段。监察法第二十七条规定:“监察机关在调查过程中,对于案件中的专门性问题,可以指派、聘请有专门知识的人进行鉴定。鉴定人进行鉴定后,应当出具鉴定意见,并且签名。”即监察机关在调查取证的过程中发现案件有专门性问题需要指派或聘请具有专业知识的人员对该专门性问题进行鉴定的,监察机关可以指派或聘请具有专业知识的人员对案件中的专门性问题进行鉴定。监察机关指派或聘请的专业人员在对案件中的专门性问题进行鉴定后,应当出具鉴定意见,并且应当在鉴定意见上签名确认。上述法律中的专门性问题的鉴定,既包括对法医类专门性问题进行的鉴定、对物证类专门性问题进行的鉴定、对声像资料类专门性问题进行的鉴定,也包括对会计类专门性问题进行的鉴定以及对技术类专门性问题进行的鉴定等。

(二)独有的措施

留置措施是监察机关独有的措施。留置措施,是指监察机关在调查的过程中,发现公职人员有重大职务违法或者职务犯罪嫌疑的,可以对其采取留置讯问措施。留置措施是法律明确赋予监察机关享有的一项法定的措施,是法律明确赋予监察机关的十二项措施中的一项重要措施,也是监察机关享有的唯一一项可以对被调查人人身自由进行限制的措施。留置措施是国家监察体制改革中赋予监察机关的一项全新的权力。[4] 尽管留置措施是监察机关享有的一项全新的权力,但从某种意义上来说,监察机关享有的该留置措施也并

---

〔4〕 参见马怀德:《国家监察体制改革的重要意义和主要任务》,载《国家行政学院学报》2016年第6期。

非创新。实际上，在我国现行的法律体系中，有两部法律提到了“留置”一词。第一部法律是《物权法》；第二部法律是《人民警察法》。其中，《物权法》第十八章对债权人的“留置权”进行了明确规定。《物权法》第二百三十条规定：“债务人不履行到期债务，债权人可以留置已经合法占有的债务人的动产，并有权就该动产优先受偿。前款规定的债权人为留置权人，占有的动产为留置财产。”即债务人在规定的时间或者约定的时间内不履行债务的，债权人对其已经合法占有的债务人的动产享有留置的权利。这里的“留置权”是一种民事权利，存在于民事法律关系当中。民事法律关系中的这种留置权与国家监察机关的留置措施是截然不同的两个概念。

《人民警察法》中的“留置”则是指，公安机关基于维护社会治安秩序的需要，对有违法犯罪嫌疑的人员进行当场盘问后，将其带至公安机关，并对其进行继续盘问的行为。《人民警察法》第九条第一款规定：“为维护社会治安秩序，公安机关的人民警察对有违法犯罪嫌疑的人员，经出示相应证件，可以当场盘问、检查；经盘问、检查，有下列情形之一的，可以将其带至公安机关，经该公安机关批准，对其继续盘问：（一）被指控有犯罪行为的；（二）有现场作案嫌疑的；（三）有作案嫌疑身份不明的；（四）携带的物品有可能是赃物的。”即公安机关在对有作案嫌疑或者身份不明的犯罪嫌疑人等人员进行执法过程中采取的一项限制人身自由的强制性措施。即公安机关在办理案件的过程中，如果发现有形迹可疑或作案嫌疑的人员，或者发现有当场犯罪的人员的，公安机关有权对其进行盘问。如果认为有必要的，经审查批准后，可以对其采取留置措施，对其继续盘问，但留置的最长时限不得超过二十四小时。在特殊情况下，并且在履行相关手续后，公安机关可以延长留置时间，但延长的留置时间最长不得超过四十八小时。

监察机关可以采取的“留置”措施不同于公安机关可以采取的上述“留置”措施，其不同点主要体现在留置的内容和留置的期限两个方面。首先，在内容方面，监察机关的“留置”在本质上是监察机关为了调查案件而使用的强制性措施，它是一种同时具有强制措施和调查取证措施两种性质的国家监察手段。其次，在留置期限方面，监察机关留置期限远远长于公安机关留置期限。在一般情况下，监察机关对被调查人员采取留置措施的期限可长达三个月；在特殊情况下，并且在履行相关手续后，监察机关可以将留置时间延长至六个月，但最长不得超过六个月。可见，监察法中的“留置”，虽然在字面上同《物权法》和《人民警察法》中的“留置”相同，但它们的实质意义并不相同。

监察机关可以采取的“留置”措施，也不同于公安机关在治安处罚中可以采取的行政拘留措施，更不同于公安机关在刑事案件侦查过程中可以采取的刑事拘留或者逮捕措施。公安机关在对涉嫌违法犯罪的人员进行侦查过程中，有权对其采取拘留措施。如果发现案件符合逮捕条件的，公安机关在规定的时限范围内可以提请人民检察院批准逮捕。而监察机关的留置措施，是监察机关在对涉嫌职务违法或者职务犯罪的公职人员进行调查的过程中使用的，对该被调查的公职人员采取的限制其人身自由的一种强制性措施。监察机关的留置措施，与公安机关在治安处罚中采取的行政拘留措施以及公安机关在刑事案件中采取的拘留或者逮捕措施具有一定的重合性，即上述三种措施都是对人身自由进行限制的强制性措施。但是与公安机关的拘留或逮捕措施相比，监察机关的留置措施是一项全新的措施，其在权力主体、适用范围、适用期限、适用场所等许多方面与上述措施都不相同。〔5〕

1. 留置措施的权力主体

监察法第二十二条第一款和第二款规定：“被调查人涉嫌贪污贿赂、失职渎职等严重职务违法或者职务犯罪，监察机关已经掌握其部分违法犯罪事实及证据，仍有重要问题需要进一步调查，并有下列情形之一的，经监察机关依法审批，可以将其留置在特定场所：（一）涉及案情重大、复杂的；（二）可能逃跑、自杀的；（三）可能串供或者伪造、隐匿、毁灭证据的；（四）可能有其他妨碍调查行为的。对涉嫌行贿犯罪或者共同职务犯罪的涉案人员，监察机关可以依照前款规定采取留置措施。”即根据上述法律可见，监察机关在办案过程中可以使用留置措施。也就是说，留置措施的权力主体是监察机关，其他任何机关如公安机关、检察机关、人民法院都不具有该项权力。

2. 留置措施的适用范围

监察法第二十二条第一款和第二款对监察机关可以采取的留置措施的适用范围进行了明确的规定，其具体包括人员范围和案件范围两个方面：

第一，监察机关可以采取留置措施的人员范围。其具体包括：一是涉嫌严

---

〔5〕 参见吴思奇：《论国家监察委员会的留置措施及其合法性》，载《学理论》2017 年第 11 期。

重职务违法或者职务犯罪的公职人员，即监察机关在对公职人员进行调查的过程中，发现该被调查的公职人员有严重职务违法或者职务犯罪嫌疑的，监察机关在掌握该被调查人员的部分违法犯罪证据之后，可以对该被调查人员采取留置措施。二是与案件有关的其他人员，即监察机关在对公职人员进行调查的过程中，发现有其他人员参与到案件中来，涉嫌行贿犯罪或者共同职务犯罪等的，监察机关也可以对该涉案人员采取留置措施。

第二，监察机关可以采取留置措施的案件范围。并非所有的职务犯罪案件都可以采取留置措施，如果案件只涉嫌一般的贪污贿赂与玩忽职守，涉案数额较少的，则没有必要采取留置措施。留置措施一般只适用于相对比较严重的职务犯罪案件，其具体包括：一是涉嫌严重职务违法或者职务犯罪，且案情重大、复杂的案件；二是涉案人员有逃跑或者自杀倾向；三是被调查人有可能出现串供证据、伪造证据、隐匿证据或者毁灭证据情形的；四是被调查人或涉案人员的其他行为，可能妨碍监察机关调查案件的。另外，对于职务犯罪案件，只有在掌握了比较确实、充分的证据，并且能够证明其存在职务犯罪事实的情形下，才可以对被调查人采取留置措施。

3. 留置措施的适用期限

监察法对监察机关可以采取的留置措施的适用期限进行了明确规定，包括对监察机关采取留置措施的适用期限的阶段性进行了明确规定，同时也对监察机关采取留置措施的适用期限的审批程序进行了明确规定。在留置措施适用期限的阶段性设置方面，监察法第四十三条第二款规定：“留置时间不得超过三个月。在特殊情况下，可以延长一次，延长时间不得超过三个月。省级以下监察机关采取留置措施的，延长留置时间应当报上一级监察机关批准。监察机关发现采取留置措施不当的，应当及时解除。”即在一般情况下，监察机关对被调查人采取留置措施后，对被调查人的留置时间不得超过三个月的时限。但在特殊情况下，省级以下的监察机关在经上一级监察机关批准后，可以延长对被调查人的留置时间，但最长不得超过六个月，且只能延长一次。

对于留置措施适用期限的审批程序，监察法第四十三条第一款规定：“监察机关采取留置措施，应当由监察机关领导人员集体研究决定。设区的市级以下监察机关采取留置措施，应当报上一级监察机关批准。省级监察机关采取留置措施，应当报国家监察委员会备案。”由此可见，监察法对留置措施设定了一套严格的审批程序，首先，监察机关采取留置措施，应当由监察机关领导人员集体研究决定。其无论案件涉及性质的大小，需采取留置措施时间的长短，抑或被调查人职务的高低。其次，监察机关采取留置措施，应当经上一级监察机关批准或报上一级监察机关备案。即如果设区的市级以下的监察机关需要对被调查人员采取留置措施的，必须经上一级监察机关批准；如果省级监察机关需要对被调查人员采取留置措施的，必须报国家监察委员会备案。

4. 留置措施的适用场所

关于监察机关采取留置措施的适用场所，监察法第二十二条第三款规定："留置场所的设置、管理和监督依照国家有关规定执行。"可见，监察法没有对留置措施适用场所的地点设置及其配套设施设置进行具体明确的规定，只是规定监察机关对被调查人员采取留置措施的，其场所的适用包括场所的设置，场所的管理以及场所的监督等参照其他法律规定执行。根据《刑事诉讼法》的规定，如果公安机关对嫌疑人员采取拘留、逮捕措施的，那么其执行场所是看守所；如果公安机关对嫌疑人员采取监视居住措施的，那么其执行场所原则上必须是犯罪嫌疑人的住所；如果该嫌疑人员没有固定的住所，或者在特殊情况下，该嫌疑人员可能有妨碍侦查的行为的，公安机关则可以在指定的居所内对该嫌疑人员进行监视居住。

对于监察机关采取的留置措施的执行地点，笔者认为不宜设置在看守所，更不宜设置在被调查人住处。因为监察机关采取留置措施的对象是掌握国家权力，并且行使国家公权力的公职人员，其涉及的案件都是涉嫌贪污贿赂、玩忽职守等职务违法或职务犯罪的案件，其与普通的刑事案件相比具有一定的特殊性。看守所羁押着各种类型的犯罪嫌疑人，人员组成复杂，将被采取留置措施的被调查人与这些人羁押在一起，不利于案件调查和审讯突破。基于被采取留置措施的被调查对象及其涉嫌案件的特殊性，留置措施适用场所的地点不宜设置在看守所，当然更加不宜将被调查人住处作为留置措施的执行地点，在被调查人住处执行留置措施，极有可能出现毁灭证据、伪造证据或者串供证据等妨碍监察机关案件调查的情形。因此，笔者建议，可以设立专门的场所作为留置措施的执行地点，其设置可以借鉴纪委之前执行双规措施的办案地点的设置方式。

对于留置措施适用场所的配套设施设置，监察法第四十四条第二款规定，

"监察机关应当保障被留置人员的饮食、休息和安全,提供医疗服务"。从上述法条可以看出监察机关必须为被留置人员提供必要的保障,但是没有对如何设置配套设施作具体明确规定。党的纪律检查委员会的双规措施取消前,双规措施执行地点的配套设施已经相当完备。为了执行双规措施,双规措施执行地点配备了专门的医务人员,对被双规人员进行定期或不定期的身体检查,并配备了设备齐全的急救用药或急救用车等各类物品,以确保被双规人员的身体健康;同时,为了随时掌握被双规人员的身体状态及思想动态,双规措施执行地点还配备了视频监控系统和全程同步录音录像体系。另外,为了对被双规人员的人身安全等进行全方位管理,双规措施执行地点还配备了指挥室、调度室等相关配套设施。因此,在党的纪律检查委员会的双规措施被取消后,我们对留置措施的适用场所配套设施的设置,可以在原双规措施执行地点的设施和配套的基础之上,对其进行科学、合理、完备的配备,使其变成执行留置措施的配套设施和配置。

二、监察机关须交由其他机关实施的监察措施

监察机关除了可以自行决定和实施上述十二种监察措施以外,还可以决定采取技术调查、限制出境和通缉措施,但监察机关对上述技术调查、限制出境或者通缉措施没有执行权,只能将上述这些措施交由公安机关或其他有权机关执行。

(一)技术调查

技术调查,是指为调查犯罪需要而采取的一种运用高新技术秘密手段进行调查取证的特殊的调查措施。技术调查措施与一般的常规性手段不同。常规性手段一般包括讯问、检查、勘验或者鉴定等;而技术调查措施也就是各种专门性技术手段或者措施,其通常包括电话监听、电子侦听、电子监控、秘密拍照、秘密录像或者秘密获取物质等。监察法第二十八条第一款规定:"监察机关调查涉嫌重大贪污贿赂等职务犯罪,根据需要,经过严格的批准手续,可以采取技术调查措施,按照规定交有关机关执行。"即监察机关在对被调查人员进行调查的过程中,如果发现被调查人员涉嫌重大贪污贿赂等职务犯罪的,可以根据工作需要,决定对被调查人员采取技术调查措施,并且按照相关规定将

其交由其他有权机关执行。也就是说，监察机关基于工作需要，可以决定对被调查人员采取电话监听、电子侦听、电子监控、秘密拍照、秘密录像或者秘密获取物质等技术调查措施。不过监察机关自身并没有权力去执行上述技术调查措施，监察机关应当将上述技术调查措施交由其他有权机关予以执行。

监察机关在调查涉嫌重大职务侵权案件时，可以依照法定程序采取技术侦查措施。监察机关之所以需要采取技术调查措施，主要是因为监察机关调查的案件类型是涉及职务违法犯罪的案件。职务违法犯罪的案件往往具有很强的专业性和隐蔽性，该类案件一般以言词证据为主，缺乏足够的客观证据，致使案件很难达到“犯罪事实清楚，证据确实充分”的定罪量刑标准，因而有必要在调查取证时使用技术调查措施，以获取确实充分的客观证据。

（二）限制出境

限制出境措施，是指为保障调查工作的顺利开展而对可能逃匿境外的被调查人或者相关人员采取的限制其在一定的期限内不得出境的一种措施。监察法第三十条规定：“监察机关为防止被调查人及相关人员逃匿境外，经省级以上监察机关批准，可以对被调查人及相关人员采取限制出境措施，由公安机关依法执行。对于不需要继续采取限制出境措施的，应当及时解除。”即监察机关在对被调查人员和相关人员进行调查的过程中，如果发现被调查人员和相关人员有可能逃匿境外的，监察机关在经省级以上监察机关批准后，可以决定对被调查人员和相关人员采取限制出境措施。与技术调查措施一样，监察机关自身也没有权力去执行限制出境措施，而是应当将限制出境措施交由公安机关执行。监察机关对被调查人员和相关人员采取的限制出境措施，其主要包括下列四个方面的内容：

1. 监察机关适用限制出境措施的人员范围，包括被调查人有职务违法或者职务犯罪嫌疑的，或者相关人员有共同职务犯罪嫌疑的，或者相关人员有行贿犯罪嫌疑的，或者其他与案件相关的人员。但在具体办理案件的过程中，监察机关并不是对上述所有的人员都采取限制出境措施，只有在特殊并且紧急的情况下，监察机关如果不对上述所列人员采取限制出境措施，可能导致其逃匿境外的，那么监察机关才可以对其采取限制出境措施。

2. 监察机关适用限制出境措施的审批手续，即监察机关如果要对被调查人员和相关人员采取限制出境措施，则必须履行严格的审批手续。根据监察法上述规定，监察机关在对被调查人员和相关人员作出限制出境措施决定前，必须事先经过省级以上监察机关的批准。也就是说，本级监察机关在没有取得省级以上监察机关批准之前，本级监察机关是不能私自对被调查人员和相关人员采取限制出境措施的。可见，监察机关对被调查人员和相关人员采取限制出境措施，是应当经过严格的审批手续的。

3. 监察机关适用限制出境措施的执行主体，即监察机关依据法律规定对被调查人员和相关人员作出限制出境措施决定后，监察机关应当将上述限制出境措施交由公安机关执行。监察机关在将案件移交公安机关执行时，应当一并将限制出境决定书交给公安机关，并且应当在限制出境决定书中记明被限制出境人员的个人信息和限制出境的期限等，以便于公安机关执行。

4. 监察机关适用限制出境措施的解除，即监察机关在对被调查人员和相关人员作出限制出境措施决定并交由公安机关执行后，发现不需要继续对被调查人员和相关人员采取限制出境措施的，应当及时对被调查人员和相关人员作出解除限制出境措施决定，并且将该解除限制出境措施决定通知公安机关，由公安机关解除执行。

（三）通缉

通缉，是指监察机关为了使调查工作顺利开展而对在逃的被调查人作出通缉决定，并且将通缉决定书交由公安机关，由公安机关发布通缉令并对该被调查人进行追捕的一种措施。监察法第二十九条规定："依法应当留置的被调查人如果在逃，监察机关可以决定在本行政区域内通缉，由公安机关发布通缉令，追捕归案。通缉范围超出本行政区域的，应当报请有权决定的上级监察机关决定。"即如果被调查人在被采取留置措施后逃匿的，监察机关可以对该在逃的被调查人采取通缉措施。监察机关采取的通缉措施主要包含下列两个方面的内容：

1. 监察机关适用通缉措施的决定机关，即监察机关在本行政区域范围内对在逃的被调查人采取通缉措施的，本级监察机关有权自主对该在逃的被调查人作出通缉决定；但如果监察机关对本行政区域范围以外的在逃的被调查人采取通缉措施的，那么本级监察机关无权对该在逃的被调查人作出通缉决定。本级监察机关应当上报上级监察机关，由上级监察机关依法对该在逃的被调查人作出通缉决定。

2. 监察机关适用通缉措施的执行机关，即监察机关在本行政区域范围内对在逃的被调查人作出通缉决定后，应当将该案件移交该行政区域内的公安机关，由该行政区域内的公安机关负责对该在逃的被调查人发布通缉令，并且负责将该在逃的被调查人追捕归案；如果监察机关对本行政区域范围以外的在逃的被调查人采取通缉措施的，那么在上级监察机关依法对该在逃的被调查人作出通缉决定后，应当将案件移交该上级监察机关相应的公安机关，由与该上级监察机关相应的公安机关负责对该在逃的被调查人发布通缉令，并且负责将该在逃的被调查人追捕归案。

思考题

1. 监察权限适用的一般原则有哪些？
2. 监察机关的主要职责和基本职权有哪些？
3. 监察机关对监察对象可以采取的一般性措施有哪些？
4. 试述监察留置的适用范围。

第六章　监察证据

证据在监察活动中具有举足轻重的地位。尽管我国现行监察法无专门章节规定监察证据制度，但也通过相关法条赋予了监察机关调查取证的权力，规范了监察机关收集、固定、审查、运用证据的要求和标准，明确了监察机关收集的证据材料在刑事诉讼中的法律效力，认可了非法证据排除规则在监察活动中适用。例如，监察法第十八条第一款规定："监察机关行使监督、调查职权，有权依法向有关单位和个人了解情况，收集、调取证据。有关单位和个人应当如实提供。"第三十三条规定："监察机关依照本法规定收集的物证、书证、证人证言、被调查人供述和辩解、视听资料、电子数据等证据材料，在刑事诉讼中可以作为证据使用。监察机关在收集、固定、审查、运用证据时，应当与刑事审判关于证据的要求和标准相一致。以非法方法收集的证据应当依法予以排除，不得作为案件处置的依据。"这些条文中的确定性规范及其指向《刑事诉讼法》的援引性规范，形成了完整的监察证据规范体系。

第一节　监察证据概述

核心法条

《中华人民共和国监察法》第三十三条

监察机关依照本法规定收集的物证、书证、证人证言、被调查人供述和辩解、视听资料、电子数据等证据材料，在刑事诉讼中可以作为证据使用。

监察机关在收集、固定、审查、运用证据时，应当与刑事审判关于证据的要求和标准相一致。

以非法方法收集的证据应当依法予以排除，不得作为案件处置的依据。

一、监察证据的概念

证据，是指能够证明某事物真实性的有关事实或材料。[1] 证据存在于人类社会实践的广阔领域，无论是日常生活和工作，还是进行科学研究，都离不开证据。在监察活动中用来证明监察案件真实情况的事实和材料都是监察证据。

监察法第三十三条第一款规定："监察机关依照本法规定收集的物证、书证、证人证言、被调查人供述和辩解、视听资料、电子数据等证据材料，在刑事诉讼中可以作为证据使用。"可见，监察证据与诉讼证据之间具有密切的联系和较大程度的同质性，监察证据可以根据实际所需转化为诉讼证据。在此将监察证据与诉讼证据进行简单的比较，可促进我们更为客观地认识监察证据的概念。诉讼证据是指诉讼中用来证明案件真实情况的事实和材料，分为刑事诉讼证据、民事诉讼证据和行政诉讼证据，这三类诉讼证据有自己特定的含义和内容。刑事诉讼证据，是指在刑事诉讼中由控辩双方依照刑事诉讼法定程序收集并提供的，用以确定犯罪事实是否存在、被告人是否有罪、罪责轻重以及其他有关案件真实情况的一切客观事实；民事诉讼证据，是指在民事诉讼中由民事诉讼当事人依照民事诉讼法定程序收集并提供的，能够证明民事案件事实是否存在，民事权利义务关系以及民事责任等案件真实情况的一切客观事实；行政诉讼证据，是指在行政诉讼中由行政诉讼当事人依照行政诉讼法定程序收集并提供的，能够证明行政争议事实是否存在，行政机关实施的行政行为是否合法等案件真实情况的一切客观事实。[2] 三类诉讼证据都具有一定的共性，都揭示了证据是一种客观存在的事实，与案件事实存在一定联系，是证明案件事实的根据。与诉讼证据相对比，监察证据的调查取证主体及其法律依据有所不同，但其本质属性和功能是一样的。所以，我们可以给监察证据下这样一个定义，监察证据是指在监察活动中由监察机关依照法定程序收集并提供的，能够证明监察案件真实情况的一切客观事实。

---

〔1〕 中国社会科学院语言研究所词典编辑室：《现代汉语词典》（第6版），商务印书馆2012年版，第1663页。

〔2〕 申君贵主编：《证据法学》，湖南大学出版社2006年版，第3～4页。

二、监察证据的特征

鉴于监察证据与诉讼证据的同质性，监察证据同样具有以下三个特征：

（一）监察证据的客观性

客观性，是指监察证据必须是一种不以人们的主观意志为转移的客观存在事实。首先，证据必须具有客观的外在表现形式，并且这种形式可以为人的认识所感知。如果不具有能为人们在现有条件下所感知的形式，它就无法被人们认识并被用作证据证明监察案件事实。其次，证据的内容必须是客观的，必须是对客观事物的反映。一切主观臆断、想象都不可以作为证据。比如怀疑、猜测、估计、分析或者抽签算卦、求神问卜、托梦显灵等，都不能正确反映客观事实，故不能成为我国的监察证据。

（二）监察证据的相关性

相关性，是指证据事实必须同监察案件事实及其相关事实有实质性关联。客观上存在的事实是很多的，但是这些客观事实并不一定都是证据，只有那些同监察案件事实存在内在联系的客观事实，才可能成为监察证据。况且，证据同案件事实之间联系的形式或渠道是多种多样的，如直接联系、间接联系、必然相关与偶然相关等，所以如果是联系过于间接、相关性太弱的证据就不能视其具有相关性，也不能作为定案证据。因而证据的相关性是事物之间内部固有的本质联系，它要求证据必须对证明案件事实具有实质性意义，即有助于证明案件事实。如果没有这样的联系，不能证明监察案件任何情况，那么它就不能成为监察证据。

（三）监察证据的合法性

合法性，是指监察证据的收集、调取、固定等都要符合法律的规定。监察法第三十三条第二款、第三款分别规定，“监察机关在收集、固定、审查、运用证据时，应当与刑事审判关于证据的要求和标准相一致”“以非法方法收集的证据应当依法予以排除，不得作为案件处置的依据。”因此，监察证据的合法性要符合以下三个条件：其一，证据的主体合法。主体不符合法律规定的事实材料是不能作为证据的。例如，生理上、精神上有缺陷或者年幼，不能辨别是非不能正确表达的人，即便其提供的证言具备了客观性和相关性，也不能作为证据;鉴定意见只能由具有专门知识的人员出具;有的证据或采取某种特定方法收集证据只能由特定主体实施。其二,收集和提取证据的程序、方法合法。监察法第四十条第二款规定“严禁以威胁、引诱、欺骗及其他非法方式收集证据,严禁侮辱、打骂、虐待、体罚或者变相体罚被调查人和涉案人员”。此外,监察法还规定监察机关在收集、固定、审查、运用证据时,应当与刑事审判关于证据的要求和标准相一致,所以《刑事诉讼法》规定的关于调查取证程序、方法等要求和标准,都适用于监察证据的收集和提取。对于采用刑讯逼供等非法方法收集的被调查人供述和采用暴力、威胁等非法方法收集的证人证言,应当予以排除。收集物证、书证不符合法定程序,应当予以补正或者作出合理解释,不能补正或者作出合理解释的,对该证据应当予以排除。其三,证据的形式合法。监察法第四十一条规定:“调查人员采取讯问、询问、留置、搜查、调取、查封、扣押、勘验检查等调查措施,均应当依照规定出示证件,出具书面通知,由二人以上进行,形成笔录、报告等书面材料,并由相关人员签名、盖章。调查人员进行讯问以及搜查、查封、扣押等重要取证工作,应当对全过程进行录音录像,留存备查。”所以,监察证据要符合这些法律规定的形式要件。

三、监察证据资格与证明力

证据资格,是指证据所具有的属性或特征符合有关法律对证据的基本要求,可以作为该项证明活动中的证据。[3] 证据资格在英美证据法上,又称为证据的可采性,就是指提交的证据符合了法律规定的采用标准。我国对监察证据也应有资格上的要求。以上关于监察证据的三个基本特征,是统一的,不可分割的,只有同时具备了这三个特征的事实,才具备监察证据资格。证据资格的作用是确定某证据是否可以在证明活动中采用,而不是必须采信。至于是否采信某证据,则由该证据的证明力决定。证明力又被称为证据价值,它是指被采用的证据在认定案件事实上发生作用的力量。证据有无证明力以及证明力的大小,不同证据各不相同,如果法律预先规定,不利于发现实体真实。因此,证明力原则上可由审查判断者根据实际情况而定。

---

〔3〕 Bryan A. Garner: *Black's Law Dictionary*(*sixth edition*), West Publishing Gompany, 1990, p. 283.

证据资格与证明力的区别在于:证据资格是从形式上解决证据能力问题,证明力则是从实质上解决证据有无价值以及有多大价值的问题。作为定案根据的证据,必须首先具备证明力,也就是能够证明某一案件事实成立或不成立的资格;其次还必须具有证据能力,也就是在取证主体、取证手段、表现形式、经受质证等方面的合法性条件。[4] 也就是说,作为定案根据的证据必须既有证据资格,又有证明力,虽有证据资格但无证明力的证据对认定案件事实是毫无意义的。

四、监察证据的意义

监察证据的意义是指证据在监察活动中所起的作用。监察法第四十条第一款规定:"监察机关对职务违法和职务犯罪案件,应当进行调查,收集被调查人有无违法犯罪以及情节轻重的证据,查明违法犯罪事实,形成相互印证、完整稳定的证据链。"第四十五条第二款规定:"监察机关经调查,对没有证据证明被调查人存在违法犯罪行为的,应当撤销案件,并通知被调查人所在单位。"由此可见,证据对监察活动具有特别重要的意义。

(一)证据是正确认定监察案件事实的依据

案件事实往往是已发生的事实,对承办案件的监察机关人员来说,既没有亲眼所见,也无法让其重演。监察机关办案人员要查清这种过去发生的事实,就只能依靠现存的材料和被调查人遗留下的各种违法犯罪证据。离开了证据,要想查清案件事实是不可能的。监察法也规定监察机关在查明职务犯罪要达到"形成相互印证、完整稳定的证据链"的标准。

(二)证据是监察活动的推进器

监察活动的过程,不论立案调查,还是做出处置,都离不开证据。譬如,要经过初步核实相关证据与线索,监察对象涉嫌职务违法犯罪,才办理立案手续;调查清楚案件事实后,才能对调查对象进行处分以及移送检察院审查、提起公诉等处置。

---

[4] 陈瑞华:《关于证据法基本概念的一些思考》,载《中国刑事杂志》2013 年第 3 期。

(三)证据是使无违法犯罪行为的人不受调查追究的保障

在监察活动中,监察机关要调查、收集被调查人有无违法犯罪以及情节轻重的证据,既要使违法犯罪的人受到应有的法律制裁,又要保障无辜的人不受调查追究。监察机关经调查,对没有证据证明被调查人存在违法犯罪行为的,应当撤销案件。

第二节 监察证据的种类与分类

核心法条

《中华人民共和国监察法》第三十三条

监察机关依照本法规定收集的物证、书证、证人证言、被调查人供述和辩解、视听资料、电子数据等证据材料,在刑事诉讼中可以作为证据使用。

监察机关在收集、固定、审查、运用证据时,应当与刑事审判关于证据的要求和标准相一致。

以非法方法收集的证据应当依法予以排除,不得作为案件处置的依据。

一、监察证据的种类

证据种类,是指证据的外在表现形式。根据监察法的相关规定,监察证据的种类主要包括物证、书证、证人证言、被调查人供述与辩解、视听资料、电子数据、鉴定意见、勘验检查笔录等。

(一)物证

物证是指能够证明案件真实情况和其他待证事实的实物和物质痕迹。物证在监察活动中是使用最广泛的证据之一,它对查清监察案件事实有着重要的作用。物证是以其外部特征、内在属性、存在的状况等来证明待证事实的。所谓物证的外部特征,主要是指其表面形象特点,如存在的形状、体积的大小、数量的多少、颜色的新旧、有无破损及其程度等。所谓物证的内在属性,主要是指物证所具有的质量、重量、材料成分、结构、性能、价值等化学性质和物理性质。所谓物证的存在状况，主要是指物证所处的位置、所占有的时间、空间范围等。[5] 在一定条件下，物证仅以其外部特征、内在属性或存在状况就可以起到证明作用，但在一定条件下，物证还需同时以其外部特征、内在属性和存在状况来证明案件事实。物证是独立于人的意识之外的客观存在，它的存在不以人的意志为转移，因而具有较强的客观性和稳定性。但物证是一种“哑巴”证据，它不能自己表明它的证明作用，只能通过人的能动作用，结合其他证据进行分析判断，才能在监察活动中起到证据的作用。

（二）书证

书证，是指以文字、符号、图画所记载内容或表达的思想来证明案件事实的书面文件或其他物品。书证与物证的主要区别是书证以其思想内容证明案件事实，而物证是以物品的自然属性或外部形态起证明作用。书证形式上表现为记载文字、符号、图形的各种文本及其他载体。书证内容上的特征是具有思想内容，所谓思想内容，是指人们主观思维活动的过程及其中蕴含的观点、情感、判断等内容。这就要求证据材料中的文字、符号、图形必须是人们的主观思维过程的反映，并且能够为人们所认识和理解，可借以发现信息。此外，证据材料所记载的内容或者表达的思想，必须与待证案件事实有关联，能够借以证明案件事实。如果某一材料记载的内容与案件的待证事实不具有关联性，就不能作为书证加以使用。在监察活动中，经常使用的书证有证实职务违法犯罪的账册、单据、合同、信件以及反映犯罪主体身份的工作证、任职文件，等等。书证具有直接性、明确性和稳定性等特点，一经收集并查证属实，就可以比较直观地证明监察案件中的一定事实，因而在监察活动中具有重要意义。

（三）证人证言

证人证言，是指证人就其所感知的案件情况，向监察机关人员所作的陈述。证人证言的内容应是证人所直接感知的对查清案件事实有意义的情况。与案件无关的事实，或者证人对案件事实的分析、判断或猜测等都不能作为证言的内容。证人证言的形式可以是口头的，也可以是书面的。证人证言也是监察活动中使用最广泛的证据之一，它对查清案件事实、发现和收集其他证

---

〔5〕 陈光中主编：《刑事诉讼法》（第6版），北京大学出版社2016年版，第207页。

据、鉴别其他证据的真伪等都具有十分重要的意义。

证人证言来源于证人,证人是证人证言的主体。根据监察法的援引性规范,《刑事诉讼法》关于证人的规定同样适用于监察活动。因此,监察活动中的证人应当是一开始便了解案件情况的人。不了解案件情况,或者在监察过程中通过监察活动才了解案件情况的,就不能作为证人。此外,证人还必须是能够辨别是非和能够正确表达的人,生理上、精神上有缺陷或者年幼,不能辨别是非,不能正确表达的人,不能作证人。在实践中,如果确实需要他们提供证言,也只能把他们提供的证言作为认定案件事实的参考,而不能直接作为确定案件事实的依据。证人一般都是自然人,《刑事诉讼法》没有明确规定单位可以作为证人的主体。但在监察实践中,常常有单位提供的证据材料,甚至现在有的监察案件必须由法人提供证据材料才能查清案件事实。因此,监察活动中证人应该包括法人。

(四)被调查人的供述和辩解

被调查人的供述和辩解,是指被调查人在监察活动过程中就案件情况向监察机关工作人员所作的违法犯罪供述或无违法犯罪、情节轻的辩解。被调查人供述和辩解的形式,一般为口头形式,但在特定情况下,也可以采取书面形式。

被调查人供述和辩解的内容主要可概括为两方面:一是承认自己有违法犯罪的行为,叙述自己违法犯罪的情节和经过;二是否认自己有违法犯罪行为,或者认为虽有违法犯罪行为,但情节轻微不应追究责任或应从轻、减轻、免除相关处罚。在监察活动中,不论是被调查人的供述,还是辩解,都应当认真听取。

被调查人的供述和辩解是监察活动中较为重要的证据,因为被调查人对是否实施了相关违法犯罪行为知道得最清楚,他的供述和辩解对查清案件事实有重要的意义。同时因为被调查人同案件处置结果有直接的利害关系,所以其供述与辩解虚假的可能性较大,因此必须通过认真查证核实之后,才能作为确定案件事实的根据。

(五)视听资料

视听资料,是指利用现代科学技术可以重现原始声音、原始形象证明案件事实的录像和录音等资料。视听资料一般可分为录像资料与听觉资料两种类型。录像资料是指运用摄像机将事物发生、发展、运动、变化的客观真实情况原本地记录下来，然后经过播放、重新显示原始形象。录像资料作为证据具有生动形象的内容，有连续运动着的人物和变化着的背景，可以反映出许多客观情况供人们观察分析。录像资料又包括无声录像资料和声像资料两种，如无声录像带、无声影片、无声机读件等属于无声录像资料；电影片、电视片、录音录像片、声像光盘等则属于声像资料。录音资料是指运用录音设备把正在进行的会议、谈话、呼叫、自然声响、电话中的对讲等声音如实地记录下来，然后经过播放再现原始的声迹。录音资料作为证据既能通过原始声音信号本身所反映的内容来证明案情，也能通过原始声音的物理特性来证明案情。例如，谈话录音证据，一方面以其所记录的谈话内容证明讲话的人说过哪些话，另一方面以其所反映的讲话的人的语音、语调、音质等声纹特征及谈话的环境信息特征来证明案情。

视听资料是一种采用现代科技手段获得的证据，它具有客观性比较强，内容直观、丰富具体等特点。但它也容易被销毁或伪造。视听资料容易被删改，而且不留痕迹。录音录像都可以通过剪辑等手段，去掉有关部分，或者改为其他人的相貌。根据视听资料这些特点，既要重视视听资料的证据作用，又要注意对它的审查判断，不能盲目相信，要查清有无删节、剪辑、篡改等情形。

（六）电子数据

电子数据是以电子、数字、光学、电磁及类似手段生成、传播、储存的数据信息，如电子邮件、电子数据交换、网上聊天记录、博客、微博客、手机短信、电子签名、域名等数据信息。在2012年《民事诉讼法》和《刑事诉讼法》修改之前，实务中对电子数据所属证据类型争议很大，主要有书证说、视听资料说、区别说及独立证据说。[6] 目前关于电子数据所属证据类型的争议暂告一个段落，监察法也规定了电子数据作为其中一类证据。电子数据的生成手段不仅指电子手段，还包括数字、磁、无线、光学、电磁及其他手段。电子数据既包括信息传播过程中产生的记录，又包括在传播之前计算机等设备已经生成、储存

---

〔6〕 谢勇：《论电子数据的审查和判断》，载《法律适用》2014年第1期。

的数据。即电子数据可以产生于信息生成、发送、传输、接收、储存的各个阶段。电子数据属于机读数据,以数据载体上特定的排列组合为特征,它无法通过人类感观直接获知其内容,要通过特定设备转换为人类可识别的信息。电子数据的表现形式主要包括:(1)字处理文件。即通过文字处理系统形成的文件,由文字、标点、表格、各种符号或其他编码文本组成。(2)图形处理文件。由计算机专门的软件系统辅助设计或辅助制造的图形数据。(3)数据库文件。由若干原始数据记录所组成的文件。(4)程序文件。计算机进行人机交流的工具,软件就是由若干个程序文件组成的。(5)影、音、像文件。即通常所说的"多媒体"文件。

电子数据除了具有直接性、明确性、便携性等特点外,还具有可修改性、可灭失性和技术性特点。随着计算机被广泛应用,计算机存储设备所储存的数据信息已逐渐成为证据的一个重要来源,监察机关在调查取证工作中,如何搞好电子数据的收集、固定工作就成为迫在眉睫的主要问题。法定的证据形态一般是可见、可感知的物质形态,而电子数据原本只是一种磁或者电的脉冲,只有通过一定的技术手段转换为可感知的形态,才能具有证据的形式。所以有关输出文件必须符合这两个条件:(1)输出该数据的计算机必须是该证据的原始存储处。(2)该数据在输入和输出时计算机的运作状态良好。具备了这两个条件的电子数据才能被固定为证据材料。

(七)鉴定意见

监察法第二十七条规定:"监察机关在调查过程中,对于案件中的专门性问题,可以指派、聘请有专门知识的人进行鉴定。鉴定人进行鉴定后,应当出具鉴定意见,并且签名。"可见,鉴定意见也是监察证据的一种类型。监察活动中的鉴定意见是指经监察机关指派或聘请具有专门知识的人,对案件中某些专门性问题,进行科学技术鉴定后所作的书面意见。鉴定意见的种类很多,主要有:司法精神病鉴定、痕迹鉴定、指纹鉴定、笔迹鉴定、化学鉴定、司法会计鉴定及其他技术鉴定等。

鉴定意见是鉴定人对案件中的专门性问题,从科学、技术角度提出的分析判断意见,而不是直接或间接感受的案件事实。因此,它同证人证言是不同的。证人也不能同时兼作鉴定人。如果被指派或聘请的鉴定人事前了解案件情况,就应当做证人,不做鉴定人。因为证人具有不可替代性,而鉴定人可以替代。

对鉴定意见的判断和使用应当注意两点:其一,鉴定意见由于主客观原因的影响和限制,不排除有出错的可能。所以必要时可以对其进行重新鉴定。其二,鉴定意见只应回答专业技术问题,不能回答法律问题。

(八)勘验检查笔录

监察法第二十六条规定:"监察机关在调查过程中,可以直接或者指派、聘请具有专门知识、资格的人员在调查人员主持下进行勘验检查。勘验检查情况应当制作笔录,由参加勘验检查的人员和见证人签名或者盖章。"可见,勘验检查笔录也是监察证据的一种类型。监察活动中的勘验检查笔录是指监察机关直接或者指派、聘请具有专门知识、资格的人员在调查人员主持下对与犯罪有关的场所、物品、人身、尸体等进行勘验、检查所作的记载。这种记载的形式以文字记录为主,但也包括绘图、照相、录像等形式。

勘验检查笔录一般包括现场勘验笔录、人身检查笔录、尸体检验笔录、物证检验笔录以及侦查实验笔录等。勘验检查笔录可以帮助监察机关进一步了解被调查人的违法犯罪情况,正确确定调查方向;勘验、检查笔录又是固定、保全证据的重要手段,必要时,根据勘验、检查笔录的内容,可以恢复现场原状,以便对案件情况进行具体分析研究。勘验、检查笔录对核实其他证据,正确认定案件事实和性质,也都有着重要的意义。

二、监察证据的分类

证据的分类,是指在理论上按照不同的标准对证据进行的类别划分。参照诉讼证据对监察证据进行理论上的分类,可以帮助监察工作人员正确认识监察证据,掌握各类不同证据的特征,以便正确收集证据和审查判断证据,提高运用各类证据查清案件事实的能力。

(一)原始证据和传来证据

根据监察证据来源不同,可划分为原始证据与传来证据。原始证据是指直接来源于案件事实的第一手证据材料。比如目击证人的证言、被调查人的供述和辩解、书证原件、物证原件等,均属于原始证据。传来证据是经复制、转述、转抄等中间环节形成的第二手证据材料，如证人转述他人告知的案情、书证的复印件、物证的复制品等，均属传来证据。那些道听途说、街谈巷议、马路消息等不能作为传来证据，不能作为监察证据使用，但可以作为监察机关初步核实或调查的问题线索。

原始证据的可靠性大、证明力强，因为原始证据直接来源于案件事实，没有经过传抄、复制、转述等中间环节，作为第一手材料，保持了证据的原形、原貌和真实性。但原始证据有可能灭失的缺陷。比如风吹日晒雨淋而使证物灭失，证人、被害人死亡或迁徙而不能作证等，都可能使原始证据失去其证据的价值。

由于传来证据经过了转述、复制、传抄等中间环节，因而有可能出现错传、漏抄等差错而使原始证据失真的可能性较大，降低或失去了原来证据的价值。而且转述、复制、传抄的次数越多，失真的可能性越大。但传来证据可以帮助发现原始证据，并且容易固定和保全。此外，传来证据还可以作为固定和保全原始证据重要手段，比如容易腐烂和不易移动的物证、书证等，可以用照相、复制、复印的方法固定下来，以便长期保存。

将监察证据划分为原始证据和传来证据能使我们认识到原始证据比传来证据证明力强，在收集证据时要努力收集原始证据，切不可放弃原始证据去收集传来证据；但也不可忽视传来证据，传来证据虽然没有原始证据证明力强，但它可以作为发现原始证据的线索，可以作为审核原始证据是否真实的手段，并且在无法得到原始证据的情况下可作为证明案件事实的证据。

（二）直接证据和间接证据

根据监察证据与主要案件事实间相互联系的性质，可分为直接证据和间接证据。凡是能单独直接说明案件主要事实的某一证据为直接证据；不能单独直接说明案件主要事实，而只能间接证明某些相关事实的为间接证据。

直接证据的基本特点是能够单独直接地证明案件主要事实。直接证据包含肯定性直接证据与否定性直接证据。肯定性直接证据是指证据所反映的信息涵盖了案件主要事实的证据，能表明是“谁”与“做了什么事”这两项基本案件事实。否定性直接证据则是指直接否定违法犯罪事实的存在，或者否定违法犯罪事实由被调查人实施的证据。直接证据的优点在于证明力强，证明方法简单,无须经过逻辑推理过程,只要直接证据属实,就可据以定案。然而,直接证据多为言词证据,容易受主观或客观方面的影响,失真的可能性大,不稳定性较多,这是直接证据的弱点。因此,使用直接证据证明案件事实时,对直接证据进行查证核实是非常必要的。

间接证据的基本特点是只能证明案件事实中某一个环节,而不能独自证明整个案件事实。它只有与其他间接证据相结合或与直接证据相佐证才能达到相互证明的目的。因此间接证据具有证明关系上的间接性、证明方法上的复杂性和推断性,这些特点使运用间接证据定案的难度大而且容易发生差错。但是,间接证据一般比直接证据容易获得。因为犯罪分子实施犯罪活动留下的间接证据数量较多,并且这些证据多为物证、书证,容易被发现和收集。此外,间接证据一般不易受人们主观影响发生变异,失真可能性较小,稳定性相对较高。当直接证据无法取得的时候,依靠充分、确实的间接证据,也可以认定案件事实。

(三)言词证据和实物证据

根据监察证据的存在及表现形式不同,可以将证据分为言词证据和实物证据。言词证据是指以人的语言为内容和表现形式的证据,包括被调查人的供述和辩解、证人证言、鉴定意见等。但在实践中,言词证据的表现形式经常是笔录,即监察工作人员被调查人、证人的调查笔录。实物证据,是指以实物为内容和表现形式的证据,如物证、书证、视听资料、电子数据、勘验检查笔录等都属于实物证据。实物证据一般都能够看得见摸得着或感觉得到,都是客观存在的,其表现形式多种多样。

言词证据是被调查人和证人等对其直接或间接感知的案件事实的陈述,往往能够较为形象生动、详细具体地叙述案件事实。尤其是被调查人,一般都经历了案件的整个过程,因此不但能把案发过程讲清楚,而且往往还能够把案件的前因后果说明白,可以迅速地让调查人员从总体上甚至细节上把握案件的全貌,这是实物证据所无法比拟的。但言词证据的真实性易受各种主观因素的影响,基于与案件的利害关系或外来因素影响,陈述人可能会做出虚假的陈述。

相对而言,实物证据的客观性和稳定性较强。实物证据是以实物形态为表现形式的客观存在的物,它不以人的主观意识而改变,不受人的主观因素的影响而失实,从而较为客观、可靠。但实物证据和待证案件事实之间的关联性不明显。实物证据一般不能自己证明它与案件事实的联系,而需要有另外的证据揭示其证明意义,或需要通过检验、鉴定等方法揭示或解释其证明价值。

划分言词证据和实物证据的意义主要在于通过揭示这两种证据的不同特点,有助于监察工作人员更有针对性地收集和审查证据,以判断案件的真实情况。此外,在非法证据排除规则的适用上,这两类证据适用的排除原则是不同的,言词证据采取绝对排除的原则,而实物证据则采取相对排除原则。

第三节　监察证据的收集、固定、审查、运用

核心法条

《中华人民共和国监察法》第二十五条

监察机关在调查过程中,可以调取、查封、扣押用以证明被调查人涉嫌违法犯罪的财物、文件和电子数据等信息。采取调取、查封、扣押措施,应当收集原物原件,会同持有人或者保管人、见证人,当面逐一拍照、登记、编号,开列清单,由在场人员当场核对、签名,并将清单副本交财物、文件的持有人或者保管人。

对调取、查封、扣押的财物、文件,监察机关应当设立专用账户、专门场所,确定专门人员妥善保管,严格履行交接、调取手续,定期对账核实,不得毁损或者用于其他目的。对价值不明物品应当及时鉴定,专门封存保管。

查封、扣押的财物、文件经查明与案件无关的,应当在查明后三日内解除查封、扣押,予以退还。

《中华人民共和国监察法》第四十条

监察机关对职务违法和职务犯罪案件,应当进行调查,收集被调查人有无违法犯罪以及情节轻重的证据,查明违法犯罪事实,形成相互印证、完整稳定的证据链。

严禁以威胁、引诱、欺骗及其他非法方式收集证据,严禁侮辱、打骂、虐待、体罚或者变相体罚被调查人和涉案人员。

监察法第三十三条第二款规定:“监察机关在收集、固定、审查、运用证据时,应当与刑事审判关于证据的要求和标准相一致。”因此,本节内容将结合《刑事诉讼法》相关规定及其司法解释的内容和监察法自有条文的规定,探讨监察证据的收集、固定、审查、运用问题。

一、监察证据的收集

监察证据的收集,是指监察机关人员依照法定程序发现、提取证据的活动。收集证据是查清案件事实的前提,是正确处置案件、保障无辜的人不受法律追究的基础,所以我们必须重视证据的收集工作。为了保证证据收集工作的顺利进行,为正确处理案件提供可靠的依据,监察证据的收集应当坚持以下基本要求:

(一)应当严格遵守法定权限和程序的原则

为了收集证据工作能够有效地进行,防止可能出现的偏差和错误,我国刑事诉讼法明确规定,司法人员应当按照法定程序收集与案件有关的各种证据。这一原则同样适用于监察证据的收集。例如,监察法第二十五条第一款规定:“监察机关在调查过程中,可以调取、查封、扣押用以证明被调查人涉嫌违法犯罪的财物、文件和电子数据等信息。采取调取、查封、扣押措施,应当收集原物原件,会同持有人或者保管人、见证人,当面逐一拍照、登记、编号,开列清单,由在场人员当场核对、签名,并将清单副本交财物、文件的持有人或者保管人。”第四十一条第一款规定:“调查人员采取讯问、询问、留置、搜查、调取、查封、扣押、勘验检查等调查措施,均应当依照规定出示证件,出具书面通知,由二人以上进行,形成笔录、报告等书面材料,并由相关人员签名、盖章。”第四十二条规定:“调查人员应当严格执行调查方案,不得随意扩大调查范围、变更调查对象和事项。对调查过程中的重要事项,应当集体研究后按程序请示报告。”这些条文便对调查人员收集证据的权限和程序进行了规定。为了保证调查人员依照法定程序收集证据,监察法严禁以威胁、引诱、欺骗及其他非法方式收集证据,严禁侮辱、打骂、虐待、体罚或者变相体罚被调查人和涉案人员,对那些以非法方法收集证据的行为规定了制裁措施,而且规定非法取得的证据是无效的,不能作为证据使用。

（二）收集证据要客观、全面

所谓客观，就是要坚持辩证唯物论，坚持一切从实际出发，实事求是，按照事物的本来面貌如实反映。对于报案人或举报人的陈述和举报内容、被调查人的供述和辩解以及证人证言一定要如实记录，绝不能只凭主观想象，先入为主，更不能弄虚作假，歪曲事实真相，这是关系收集的证据是否真实、准确的原则问题。既要收集证明被调查人构成违法犯罪的证据，也要收集证明被调查人不构成违法犯罪的证据。收集到的证据是证明被调查人构成违法犯罪的，不能包庇和随意改变；是证明被调查人没有违法犯罪的，不能隐瞒和任意增减。

（三）收集证据必须及时、细致

所谓及时，就是监察机关作出初步核实决定、立案调查决定或相关部署后，调查人员行动要快，要不失时机地尽快开展工作，立即着手收集证据的工作，防止情况发生变化。在职务违法犯罪案件中，由于监察对象可能有毁灭、伪造证据，干扰证人作证或者串供等有碍调查情形发生，或随着时间的推移，自然条件的变化，也会使犯罪证据遭到破坏或毁灭。因此，要想收集到充分、真实的证据，就必须及时。所谓细致，就是在收集证据中，要坚持严谨的工作作风，不怕苦，不怕累，认真、细致地进行工作。对于每一个证据材料都要认真查明它的来龙去脉，不但要知道它的现在，还要知道它的过去，不但要了解其现象，还要通过现象认识其本质，这样才能从大量的复杂的证据材料中，找到对查明案情有重要意义的证据。如果收集证据时走马观花，粗枝大叶，不求甚解，就有可能遗漏重要证据或证据线索，就可能在办案过程中走许多弯路，使案件迟迟得不到解决。

（四）收集证据要注意现代科学技术手段的运用

监察法第二十八条规定："监察机关调查涉嫌重大贪污贿赂等职务犯罪，根据需要，经过严格的批准手续，可以采取技术调查措施，按照规定交有关机关执行。批准决定应当明确采取技术调查措施的种类和适用对象，自签发之日起三个月以内有效；对于复杂、疑难案件，期限届满仍有必要继续采取技术调查措施的，经过批准，有效期可以延长，每次不得超过三个月。对于不需要继续采取技术调查措施的，应当及时解除。"可见，监察法授予了监察机关采取技术调查措施收集证据的权限。随着科学技术的发展和应用范围越来越广泛,违法犯罪分子利用科学技术手段进行的犯罪活动也越来越多。监察机关要想获得充分证据,及时揭露和证实犯罪事实,也有必要运用现代科学技术手段,这样才能及时发现证据,收集证据,正确认定案件事实。但在适用技术调查措施收集证据时,要经过严格的批准手续,技术调查措施的种类和适用对象必须明确,不能滥用技术调查措施。

二、监察证据的固定

监察证据的固定,是指监察工作人员把发现的证据用一定的方式固定下来,加以提取并妥善保管的活动。固定证据,是收集证据的一个重要后续工作,它与收集证据紧密相连,不可分割。收集的证据如果不及时固定、妥善保管,就容易灭失,达不到收集证据的目的。

证据的固定是一项重要的工作,它直接关系到案件能否正确处理,所以固定证据必须严格依法进行。监察法第二十五条规定,“采取调取、查封、扣押措施,应当收集原物原件,会同持有人或者保管人、见证人,当面逐一拍照、登记、编号,开列清单,由在场人员当场核对、签名,并将清单副本交财物、文件的持有人或者保管人。对调取、查封、扣押的财物、文件,监察机关应当设立专用账户、专门场所,确定专门人员妥善保管,严格履行交接、调取手续,定期对账核实,不得毁损或者用于其他目的。对价值不明物品应当及时鉴定,专门封存保管,查封、扣押的财物、文件经查明与案件无关的,应当在查明后三日内解除查封、扣押,予以退还”。第四十一条规定:“调查人员采取讯问、询问、留置、搜查、调取、查封、扣押、勘验检查等调查措施,均应当依照规定出示证件,出具书面通知,由二人以上进行,形成笔录、报告等书面材料,并由相关人员签名、盖章。调查人员进行讯问以及搜查、查封、扣押等重要取证工作,应当对全过程进行录音录像,留存备查。”这些条文都对监察证据固定工作进行了具体的要求。

监察证据的种类较多,在证据固定方式上,必须根据不同对象,采用不同的方法。对证人、知情人的调查询问,要形成笔录、报告等书面材料;对被调查人讯问,其供述与辩解要采用笔录及录音录像的办法固定。笔录最后要向证人、被调查人宣读或者让其阅读,他们认为记载的有错误或者有遗漏的,应当允许其更正或补充。更正或补充的地方,要由其盖章或者按指印,证明是他们自己更改的。无误后要让他们写“已阅无误”或者“向我宣读过,没有错误”的字样,最后由其签名盖章。调取、查封、扣押证据,应当收集原物原件,会同持有人或者保管人、见证人,当面逐一拍照、登记、编号,开列清单,由在场人员当场核对、签名,并将清单副本交财物、文件的持有人或者保管人,并设立专用账户、专门场所,确定专门人员妥善保管。对一些物证可以通过勘验、制作勘验笔录,并绘图、拍照或录像,对与犯罪有关的各种痕迹,要用照相、录相、静电仪或石膏等方法固定和提取。对书证,可以进行拍照和复制。调查人员进行讯问以及搜查、查封、扣押等重要取证工作,应当通过全过程录音录像的方式予以固定,留存备查。不论采取何种方法,都应当客观、真实地反映证据情况,以利于对其审查和据以证明有关的案件事实。只有这样严格按照法定程序固定证据,才能保证证据的客观性,才能保证证据具有法律效力,才能作为认定案件事实的根据。

三、监察证据的审查

监察证据的审查,是指监察工作人员对收集的证据进行甄别、分析和研究,判明真伪,为正确运用证据认定案件事实奠定基础。审查判断证据是在收集、固定证据的基础上进行的一项活动。收集来的证据有真有假,有的证明力强,有的证明力弱,这就需要对证据进行分析研究,运用思维,通过推理、判断的方法,去伪存真,并弄清其证明力的大小,为运用证据正确认定案件事实打下基础。审查判断证据是监察活动中一项十分重要的工作,它直接关系到案件事实能否正确认定,案件能否依法正确处理。因为案件事实是要依靠证据才能认定的,而证据是否具有资格则依靠对证据正确的审查判断。没有对证据进行正确审查判断,就有可能出现运用虚假矛盾的证据作为认定案件事实依据的情况,容易造成错案。因此充分重视证据的审查判断对监察案件的正确处理具有十分重要的意义。

(一)对监察证据审查的一般规则

由于证据是各种各样的,而且每种证据都有自己的特点,所以在审查时必须根据各种证据的不同特点,采用不同的方法。但不管哪种证据,监察工作人员都应当从以下几方面进行审查：

1. 对证据的实质审查

(1)要审查每个证据的来源。一切证据都应当有它形成的环境和条件，都有合理的来源。因此要审查每一个证据形成的时间、地点、方式以及调查、收集的途径，从证据的来源考察其真实性和合法性。一切说不清来源的物品、痕迹，道听途说，街谈巷议等，只能作为调查的线索，而不能作为认定案件事实的证据。

(2)要对证据的内容进行分析。首先要查明证据所记载和反映的事实是否真实可靠，其次再审查证据内容本身有无矛盾。真实的证据在这些方面都应当是没有问题的。如果发现在这些方面有问题，比如被调查人开始承认违法犯罪事实，后来翻供，这种证据就有虚假的可能，必须进一步查证核实，切不可轻易作为定案的根据。

(3)要审查证据的内容同案件事实的联系程度。在审查证据时必须弄清楚证据究竟能证明什么事实，相互的联系程度和证明力如何，有多大的证明价值。收集的证据与案件事实有一定的联系，对证明活动才有意义。如果收集的证据同案件事实没有联系，则不管它是不是真实的，都不能证明案件中的任何问题，因此也就不能成为监察证据。

(4)要审查证据形成时的主、客观条件。证据是监察对象在实施违法犯罪行为过程中在外界留下的物品、痕迹或印象。这些物品、痕迹或印象在形成过程中会受到主观或客观方面的影响而发生改变。比如由于证人听觉、视觉的原因，可能使他感受的情况发生差错。在审查证据时必须排除了这些方面的各种虚假可能性，才能确定它是真实的。

(5)要审查收集证据的程序和方法是否合法、得当。一切通过非法程序收集的证据都不能保证其真实性。如采用刑讯逼供的方法取得的口供，或者以威胁、引诱、欺骗等非方法取得的证据，其真实性是十分值得怀疑的，因而不能作为监察证据。收集证据的方法不得当也可能使证据产生虚假。如聘请不具备专门知识的人作科学技术鉴定，其真实性和科学性都是不能保证的。因此，审查证据收集的方法是否正确、得当，也是鉴别证据真伪的重要方面。

2. 对证据的形式审查

无论什么类型的证据，其形式必须是合法的。如证人证言如果采用书面形式，就要有证人的签名盖章；如果采用口头形式，则必须做好笔录，并经证人签名盖章。凡是不符合法定形式的材料不能作为证据。

3. 对证据的综合审查

每个单一证据只能证明案件事实的一个侧面，对单个证据的审查不能认识案件事实的全部。只有把收集到的每一个证据综合起来进行分析，才可能形成正确的认识。对证据的综合审查应注意以下几个方面：

(1) 全案证据之间的综合审查。就是对案件中全部证据，进行横向的综合对比、分析、研究。如果这些证据都是真实的，它们的证明方向应当是一致的。如果其中有的证明方向不一致，证据之间出现矛盾，其中必定有真有假。这时监察工作人员必须进一步调查、核实，排除矛盾，才能最后判明证据的真假。

(2) 全案证据同案件事实之间进行综合审查。真实的证据同案件事实都是有联系的，同案件事实都应当是相吻合的。如果一些证据同案件事实不一致，证据与案件事实之间就存在矛盾，也就不能成为本案的证据。

（二）对不同种类证据的审查与认定

审查认定证据，不仅要掌握审查认定证据的一般原则和方法，而且要根据不同种类的证据的特点而有所侧重，做到具体证据具体对待。

1. 对物证、书证的审查与认定

对物证、书证应当着重审查以下内容：(1) 物证、书证是否为原物、原件，是否经过辨认、鉴定；物证的照片、录像、复制品或者书证的副本、复制件是否与原物、原件相符，是否由二人以上制作，有无制作人关于制作过程以及原物、原件存放于何处的文字说明和签名。(2) 物证、书证的收集程序、方式是否符合法律、有关规定；经勘验、检查、搜查提取、扣押的物证、书证，是否附有相关笔录、清单，笔录、清单是否经侦查人员、物品持有人、见证人签名，没有物品持有人签名的，是否注明原因；物品的名称、特征、数量、质量等是否注明清楚。(3) 物证、书证在收集、保管、鉴定过程中是否受损或者改变。(4) 物证、书证与案件事实有无关联；对现场遗留与犯罪有关的具备鉴定条件的生物样本、痕迹、物品，是否已作 DNA 鉴定、指纹鉴定等，并与被告人或者被害人的相应生物检材、生物特征、物品等比对。(5) 与案件事实有关联的物证、书证是否全面收集。

据以定案的物证应当是原物。原物不便搬运,不易保存,依法应当由有关部门保管、处理,或者依法应当返还的,可以拍摄、制作足以反映原物外形和特征的照片、录像、复制品。物证的照片、录像、复制品,不能反映原物的外形和特征的,不得作为定案的根据。物证的照片、录像、复制品,经与原物核对无误、经鉴定为真实或者以其他方式确认为真实的,可以作为定案的根据。

据以定案的书证应当是原件。取得原件确有困难的,可以使用副本、复制件。书证有更改或者更改迹象不能作出合理解释,或者书证的副本、复制件不能反映原件及其内容的,不得作为定案的根据。书证的副本、复制件,经与原件核对无误、经鉴定为真实或者以其他方式确认为真实的,可以作为定案的根据。

在勘验、检查、搜查过程中提取、扣押的物证、书证,未附笔录或者清单,不能证明物证、书证来源的,不得作为定案的根据。

物证、书证的收集程序、方式有下列瑕疵,经补正或者作出合理解释的,可以采用:(1)勘验、检查、搜查、提取笔录或者扣押清单上没有调查人员、物品持有人、见证人签名,或者对物品的名称、特征、数量、质量等注明不详的;(2)物证的照片、录像、复制品,书证的副本、复制件未注明与原件核对无异,无复制时间,或者无被收集、调取人签名、盖章的;(3)物证的照片、录像、复制品,书证的副本、复制件没有制作人关于制作过程和原物、原件存放地点的说明,或者说明中无签名的;(4)有其他瑕疵的。

对物证、书证的来源、收集程序有疑问,不能作出合理解释的,该物证、书证不得作为定案的根据。

2. 对证人证言的审查与认定

对证人证言应当着重审查以下内容:(1)证言的内容是否为证人直接感知;(2)证人作证时的年龄,认知、记忆和表达能力,生理和精神状态是否影响作证;(3)证人与案件当事人、案件处理结果有无利害关系;(4)询问证人是否个别进行;(5)询问笔录的制作、修改是否符合法律、有关规定,是否注明询问的起止时间和地点,首次询问时是否告知证人有关作证的权利义务和法律责任,证人对询问笔录是否核对确认;(6)询问未成年证人时,是否通知其法定代理人或者有关人员到场,其法定代理人或者有关人员是否到场;(7)证人证言有无以暴力、威胁等非法方法收集的情形;(8)证言之间以及与其他证据之间能否相互印证,有无矛盾。

处于明显醉酒、中毒或者麻醉等状态,不能正常感知或者正确表达的证人所提供的证言,不得作为证据使用。证人的猜测性、评论性、推断性的证言,不得作为证据使用,但根据一般生活经验判断符合事实的除外。

证人证言具有下列情形之一的,不得作为定案的根据:(1)询问证人没有个别进行的;(2)书面证言没有经证人核对确认的;(3)询问聋、哑人,应当提供通晓聋、哑手势的人员而未提供的;(4)询问不通晓当地通用语言、文字的证人,应当提供翻译人员而未提供的。

证人证言的收集程序、方式有下列瑕疵,经补正或者作出合理解释的,可以采用;不能补正或者作出合理解释的,不得作为定案的根据:(1)询问笔录没有填写询问人、记录人、法定代理人姓名以及询问的起止时间、地点的;(2)询问地点不符合规定的;(3)询问笔录没有记录告知证人有关作证的权利义务和法律责任的;(4)询问笔录反映出在同一时段,同一询问人员询问不同证人的。

3. 对被调查人供述和辩解的审查与认定

对被调查人供述和辩解应当着重审查以下内容:(1)讯问的时间、地点,讯问人的身份、人数以及讯问方式等是否符合法律、有关规定;(2)讯问笔录的制作、修改是否符合法律、有关规定,是否注明讯问的具体起止时间和地点,首次讯问时是否告知被调查人相关权利和法律规定,被调查人是否核对确认;(3)被调查人的供述有无以刑讯逼供等非法方法收集的情形;(4)被调查人的供述是否前后一致,有无反复以及出现反复的原因;(5)被调查人的辩解内容是否符合案情和常理,有无矛盾;(6)被调查人的供述和辩解与同案被调查人的供述和辩解以及其他证据能否相互印证,有无矛盾。必要时,可以调取讯问过程的录音录像进行审查。

被调查人供述具有下列情形之一的,不得作为定案的根据:(1)讯问笔录没有经被调查人核对确认的;(2)讯问聋、哑人,应当提供通晓聋、哑手势的人员而未提供的;(3)讯问不通晓当地通用语言、文字的被调查人,应当提供翻译人员而未提供的。

讯问笔录有下列瑕疵,经补正或者作出合理解释的,可以采用;不能补正或者作出合理解释的，不得作为定案的根据：(1)讯问笔录填写的讯问时间、讯问人、记录人等有误或者存在矛盾的；(2)讯问人没有签名的；(3)首次讯问笔录没有记录告知被讯问人相关权利和法律规定的。

4. 对鉴定意见的审查与认定

对鉴定意见应当着重审查以下内容：(1)鉴定机构和鉴定人是否具有法定资质；(2)鉴定人是否存在应当回避的情形；(3)检材的来源、取得、保管、送检是否符合法律、有关规定，与相关提取笔录、扣押物品清单等记载的内容是否相符，检材是否充足、可靠；(4)鉴定意见的形式要件是否完备，是否注明提起鉴定的事由、鉴定委托人、鉴定机构、鉴定要求、鉴定过程、鉴定方法、鉴定日期等相关内容，是否由鉴定机构加盖司法鉴定专用章并由鉴定人签名、盖章；(5)鉴定程序是否符合法律、有关规定；(6)鉴定的过程和方法是否符合相关专业的规范要求；(7)鉴定意见是否明确；(8)鉴定意见与案件待证事实有无关联；(9)鉴定意见与勘验、检查笔录及相关照片等其他证据是否矛盾；(10)鉴定意见是否依法及时告知相关人员，当事人对鉴定意见有无异议。

鉴定意见具有下列情形之一的，不得作为定案的根据：(1)鉴定机构不具备法定资质，或者鉴定事项超出该鉴定机构业务范围、技术条件的；(2)鉴定人不具备法定资质，不具有相关专业技术或者职称，或者违反回避规定的；(3)送检材料、样本来源不明，或者因污染不具备鉴定条件的；(4)鉴定对象与送检材料、样本不一致的；(5)鉴定程序违反规定的；(6)鉴定过程和方法不符合相关专业的规范要求的；(7)鉴定文书缺少签名、盖章的；(8)鉴定意见与案件待证事实没有关联的；(9)违反有关规定的其他情形。

5. 对勘验、检查笔录的审查与认定

对勘验、检查笔录应当着重审查以下内容：(1)勘验、检查是否依法进行，笔录的制作是否符合法律、有关规定，勘验、检查人员和见证人是否签名或者盖章。(2)勘验、检查笔录是否记录了提起勘验、检查的事由，勘验、检查的时间、地点，在场人员、现场方位、周围环境等，现场的物品、人身、尸体等的位置、特征等情况，以及勘验、检查、搜查的过程；文字记录与实物或者绘图、照片、录像是否相符；现场、物品、痕迹等是否伪造、有无破坏；人身特征、伤害情况、生理状态有无伪装或者变化等。(3)补充进行勘验、检查的，是否说明了再次勘验、检查的理由，前后勘验、检查的情况是否矛盾。

勘验、检查笔录存在明显不符合法律、有关规定的情形，不能作出合理解释或者说明的，不得作为定案的根据。

6. 对视听资料、电子数据的审查与认定

对视听资料应当着重审查以下内容：(1)是否附有提取过程的说明，来源是否合法。(2)是否为原件，有无复制及复制份数。是复制件的，是否附有无法调取原件的原因、复制件制作过程和原件存放地点的说明，制作人、原视听资料持有人是否签名或者盖章。(3)制作过程中是否存在威胁、引诱当事人等违反法律、有关规定的情形。(4)是否写明制作人、持有人的身份，制作的时间、地点、条件和方法。(5)内容和制作过程是否真实，有无剪辑、增加、删改等情形。(6)内容与案件事实有无关联。对视听资料有疑问的，应当进行鉴定。

对电子邮件、电子数据交换、网上聊天记录、博客、微博客、手机短信、电子签名、域名等电子数据，应当着重审查以下内容：(1)是否随原始存储介质移送；在原始存储介质无法封存、不便移动或者依法应当由有关部门保管、处理、返还时，提取、复制电子数据是否由二人以上进行，是否足以保证电子数据的完整性，有无提取、复制过程及原始存储介质存放地点的文字说明和签名。(2)收集程序、方式是否符合法律及有关技术规范；经勘验、检查、搜查等调查活动收集的电子数据，是否附有笔录、清单，并经调查人员、电子数据持有人、见证人签名；没有持有人签名的，是否注明原因；远程调取境外或者异地的电子数据的，是否注明相关情况；对电子数据的规格、类别、文件格式等注明是否清楚。(3)电子数据内容是否真实，有无删除、修改、增加等情形。(4)电子数据与案件事实有无关联。(5)与案件事实有关联的电子数据是否全面收集。对电子数据有疑问的，应当进行鉴定或者检验。

视听资料、电子数据具有下列情形之一的，不得作为定案的根据：(1)经审查无法确定真伪的；(2)制作、取得的时间、地点、方式等有疑问，不能提供必要证明或者作出合理解释的。

四、监察证据的运用

运用是指根据事物的特性加以利用，[7] 监察证据的运用就是关于如何利

---

〔7〕 中国社会科学院语言研究所词典编辑室：《现代汉语词典》(第6版)，商务印书馆2012年版，第1613页。

用证据证明监察案件待证事实的行为。监察法规定,监察证据的运用应当与刑事审判关于证据的要求和标准相一致。因此,我们要结合《刑事诉讼法》及其司法解释规定来认识监察证据的运用问题。

(一)监察案件中应当运用证据证明的待证事实

应当运用证据证明的待证事实也称为证明对象,一般是指何人、何事、何时、何地、何种动机、何目的、造成何种结果等“七何”情况。在《刑事诉讼法》的规定中,应当运用证据证明的案件事实包括:(1)被告人、被害人的身份;(2)被指控的犯罪是否存在;(3)被指控的犯罪是否为被告人所实施;(4)被告人有无刑事责任能力,有无罪过,实施犯罪的动机、目的;(5)实施犯罪的时间、地点、手段、后果以及案件起因等;(6)被告人在共同犯罪中的地位、作用;(7)被告人有无从重、从轻、减轻、免除处罚情节;(8)有关附带民事诉讼、涉案财物处理的事实;(9)有关管辖、回避、延期审理等的程序事实;(10)与定罪量刑有关的其他事实。

根据监察证据的运用应当与刑事审判关于证据的要求和标准相一致的原则,监察案件中应当运用证据证明的待证事实应当包括以下方面:(1)被调查人的身份;(2)违法犯罪事实是否存在;(3)违法犯罪事实是否为被调查人所为;(4)被调查人实施违法犯罪行为的动机、目的;(5)实施违法犯罪的时间、地点、手段、后果以及案件起因等;(6)共同实施违法犯罪案件中各被调查人的地位、作用;(7)被调查人有无从重、从轻、减轻、免除处罚情节;(8)其他需要证明的事实。

(二)监察证据的运用方法

1. 直接证据的运用方法

直接证据的证明内容涵盖了违法犯罪事实是否发生、是否由被调查人所为这一案件主要事实,因此,只要能判断直接证据真实与否就基本可以定案了,而不必像运用间接证据那样需要一系列的逻辑推演。运用直接证据认定案件事实的前提是要判断直接证据是否真实、合法,因此在运用时要遵循以下规则:(1)采用刑讯逼供和以威胁、引诱、欺骗以及其他非法方法收集的证据不能用来认定案件事实。(2)孤证不能定案。即只有一个直接证据,而没有间接证据印证的情况下,不能据以认定案件事实。直接证据必须得到间接证据的印证,才能认定案件事实。

2. 间接证据的运用方法

在监察案件中,如果无法取得直接证据,就只能依靠间接证据认定案件事实。由于间接证据只能证明案件的某个环节或某部分事实,因此,对于仅有间接证据的案件,要认定案件事实就要复杂得多。在刑事诉讼中,没有直接证据,仅运用间接证据认定被告人有罪需符合以下条件:(1)证据已经查证属实;(2)证据之间相互印证不存在无法排除的矛盾和无法解释的疑问;(3)全案证据已经形成完整的证明体系;(4)根据证据认定案件事实足以排除合理怀疑,结论具有唯一性;(5)运用证据进行的推理符合逻辑和经验。据此,监察案件仅有间接证据时,认定案件事实也要符合以上条件。

(三)运用监察证据认定案件事实的证明标准

监察法第四十条第一款规定:“监察机关对职务违法和职务犯罪案件,应当进行调查,收集被调查人有无违法犯罪以及情节轻重的证据,查明违法犯罪事实,形成相互印证、完整稳定的证据链。”这对监察案件查明违法犯罪事实的证据标准提出了较高的要求。《刑事诉讼法》第五十五条规定:“对一切案件的判处都要重证据,重调查研究,不轻信口供。只有被告人供述,没有其他证据的,不能认定被告人有罪和处以刑罚;没有被告人供述,证据确实、充分的,可以认定被告人有罪和处以刑罚。证据确实、充分,应当符合以下条件:(一)定罪量刑的事实都有证据证明;(二)据以定案的证据均经法定程序查证属实;(三)综合全案证据,对所认定事实已排除合理怀疑。”可见,刑事诉讼证明标准的要求更高,不仅要求“证据确实、充分”,而且还要求“已排除合理怀疑”。基于监察法规定监察证据的运用应当与刑事审判关于证据的要求和标准相一致的原则,刑事诉讼证明标准也应适用于监察案件事实的认定中。也就是说,在认定监察案件事实时,查明违法犯罪事实所收集的证据要达到确实、充分的程度,应当形成相互印证、完整稳定的证据链,综合全案证据,对所认定事实已排除合理怀疑。

(四)非法证据排除规则在监察案件中的运用

监察法第三十三条第三款规定:“以非法方法收集的证据应当依法予以排除,不得作为案件处置的依据。”该规定确立了监察制度中的非法证据排除规则。非法证据排除规则在监察制度中的确立,有利于促使监察机关严肃执法,有效防止监察工作人员非法取证行为,保证言词证据的自愿性,从而提高违法犯罪事实认定的准确性,减少冤假错案的发生。以非法方法收集证据,主要是指以刑讯逼供,或者以威胁、引诱、欺骗等非法方法来获取证据。“刑讯逼供”,是指采用肉刑或者变相肉刑,或者采取其他使当事人在肉体或精神上遭受痛苦的方法,迫使当事人违背意愿供述的行为,如殴打、电击、禁止睡眠、饿、冻、烤等虐待方法;“威胁、引诱、欺骗”等非法方法获取证据,是指通过采取暴力、恐吓等非法手段威胁当事人或者通过许诺某种好处引诱、欺骗当事人的方式获取证据。以刑讯逼供、威胁、引诱、欺骗等非法方式取得的证据,虚假的可能性非常大,应当予以排除,不能作为监察案件中认定违法犯罪的证据。监察法没有对非法证据排除规则的具体适用问题进行规定,是否能完全按照刑事诉讼的非法证据排除规则进行适用,存在理论和实践的障碍。因此,有待于立法进一步明确非法证据排除规则在监察案件中的具体运用问题。

思考题

1. 试述监察证据的概念和特征。
2. 对监察证据进行审查的一般规则有哪些?
3. 如何审查认定监察证据中的鉴定意见?
4. 试述监察证据的运用方法。

第七章 监 察 程 序

第一节 监察程序概述

核心法条

《中华人民共和国监察法》第三条

各级监察委员会是行使国家监察职能的专责机关，依照本法对所有行使公权力的公职人员（以下称公职人员）进行监察，调查职务违法和职务犯罪，开展廉政建设和反腐败工作，维护宪法和法律的尊严。

一、监察程序的概念和特征

何为程序？所谓程序就是指人们进行法律行为时必须遵循的时限、时序以及法定的方式、方法和手续。监察程序属于一种法律程序，是由监察法规定的一种程序，它是指监察法规定的监察机关在履行监察职责、办理监察案件时必须遵循的法定时限、时序及法定的方式、方法和手续。在现代法治社会，程序的价值越来越受重视，监察机关办理案件时，也必须高度重视程序的价值，必须严格按照监察程序实施自己的监察行为。监察程序的规定要求监察机关不得违反法定程序实施监察行为，办理监察案件。监察程序具有以下法律特征：

1. 监察程序是一种法律程序。监察法第五章专门规定了监察程序，以规范监察机关的监察行为。这种由监察法专门规定的程序具有明确的法律意义，是一种法律程序。

2. 监察程序是一种规范监察机关实施监察行为的基本范式。在现代法治社会,程序的价值越来越被重视,监察机关办理监察案件,必须遵守法律规定的程序,按法定程序实施自己的监察行为。凡是违反监察程序的规定实施监察行为,都要承担相应的程序性法律后果。

3. 监察程序是一种具有强制执行效力的程序。法律一经生效,就具有强制执行效力。监察程序由监察法作出规定,在监察法已经生效的情况下,当然具有强制执行的效力。监察机关必须严格按照监察程序的规定实施自己的监察行为,不得违反监察程序的强制性效力。

二、监察程序的价值

监察法之所以要专章规定监察程序,这是与监察程序本身的价值分不开的。价值的根源在于主体的需要,在本质上是客体得以满足主体之需要的内在属性。监察程序的价值在本质上就是这种程序满足监察机关办理案件的需要,其具体价值表现为内在价值、外在价值、经济效益价值。

(一)监察程序的内在价值

监察程序的内在价值是其最根本的价值,是这种程序本身所具有的优秀品质,也就是程序的正义性。它是监察程序本身所具有、独立于外在目的的善的品质。监察程序内在的善或者优秀品质就在于它本身的正义性。这种善是为了实现过程的正义,保证监察机关办理案件的过程中坚持程序正义,通过程序正义实现实体正义。

(二)监察程序的外在价值

监察程序的外在价值也就是它的工具价值,是监察程序在实现监察案件实体处理方面的效用,是作为一种手段的善。监察机关办理监察案件,实施监察行为,必须查明案件事实,根据案件事实对案件作出结果公正的实体处理。而要实现这个目的,就必须严格依照法律规定的监察程序来进行各种监察行为。监察程序是实现监察案件实体处理公正的基本保障。没有具体的监察程序,监察活动无从实施。监察机关违反监察程序实施监察行为,必然不能得到公正的实体处理结果。所以,监察程序的外在价值就是为实现监察实体处理结果的公正服务的,其具有工具性。

（三）监察程序的经济效益价值

监察程序的经济效益价值就是监察程序能够以最少的监察成本的投入，获得最大的监察效果。为了实现监察程序的效益价值，立法者在设计监察程序时就已经充分考虑监察成本的节约和监察效益的扩大。有了监察程序的规范，可以使监察机关在办理监察案件时少走弯路，可以保障被监察者的正当权益，这本身就是一种监察成本的降低，本身就是一种监察效益。

第二节 监察立案

核心法条

《中华人民共和国监察法》第三十九条

经过初步核实，对监察对象涉嫌职务违法犯罪，需要追究法律责任的，监察机关应当按照规定的权限和程序办理立案手续。

监察机关主要负责人依法批准立案后，应当主持召开专题会议，研究确定调查方案，决定需要采取的调查措施。

立案调查决定应当向被调查人宣布，并通报相关组织。涉嫌严重职务违法或者职务犯罪的，应当通知被调查人家属，并向社会公开发布。

一、监察机关对报案、举报的接受和处理

监察法第三十五条规定："监察机关对于报案或者举报，应当接受并按照有关规定处理。对于不属于本机关管辖的，应当移送主管机关处理。"该条规定明确了监察机关对报案、举报的接受和处理问题。在监察实践中，报案和举报是监察立案的重要线索和材料来源，是监察机关发现和查处职务违法犯罪行为的重要渠道。

（一）监察机关对报案、举报的接受

根据监察法的上述规定，接受报案和举报是监察机关的应尽义务。监察机关对于报案和举报都应当接受。所谓报案，是指有关单位或者个人将发现

的职务违法犯罪事实向监察机关予以报告的行为。报案是有关单位和个人同职务违法犯罪行为作斗争的重要权利，可以为监察立案提供重要的线索来源。举报是指有关单位和个人向监察机关检举、揭发职务违法犯罪事实或者嫌疑人线索的行为。举报是我国宪法和法律赋予公民对国家机关和国家机关工作人员进行监督的一项民主权利。上述法条对有关单位和个人的报案和举报，没有限制应当向哪级监察机关报案和举报，只要发现有职务违法犯罪事实或者线索，有关单位和个人可以向任何层级的监察机关报案和举报。对有关单位和个人就职务违法犯罪的报案和举报，监察机关都应当及时接受。

（二）监察机关对办案、举报的处理

监察机关对于有关机关的报案和举报，不论是否属于自己管辖，都应当先行接受下来。对于属于自己管辖的报案和举报，监察机关应当按照有关规定进行处理。对于不属于自己管辖的报案和举报，如果属于监察事项，监察机关应当移送有管辖权的监察机关处理；如果不属于监察事项，应当移送相应的主管机关处理。

二、监察机关对监察对象的问题线索的处置

监察法第三十六条第一款规定："监察机关应当严格按照程序开展工作，建立问题线索处置、调查、审理各部门相互协调、相互制约的工作机制。"这一规定表明，监察机关开展监察工作，必须严格按照监察法规定的监察程序进行，对于有关监察对象的问题线索，应当及时加以处置。

监察法第三十八条规定："需要采取初步核实方式处置问题线索的，监察机关应当依法履行审批程序，成立核查组。初步核实工作结束后，核查组应当撰写初步核实情况报告，提出处理建议。承办部门应当提出分类处理意见。初步核实情况报告和分类处理意见报监察机关主要负责人审批。"对于有关的问题线索，监察机关认为需要采取初步核实方式进行处置的，应当依法履行审批程序，成立核查组。所谓初步核实，是指监察机关对相关涉及职务违法犯罪的问题线索，进行初步了解和核实的活动。初步核实是监察机关调查工作的重要环节，是监察立案的前置工作。通过初步核实工作，可以确定是否有进行监察立案的必要，有必要的才予以监察立案，没有必要的就不进行监察立

案。初步核实的工作机构是依审批程序成立的核查组,核查组负责问题线索的初步核查。对于核查组的人数,监察法没有作出明确规定,我们认为应当由三人及其以上组成核查组,一般问题线索的核查可以由三人组成核查组,对于案情复杂、性质严重、工作量大的问题线索,可以适当增加核查组的组成人数。初步核实的主要任务就是了解核实问题线索所反映的问题是否存在,是否需要对监察对象进行立案监察。初步核实工作结束后,核查组应当写出初步核实情况报告,列明被核查人的基本情况、问题线索反映的主要问题、办理依据及初步核查结果。在核查报告中,核查组需要根据初步核查情况,提出相关的处理建议。具体的承办部门应当提出分类处理意见。核查组的初步核实情况报告和承办部门的分类处理意见,都要报监察机关主要负责人进行审批。

三、监察立案的概念和特征

监察立案,是指监察机关对报案、举报等监察线索经过初步核实后,认为监察对象涉嫌职务违法犯罪,需要追究法律责任,决定对监察对象予以监察调查的活动。

监察立案是监察程序正式开始的标志,是监察案件必经的法定过程。只有经过监察立案,监察调查和处理才有法律依据。监察立案具有以下特点:

1. 监察立案是监察程序的开始。前述初步核实活动并不是监察程序的开始,它是为监察立案做准备和打基础的过程。监察立案是监察程序的正式开始。经过初步核实,才能决定是否进行监察立案。只有初步核实后,符合监察立案条件的才能进行监察立案,否则,就应当不予立案。

2. 监察立案是监察程序中的独立阶段。监察立案不仅仅是监察程序的开始,而且是监察活动过程中的一个独立阶段。监察立案不隶属于其他任何监察阶段而独立存在。监察立案是监察程序的必经程序和必经阶段,未经监察立案,监察案件不能进入下一个阶段。只有监察立案后,监察程序的后续阶段才能依次进行。

四、监察立案的条件和程序

监察机关进行监察立案,必须符合法定的条件,并按照法定的程序进行。我国监察法明确规定了监察立案的条件和程序。

（一）监察立案的条件

监察立案的条件是指进入监察程序，确定监察案件成立必须具备的法定要件，也就是进行监察立案的理由和根据。监察法第三十九条第一款规定："经过初步核实，对监察对象涉嫌职务违法犯罪，需要追究法律责任的，监察机关应当按照规定的权限和程序办理立案手续。"该规定明确了监察立案的条件。根据该规定，监察立案的条件如下：

1. 监察对象涉嫌职务违法犯罪，具有职务违法犯罪的事实。监察机关经过初步核实，发现监察对象涉嫌职务违法犯罪，而且职务违法犯罪事实确实存在。但这里的职务违法犯罪事实，并不是指全部的职务违法犯罪事实，而是指经初步核实程序查明的部分职务违法犯罪事实。只要具有部分职务违法犯罪事实，就可以先行立案。至于全部职务违法犯罪事实，则必须经过监察调查之后才能查清。

2. 监察对象涉嫌的职务违法犯罪，依法需要追究法律责任。监察对象具有了职务违法犯罪事实，只是监察立案的必要条件之一，并不是所有的职务违法犯罪都需要立案查处。是否应当进行监察立案，还必须具备需要追究法律责任的条件。如果情节显著轻微，不需要追究法律责任，则不应当进行监察立案。是否需要追究法律责任，要根据有关法律法规的规定来加以确认。

3. 严格按照规定的权限和程序办理。对监察对象是否应当进行监察立案，除了具备上两个条件之外，还必须严格按照法律规定的监察权限和程序办理。一方面，进行监察立案的监察机关必须具备对监察对象进行监察立案的权限，否则不得对监察对象进行监察立案；另一方面，有权对监察对象进行立案的监察机关，必须严格按照法定的程序办理监察手续。

（二）监察立案的程序

监察立案的程序，是指监察机关对监察对象进行监察立案必须遵循的法定手续和方式、方法。监察法第三十九条第二款规定："监察机关主要负责人依法批准立案后，应当主持召开专题会议，研究确定调查方案，决定需要采取的调查措施。"第三款规定："立案调查决定应当向被调查人宣布，并通报相关组织。涉嫌严重职务违法或者职务犯罪的，应当通知被调查人家属，并向社会公开发布。"这两款的规定明确了监察立案的具体程序：

1. 监察立案,必须经监察机关主要负责人依法批准。监察机关的主要负责人可以是监察机关的正职负责人,也可以是主管监察立案工作的副职负责人。监察机关主要负责人依法批准是监察立案的必经程序,没有监察机关主要负责人的批准就不能进行监察立案。

2. 监察机关主要负责人依法批准后,应当主持召开专题会议,研究确立调查方案,决定需要采取的调查措施。专题会议是指在监察机关主要负责人的主持下,就监察对象存在的职务违法犯罪进行监察立案后,专门就监察对象的问题召开会议。会议的主要内容就是研究调查方案,决定需要采取的调查措施。调查方案就是如何对监察对象展开监察调查,设计应当查明的职务违法犯罪问题、调查的步骤和方法。在确定调查方案后,还要决定对监察对象实施监察法规定的哪些调查措施。我国监察法明确规定了监察调查措施的种类,对监察对象决定采取的调查措施不能超出监察法规定的范围。

3. 向监察对象宣布立案调查决定并及时通知有关单位和个人。监察机关作出立案调查决定后,应当向被调查人宣布,让被调查人知悉自己已被监察机关立案调查,以保证被调查人的知情权。同时,还应当通报相关组织。相关组织应该包括被调查人所在单位和其他相关组织。对于涉嫌严重职务违法或者职务犯罪的案件,还应当通知被调查人的家属,以保证被调查人家属的知情权。此外,对于涉嫌严重职务违法或者职务犯罪的案件还应向社会公开发布。这既是监察机关接受社会监督的一种方式,也是加强反腐败斗争宣传、形成持续震慑的一种手段。

第三节　监察调查

核心法条

《中华人民共和国监察法》第四十一条

调查人员采取讯问、询问、留置、搜查、调取、查封、扣押、勘验检查等调查措施,均应当依照规定出示证件,出具书面通知,由二人以上进行,形成笔录、报告等书面材料,并由相关人员签名、盖章。

> 调查人员进行讯问以及搜查、查封、扣押等重要取证工作，应当对全过程进行录音录像，留存备查。

一、监察调查的内涵及性质

没有调查就没有发言权。监察机关将某人列为监察对象之后，要确认其实施了职务违法犯罪行为，也必须先进行调查，然后才能得出结论。监察法第四十条第一款规定："监察机关对职务违法和职务犯罪案件，应当进行调查，收集被调查人有无违法犯罪以及情节轻重的证据，查明违法犯罪事实，形成相互印证、完整稳定的证据链。"该款规定是监察机关行使监察调查权的法律依据。那么，什么是监察调查呢？其性质如何？它与刑事侦查有什么联系区别？这些都是我们应该搞明白的问题。

所谓监察调查，是指监察机关在初步核实监察对象涉嫌职务违法犯罪后，依法收集证据，以证明监察对象有无违法犯罪行为以及情节轻重，从而查明违法犯罪事实的活动。

（一）监察调查主体的法定性

国家监察机关在性质上既不是行政机关，也不是司法机关，而是代表党和国家行使监察权的专门机关。监察调查属于行使监察权的表现。只有国家监察机关才有权行使监察调查权。监察调查权是监察机关专属的权力，其他任何机关、单位和个人都无权行使。因此，监察调查的主体具有明显的法定性。

（二）监察调查内容的特定性

监察调查是对涉嫌职务违法犯罪的监察对象展开调查，这种调查是以初步核实监察对象存在职务违法犯罪嫌疑为基础的，在此基础上，通过依法收集证据，来证明监察对象是否具有职务违法犯罪行为，以及违法犯罪情节轻重等问题。监察调查的内容，要围绕这个中心来进行。

（三）监察调查性质的独特性

在法律性质上，监察调查并非刑事侦查。它在本质上就是监察机关依法行使监察调查权，是一种独立的调查权。"监察机关行使的调查权不同于刑事侦查权，监察机关调查职务违法和职务犯罪适用监察法，案件移送检察机关后适用刑事诉讼法。"[1] 监察机关对职务犯罪行为的调查在表面上看类似于刑事侦查,但它与刑事侦查是不同的。首先,法源不同。国家监察机关对职务犯罪的调查权来自国家监察法的授权,而刑事侦查机关对刑事案件的侦查权则来自刑事诉讼法的授权,必须严格依照刑事诉讼法的规定展开刑事侦查。其次,对象不同。监察调查的对象是涉嫌职务违法犯罪的人,调查的对象既有职务违法,也有职务犯罪。而刑事侦查的对象则限于刑事犯罪。最后,主体不同。监察调查的主体只能是监察机关,而刑事侦查的主体则比较广泛,有公安机关、国家安全机关、人民检察院、军队的保卫部门和监狱等。

监察调查基于监察委员会依法享有的监察调查权。监察调查的性质取决于监察调查权的性质。关于监察调查权的性质,有学者认为,监察委员会除了主要通过留置措施限制人身自由外,监察委员会的调查权与刑事侦查权具有相似的形式和后果。再加上原检察机关的职务犯罪侦查人员几乎都实现了向监察委员会调查人员的"转隶",原属于检察机关的职务犯罪侦查权也转变成监察委员会的调查权,因此,一般人有正当理由相信监察委员会的调查权具有侦查权的性质和效力。[2] 有学者认为,在监察体制改革完成之后,监察委员会的调查同时具有党纪调查、政纪调查和刑事调查的性质。[3] 陈瑞华教授对此持赞成态度,并对党纪调查、政纪调查和刑事调查作了充分论证。[4] 我们认为,这种定性是符合监察调查权的实际的,因此,监察调查权是一种综合的独立的调查权,监察调查也是一项综合的独立的调查活动。

二、监察调查的基本要求

监察机关对涉嫌职务违法犯罪的监察对象展开监察调查,必须严格按照监察法的规定进行。监察法对监察调查提出了基本的要求。监察机关进行监察调查必须按照这些基本要求进行。监察法第四十条规定:"监察机关对职

---

〔1〕 卞建林:《监察机关办案程序初探》,载《法律科学》2017 年第 6 期。

〔2〕 秦前红、石泽华:《监察委员会调查活动性质研究——以山西省第一案为研究对象》,载《学术界》2017 年第 6 期。

〔3〕 左卫民、安琪:《监察委员会调查权:性质、行使与规制的审思》,载《武汉大学学报》(哲学社会科学版)2018 年第 1 期。

〔4〕 参见陈瑞华:《论监察委员会的调查权》,载《中国人民大学学报》2018 年第 4 期。

务违法和职务犯罪案件，应当进行调查，收集被调查人有无违法犯罪以及情节轻重的证据，查明违法犯罪事实，形成相互印证、完整稳定的证据链。严禁以威胁、引诱、欺骗及其他非法方式收集证据，严禁侮辱、打骂、虐待、体罚或者变相体罚被调查人和涉案人员。”监察法第四十二条规定：“调查人员应当严格执行调查方案，不得随意扩大调查范围、变更调查对象和事项。对调查过程中的重要事项，应当集体研究后按程序请示报告。”这些规定就是对监察机关进行监察调查的最基本的要求。

（一）必须依法全面收集证据

依法全面收集证据，是指监察机关在进行监察调查时，必须严格按照法定程序，既收集不利于被调查人的证据，也收集有利于被调查人的证据。也就是要求监察机关全面收集被调查人有无违法犯罪以及情节轻重的各种证据。通过收集证据，查明违法犯罪事实，形成相互印证、完整稳定的证据链。全面收集证据是对监察调查的基本要求，监察机关不能只收集不利于被调查人的证据，而忽视对被调查人有利的证据。

（二）严禁以非法方式收集证据

监察机关收集监察对象涉嫌职务违法犯罪的证据，必须严格遵守法律规定，不能采取非法的方式收集证据。所以监察法第四十条第二款明确规定“严禁以威胁、引诱、欺骗及其他非法方式收集证据，严禁侮辱、打骂、虐待、体罚或者变相体罚被调查人和涉案人员。”该款规定有两个方面的要求：其一，严禁以威胁、引诱、欺骗及其他非法方式收集证据。监察机关在进行监察调查时，不能采取威胁、引诱、欺骗的方法收集证据，威胁、引诱和欺骗，都属于非法方法，都是被严禁使用的。此外，也不得采用其他非法方法收集证据。所谓其他方法就是类似于威胁、引诱、欺骗的方法，或者违法性更严重的方法，比如刑讯逼供的方法。其二，严禁侮辱、打骂、虐待、体罚或者变相体罚被调查人和涉案人员。尊重和保障人权是我国宪法规定一项原则，它是民主政治的基本要求，是社会法治文明的重要标志。在监察调查中，被调查人和涉案人员都依法享有宪法规定的基本人权。监察机关在监察调查中，不得侵犯被调查人和涉案人员的人权。如果监察机关在监察调查中对被调查人和涉案人员进行侮辱、打骂、虐待、体罚或者变相体罚，都是对其人权的粗暴侵犯，是被监察法严厉禁止的。这就要求监察机关文明调查,文明对待被调查人和涉案人员。

(三)严格执行调查方案

监察机关进行监察调查,事先必须制定好调查方案。调查方案是由监察机关主要负责人主持召开专题会议研究确定的,是对监察调查工作的总设计、总安排,是进行监察调查的具体计划和部署。监察调查人员必须严格执行调查方案,不得随意扩大调查范围,变更调查对象和事项。监察调查的范围,监察调查的对象及相关事项,都由调查方案来加以确定,监察调查人员不得违反调查方案进行监察调查活动。对于调查中的重要事项,还应当集体研究后按程序请示报告。

三、监察调查的程序

监察机关进行监察调查,依法可以采取监察法规定的各种调查措施,包括讯问、询问、留置、搜查、调取、查封、扣押、勘验检查等。但采取这些措施必须严格按照法定程序进行。监察法第四十一条规定:"调查人员采取讯问、询问、留置、搜查、调取、查封、扣押、勘验检查等调查措施,均应当依照规定出示证件,出具书面通知,由二人以上进行,形成笔录、报告等书面材料,并由相关人员签名、盖章。调查人员进行讯问以及搜查、查封、扣押等重要取证工作,应当对全过程进行录音录像,留存备查。"该规定明确了监察机关采取法定的调查措施时必须遵守的程序性规定:

1. 不管采取何种监察调查措施,都必须依照规定出示证件。出示证件的目的在于证明监察调查人员的真实身份,以便有关单位和个人积极配合调查工作,有利于监察调查工作的顺利进行。

2. 出具书面通知。书面通知是监察机关采取监察调查措施的重要法律文书,是指盖有监察机关的公章,明确了监察调查措施种类的通知性法律文书。书面通知应当向有关单位和个人出具,以证明监察调查人员采取的调查措施已经监察机关合法授权。没有出具书面通知的,有关单位和个人有权拒绝配合。

3. 监察调查措施的采取,必须由二人以上进行。监察机关采取有关监察调查措施,监察调查人员不得少于二人。之所以这样规定,主要是因为有利于集思广益收集各种证据，并且加强监察调查人员之间的互相配合、互相监督，防止个别监察调查人员徇私舞弊或者发生非法收集证据的行为。此外，还有利于防止被调查人诬告监察调查人员对其采取了刑讯逼供和人身侮辱等非法行为。

4. 形成笔录、报告等书面材料，并由相关人员签名、盖章。笔录、报告等书面材料的制作十分重要，它是固定证据的一种重要方法。监察机关采取监察调查措施后，必须对采取措施的过程进行全面记录，形成笔录或者报告。这些笔录和报告，将成为重要的证据。由相关人员在笔录和报告上签名盖章，是对笔录、报告等书面材料的真实性和合法性的认可，是其可以作为证据使用的前提。如果笔录或者报告没有相关人员签名盖章，该笔录和报告就不具有证据效力，不能用来证明案件事实。

5. 全程录音录像。监察法第四十一条第二款规定："调查人员进行讯问以及搜查、查封、扣押等重要取证工作，应当对全过程进行录音录像，留存备查。"全程录音录像就是要对调查人员进行讯问以及搜查、查封、扣押等重要取证工作的整个过程录音并录像。全程录音录像的目的在于留存备查，这是对重要取证工作的规范，有利于促使调查人员严格依法采取调查措施，防止违法取证行为的发生。

第四节 监察调查终结及其处置方式

核心法条

《中华人民共和国监察法》第四十五条

监察机关根据监督、调查结果，依法作出如下处置：

（一）对有职务违法行为但情节较轻的公职人员，按照管理权限，直接或者委托有关机关、人员，进行谈话提醒、批评教育、责令检查，或者予以诫勉；

（二）对违法的公职人员依照法定程序作出警告、记过、记大过、降级、撤职、开除等政务处分决定；

（三）对不履行或者不正确履行职责负有责任的领导人员，按照管理权限对其直接作出问责决定，或者向有权作出问责决定的机关提出问责建议；

（四）对涉嫌职务犯罪的，监察机关经调查认为犯罪事实清楚，证据确实、充分的，制作起诉意见书，连同案卷材料、证据一并移送人民检察院依法审查、提起公诉；

（五）对监察对象所在单位廉政建设和履行职责存在的问题等提出监察建议。

监察机关经调查，对没有证据证明被调查人存在违法犯罪行为的，应当撤销案件，并通知被调查人所在单位。

一、监察调查终结的概念和条件

监察调查终结，是指监察机关对于已经立案的监察案件，经过一系列的监察调查活动，认为被调查人是否存在职务违法犯罪的案件事实已经查清，相关证据已经确实充分，从而决定结束监察调查，并依法对被调查人提出处理意见，作出处理决定的一种监察活动。监察调查终结是监察调查活动的结束，监察机关根据监察调查的事实和证据，依法停止对被调查人的继续调查，并根据监察法的规定，对其作出相应的处理决定。

监察调查终结应当符合一定的条件，在条件具备时才能终结监察调查。

（一）事实已经查清

监察调查的目的就是要查明被调查人是否存在职务违法犯罪行为。只有通过法定程序进行调查，被调查人是否存在职务违法犯罪的事实才能查清。如果相关事实没有查清，监察调查活动就不能结束。所谓是否存在职务违法犯罪的事实已经查清，包括三层含义：其一，被调查人不存在职务违法犯罪行为的事实已经查清。有些被调查人经过监察机关依法监察调查后，没有事实和证据证明其存在职务违法犯罪行为，这时就应该终结监察调查。其二，被调查人存在职务违法行为的事实已经查清。有些被调查人经过监察机关的依法监察调查后，查明了其确实存在职务违法行为，但还不构成犯罪，这时也可以终结监察调查，依法对其职务违法行为进行处置。其三，被调查人职务犯罪行为的事实已经查清。有些被调查人经过监察机关的依法监察调查后，发现其职务违法行为相当严重，达到了职务犯罪的程度，而且有确实充分的证据加以证明，这时也应当终结监察调查，按照法定程序将案件移送人民检察院审查起诉。

(二)证据确实充分

监察机关认定被调查人存在职务违法犯罪的行为，依法需要追究法律责任的，必须由相应的证据来加以证明。监察调查的主要目的就是收集查证这一方面的证据。只有这些证据达到了确实充分的程度才能终结监察调查活动。所谓证据确实充分，是指监察机关收集的证据客观真实，足以证明被调查人存在职务违法犯罪的事实，它是对证据的质和量的综合要求。证据确实需要达到三个条件：其一，认定被调查人存在职务违法或者职务犯罪的事实，都有相应的证据加以证明。其二，据以认定被调查人存在职务违法或者职务犯罪行为的证据均经法定程序查证属实。这就要求监察机关收集的证据必须真实可靠，具有客观性。只有经过查证属实的证据才能作为定案的根据，也才能作为终结监察调查的依据。其三，综合全案证据，监察机关所认定的被调查人职务违法或者职务犯罪的事实已经排除合理怀疑。所谓已经排除合理怀疑，是指监察机关所认定的被调查人职务违法或者职务犯罪的事实客观真实，不存在合理的怀疑。

(三)法律手续完备

监察机关终结监察调查，应当办理相应的法律手续，而且法律手续要符合法律法规的要求，达到完备的程度。对于不存在职务违法或者职务犯罪的被调查人，应当出具相关文件和手续以还被调查人清白；对于已经构成职务违法或者职务犯罪的被调查人，应当按照法律规定作出相应的处置，并完备相关法律文件和手续。

二、监察调查终结后的处置方式

监察调查终结后的处置方式，是指监察机关经过依法监督、调查后，应当对被调查人依法作出何种处置的问题。监察调查的结果不同，处置方式也就不同。监察法第四十五条规定了依据不同情况作出不同处置的方式。该法第四十五条规定："监察机关根据监督、调查结果，依法作出如下处置：(一)对有职务违法行为但情节较轻的公职人员，按照管理权限，直接或者委托有关机关、人员，进行谈话提醒、批评教育、责令检查，或者予以诫勉；(二)对违法的公职人员依照法定程序作出警告、记过、记大过、降级、撤职、开除等政务处分决定；(三)对不履行或者不正确履行职责负有责任的领导人员，按照管理权限对其直接作出问责决定，或者向有权作出问责决定的机关提出问责建议；(四)对涉嫌职务犯罪的，监察机关经调查认为犯罪事实清楚，证据确实、充分的，制作起诉意见书，连同案卷材料、证据一并移送人民检察院依法审查、提起公诉；(五)对监察对象所在单位廉政建设和履行职责存在的问题等提出监察建议。监察机关经调查，对没有证据证明被调查人存在违法犯罪行为的，应当撤销案件，并通知被调查人所在单位。”根据这一规定，监察机关监察调查终结后，对被调查人的处置方式主要有如下种类。

(一)撤销案件

撤销案件，是指监察机关经过监察调查，没有证据证明被调查人存在职务违法或者职务犯罪行为，而依法将案件予以撤销的一种处置决定。对被调查人的监察调查，都是经过了立案程序予以立案的，但经过监察调查，发现原来的立案依据失实，而且调查后发现被调查人根本不存在职务违法或者职务犯罪行为，监察机关就应当作出撤销案件的决定。决定撤销案件的，应当将撤销案件的原因和决定通知被调查人及其所在单位，并在一定范围内澄清事实，还被调查人以清白。如果被调查人被采取了留置措施，在决定撤销案件时，应当立即报告原批准采取留置措施的上级监察机关，及时解除对被调查人的留置，并依法做好善后工作。

(二)按“四种形态”从轻处理

按“四种形态”从轻处理，是指对有职务违法行为但情节较轻的公职人员，依法进行谈话提醒、批评教育、责令检查，或者予以诫勉的处置方式。监察机关经过监察调查，发现被调查人存在职务违法行为，但其情节较轻，就可以根据具体案情，对被调查人作出上述“四种形态”中的一种处置。我们认为，这四种形态的处置方式，也有轻重，是依次由轻到重的处置方式。谈话提醒最轻，批评教育重之，责令检查又重于批评教育，诫勉再重于责令检查。对于谈话提醒、批评教育、责令检查，或者予以诫勉四种处置方式，监察机关应当根据被调查人的一贯表现、职务违法行为的性质和情节的轻重，经综合判断后依法决定采取哪一种形态的处置措施。

（三）给予政务处分

政务处分是指监察机关对违法的公职人员依照法定程序作出的警告、记过、记大过、降级、撤职、开除等处分决定的一种处置方式。2018年4月16日，中央纪委、国家监察委员会联合发布了《公职人员政务处分暂行规定》（以下简称《处分规定》），《处分规定》共23条，自发布之日起执行。《处分规定》制定的目的在于规范监察机关的政务处分工作，促进所有行使公权力的公职人员（以下简称公职人员）依法履职、秉公用权，廉洁从政从业、坚持道德操守。监察机关实施政务处分的依据，主要包括监察法《公务员法》《法官法》《检察官法》《企业国有资产法》《行政机关公务员处分条例》《事业单位人事管理条例》《事业单位工作人员处分暂行规定》《国有企业领导人员廉洁从业若干规定》《农村基层干部廉洁履行职责若干规定（试行）》等。给予公职人员政务处分，应当坚持法律面前一律平等，实事求是、公平公正，做到事实清楚、证据确凿、定性准确、处理恰当、程序合法、手续完备；坚持民主集中制，集体讨论决定；坚持惩前毖后、治病救人方针，与违法行为的性质、情节、危害程度相适应。监察机关对违法的公职人员可以依法作出警告、记过、记大过、降级、撤职、开除等政务处分决定。

对公职人员给予政务处分，由监察机关按照管理权限依法作出决定。有下列情形的，应当履行有关手续：

1. 对经各级人民代表大会及其常务委员会选举或者决定任命的公职人员给予撤职、开除处分的，应当先由人民代表大会及其常务委员会依法罢免、撤销或者免去其职务，再由监察机关依法作出处分决定。

2. 对经中国人民政治协商会议各级委员会全体会议及其常务委员会选举或者决定任命的公职人员给予撤职、开除处分的，应当先由政协全体会议及其常务委员会免去其职务后，再由监察机关依法作出处分决定。

3. 对各级人大代表、政协委员给予政务处分，应当向其所在的人大常委会或者政协常委会通报。

4. 对基层群众性自治组织中从事管理的人员给予责令辞职等处理的，由县级监察机关向其所在的基层群众性自治组织及上级管理单位(机构)提出建议。

(四)问责

问责,是指监察机关对不履行或者不正确履行职责负有责任的领导人员,按照管理权限对其直接作出问责决定,或者向有权作出问责决定的机关提出问责建议的一种处置方式。2016 年 6 月 28 日,中共中央政治局审议通过了《中国共产党问责条例》,该条例是对党员干部进行问责的重要依据。问责这种处置方式分为直接作出问责决定和提出问责建议两种方式。对于不履行或者不正确履行职责负有责任的领导人员,监察机关有权直接作出问责决定的,则按照管理权限直接作出问责决定;如果监察机关无权直接问责的,则向有权作出问责的机关提出问责建议,由接到建议的机关作出问责决定。

(五)移送人民检察院审查起诉

移送人民检察院审查起诉,是指监察机关对监察调查终结的案件,认为被调查人涉嫌职务犯罪,且犯罪事实清楚,证据确实、充分的,依法定程序将其移送人民检察院审查起诉的一种处置方式。移送人民检察院审查起诉必须具备以下条件:第一,被调查人涉嫌职务犯罪。根据监察调查的结果,发现被调查人的行为已经涉嫌职务犯罪,需要追究刑事责任,这是其罪责条件。如果被调查人的行为还没有达到犯罪的程度,就不能移送人民检察院审查起诉。第二,被调查人涉嫌职务犯罪的犯罪事实清楚,证据确实、充分。这是其证据条件。如果没有达到犯罪事实清楚,证据确实、充分的条件,就不能移送人民检察院审查起诉。第三,制作起诉意见书,连同案卷材料、证据一并移送。这是其程序条件。监察机关对于涉嫌职务犯罪的被调查人,认为其行为涉嫌职务犯罪,且犯罪事实清楚,证据确实、充分的,依法应当追究刑事责任的,就应当制作起诉意见书,连同案卷材料、证据一并移送人民检察院审查起诉,由人民检察院决定是否提起公诉。

(六)提出监察建议

监察建议,是指监察机关根据监督、监察调查的结果,针对监察对象所在单位廉政建设和履行职责存在的问题等,向相关单位和人员就其职责范围内的事项提出的具有一定法律效力建议的一种处置方式。监察建议是一种具有一定法律效力的建议，被建议单位和人员必须履行监察建议要求其履行的义务，否则要承担相应的法律责任。

第五节　涉案财物的处理及没收违法所得程序的适用

核心法条

《中华人民共和国监察法》第四十六条

监察机关经调查，对违法取得的财物，依法予以没收、追缴或者责令退赔；对涉嫌犯罪取得的财物，应当随案移送人民检察院。

《中华人民共和国监察法》第四十八条

监察机关在调查贪污贿赂、失职渎职等职务犯罪案件过程中，被调查人逃匿或者死亡，有必要继续调查的，经省级以上监察机关批准，应当继续调查并作出结论。被调查人逃匿，在通缉一年后不能到案，或者死亡的，由监察机关提请人民检察院依照法定程序，向人民法院提出没收违法所得的申请。

一、涉案财物的处理

涉案财物的处理，是指监察机关对于被调查人职务违法犯罪涉及的财物应该如何处置的问题。监察法第四十六条规定："监察机关经调查，对违法取得的财物，依法予以没收、追缴或者责令退赔；对涉嫌犯罪取得的财物，应当随案移送人民检察院。"该规定就是关于规范监察机关处置涉案财物的法律条款。根据规定，监察机关处理涉案财物有以下方式。

（一）没收、追缴或者责令退赔

对被调查人违法取得的财物，监察机关有权依法予以没收、追缴或者责令退赔。这样做的目的就是防止职务违法的公职人员在经济上获得不正当的利益，挽回职务违法行为给国家财产、集体财产和公民个人的合法财产造成的损失。所谓没收，是指监察机关依法将职务违法的公职人员的财物强制收归国有的行为,没收的财产一律全部上缴国库。所谓追缴,是指监察机关将职务违法的公职人员违法取得的财物予以追回的行为,追缴的财物应当退回原所有人或者持有人;依法不应当退回的,依法上缴国库。所谓责令退赔,是指监察机关责令职务违法的公职人员将违法所得的财物予以归还,如果违法所得的财物已经被消耗或者毁损,责令其用与之价值相当的财物予以赔偿的行为。责令退赔的财物应当依法直接退赔给原所有人或者持有人,无法退赔给原所有人或者持有人的,应当依法上缴国库。

(二)随案移送

随案移送,是指监察机关对于被调查人涉嫌犯罪取得的财物,在将被调查人移送人民检察院审查、提起公诉的时候,随案件移送给人民检察院。对随案移送的财物,监察机关应当制作移送登记表。与人民检察院办理交接手续时,应当逐笔核对财物情况,以及相对应的犯罪事实,以便人民检察院顺利开展审查起诉工作。在人民法院依法作出判决后,对于未被认定为犯罪所得的财物,人民检察院应当退回监察机关,由监察机关视案件情况依法作出相应处理。

二、没收违法所得程序的适用

没收违法所得程序的适用,是指监察机关在调查贪污贿赂、失职渎职等职务犯罪案件过程中,对于被调查人逃匿、死亡的案件,如何适用违法所得没收程序的问题。监察法第四十八条规定:"监察机关在调查贪污贿赂、失职渎职等职务犯罪案件过程中,被调查人逃匿或者死亡,有必要继续调查的,经省级以上监察机关批准,应当继续调查并作出结论。被调查人逃匿,在通缉一年后不能到案,或者死亡的,由监察机关提请人民检察院依照法定程序,向人民法院提出没收违法所得的申请。"本条规定明确了监察机关对于被调查人逃匿、死亡的案件,如何启动违法所得没收程序。

(一)违法所得没收程序的启动条件

监察法第四十八条明确规定了违法所得没收程序的启动条件。根据规定,监察机关启动违法所得没收程序,应当符合以下三个条件:

1. 涉嫌贪污贿赂、失职渎职等职务犯罪案件。这就是说,被调查人的行为已经涉嫌贪污贿赂或者失职渎职犯罪,如果被调查人的行为没有达到涉嫌犯罪的程度,不能启动违法所得没收程序。所谓涉嫌贪污贿赂犯罪,是指《刑法》分则第八章规定的国家工作人员贪污贿赂犯罪;所谓涉嫌失职渎职犯罪,是指《刑法》分则第九章规定的国家机关工作人员渎职犯罪。

2. 被调查人逃匿或者死亡。这就是说,监察机关启动违法所得没收程序,必须是被调查人已经逃匿或者死亡的案件。而且被调查人逃匿的,必须是在通缉一年后还不能到案,才能启动违法所得没收程序。所谓逃匿,是指被调查人在实施贪污贿赂犯罪或者失职渎职犯罪后,为逃避法律的制裁而逃跑、隐匿或者躲藏。所谓通缉,是指监察机关通令缉拿应当留置而在逃的被调查人归案的一种调查措施。对逃匿的被调查人启动违法所得没收程序,必须是在监察机关依法通缉一年后还不能到案的情况下,才能启动。

3. 有必要继续调查的,并经省级以上监察机关批准,应当继续调查并作出结论。对被调查人逃匿或者死亡的贪污贿赂、失职渎职犯罪案件,如果要启动违法所得没收程序,必须是该案件有必要继续调查,是否继续调查,应当报请省级以上监察机关批准。经省级以上监察机关批准后,应当继续调查并作出结论。

(二)提请人民检察院向人民法院提出没收违法所得申请

对于涉嫌贪污贿赂、失职渎职犯罪的被调查人逃匿或者死亡的案件,监察机关不能直接向人民法院提出没收违法所得申请。监察机关认为应当启动违法所得没收程序的,应当出具没收违法所得意见书,提请人民检察院按照法定程序,向人民法院提出没收违法所得的申请。《刑事诉讼法》第二百九十八条第一款规定:“对于贪污贿赂犯罪、恐怖活动犯罪等重大犯罪案件,犯罪嫌疑人、被告人逃匿,在通缉一年后不能到案,或者犯罪嫌疑人、被告人死亡,依照刑法规定应当追缴其违法所得及其他涉案财产的,人民检察院可以向人民法院提出没收违法所得的申请。”第三款规定:“没收违法所得的申请应当提供与犯罪事实、违法所得相关的证据材料,并列明财产的种类、数量、所在地及查封、扣押、冻结的情况。”《人民检察院刑事诉讼规则(试行)》第五百二十六条规定:“人民检察院向人民法院提出没收违法所得的申请,应当制作没收违法所得申请书。没收违法所得申请书的主要内容包括:(一)犯罪嫌疑人、被告人的基本情况，包括姓名、性别、出生年月日、出生地、户籍地、身份证号码、民族、文化程度、职业、工作单位及职务、住址等；（二）案由及案件来源；（三）犯罪嫌疑人、被告人的犯罪事实；（四）犯罪嫌疑人、被告人逃匿、被通缉或者死亡的情况；（五）犯罪嫌疑人、被告人的违法所得及其他涉案财产的种类、数量、所在地及查封、扣押、冻结的情况；（六）犯罪嫌疑人、被告人近亲属和其他利害关系人的姓名、住址、联系方式及其要求等情况；（七）提出没收违法所得申请的理由和法律依据。”人民检察院在接到监察机关的没收违法所得的建议后，应当按照《刑事诉讼法》的规定和《人民检察院刑事诉讼规则（试行）》的规定，依法定程序向人民法院提出没收违法所得的申请，由人民法院按照刑事诉讼法规定的“犯罪嫌疑人、被告人逃匿、死亡案件违法所得没收程序”的规定进行审理，并依法作出裁定。

第六节　监察机关移送起诉与人民检察院审查起诉的衔接

核心法条

《中华人民共和国监察法》第四十七条

对监察机关移送的案件，人民检察院依照《中华人民共和国刑事诉讼法》对被调查人采取强制措施。

人民检察院经审查，认为犯罪事实已经查清，证据确实、充分，依法应当追究刑事责任的，应当作出起诉决定。

人民检察院经审查，认为需要补充核实的，应当退回监察机关补充调查，必要时可以自行补充侦查。对于补充调查的案件，应当在一个月内补充调查完毕。补充调查以二次为限。

人民检察院对于有《中华人民共和国刑事诉讼法》规定的不起诉的情形的，经上一级人民检察院批准，依法作出不起诉的决定。监察机关认为不起诉的决定有错误的，可以向上一级人民检察院提请复议。

一、人民检察院对被调查人采取强制措施

监察法第四十七条第一款规定:“对监察机关移送的案件,人民检察院依照《中华人民共和国刑事诉讼法》对被调查人采取强制措施。”自监察机关将被调查人涉嫌职务犯罪的案件移送人民检察院之日起,案件正式进入刑事诉讼阶段。在监察调查期间,监察机关一般会对被调查人采取留置措施。监察调查终结后,监察机关认为被调查人涉嫌职务犯罪,需要依法追究刑事责任的,应将案件连同证据材料一并移送人民检察院审查起诉。此时,案件进入审查起诉阶段。与其他刑事案件不同,监察机关移送起诉的案件,不需要经过刑事诉讼法规定的立案、侦查阶段。这就会涉及如何对监察机关移送的职务犯罪嫌疑人采取强制措施的问题,也会涉及监察留置措施如何向刑事诉讼强制措施的转换问题。

(一)刑事诉讼强制措施的概念和种类

刑事诉讼强制措施,是指公安机关、人民检察院和人民法院为了保证刑事诉讼的顺利进行,依法对犯罪嫌疑人、被告人依法采取的暂时限制或剥夺人身自由的法定强制方法。刑事诉讼强制措施是一种具有强制执行效力的诉讼手段,主要目的是保证刑事诉讼的顺利进行。刑事诉讼强制措施关联着国家权力和个人权利的内在冲突,涉及惩罚犯罪和保障人权的相互关系。我国刑事诉讼法规定的刑事诉讼强制措施有拘传、取保候审、监视居住、拘留和逮捕五种。

(二)人民检察院对监察机关移送的涉嫌职务犯罪的被调查人采取强制措施

人民检察院作为国家司法机关,它有权在刑事诉讼中对犯罪嫌疑人和被告人采取强制措施。监察法第四十七条第一款规定:“对监察机关移送的案件,人民检察院依照《中华人民共和国刑事诉讼法》对被调查人采取强制措施。”在监察调查期间,被调查人一般被采取了留置措施。案件移送到人民检察院之后,就需要对监察留置措施与刑事诉讼强制措施进行衔接。对于监察机关移送的案件,是否需要对被调查人采取刑事诉讼强制措施,人民检察院有权根据刑事诉讼法规定的强制措施的种类和条件来作出决定。

《刑事诉讼法》第一百七十条第二款规定，“对于监察机关移送起诉的已采取留置措施的案件，人民检察院应当对犯罪嫌疑人先行拘留，留置措施自动解除。人民检察院应当在拘留后的十日以内作出是否逮捕、取保候审或者监视居住的决定。在特殊情况下，决定的时间可以延长一日至四日”。这一规定解决了监察留置措施与刑事诉讼强制措施的立法衔接问题。根据规定，凡是监察机关采取过留置措施的案件，人民检察院应当先行拘留，留置措施自动解除。这就是说，先行拘留是人民检察院对监察机关采取过留置措施的案件依法采取刑事诉讼强制措施的前置程序。非经先行拘留，人民检察院不得采取其他强制措施。人民检察院对监察机关采取过留置措施的案件，对被调查人先行拘留后，应当在十日以内作出是否逮捕、取保候审或者监视居住的决定。特殊情况下，先行拘留的时间可以再延长一日至四日。也就是说，人民检察院对被调查人先行拘留的时间最长可以达到十四日。先行拘留期满后，人民检察院根据案件情况，被调查人的犯罪性质和情节，以及刑事诉讼法规定的各种强制措施条件，依法决定对被调查人采取逮捕、取保候审或者监视居住中的哪一种强制措施或者不采取强制措施。

二、人民检察院对监察机关移送案件的审查起诉

对监察机关移送审查起诉的案件，监察法第四十七条第二款规定：“人民检察院经审查，认为犯罪事实已经查清，证据确实、充分，依法应当追究刑事责任的，应当作出起诉决定。”第四款规定：“人民检察院对于有《中华人民共和国刑事诉讼法》规定的不起诉的情形的，经上一级人民检察院批准，依法作出不起诉的决定。监察机关认为不起诉的决定有错误的，可以向上一级人民检察院提请复议。”这是监察法规定的人民检察院对监察机关移送的案件，依法进行审查起诉的法律依据。

人民检察院对监察机关移送的案件审查起诉，是指人民检察院对监察机关监察调查终结的案件，依照刑事诉讼法规定进行审查后，决定是否对被调查人提起公诉的诉讼活动。《刑事诉讼法》第一百六十九条规定：“凡需要提起公诉的案件，一律由人民检察院审查决定。”只有人民检察院有审查起诉的权力。对于监察机关监察调查终结案件，也只能由人民检察院依法进行审查后决定是否提起公诉。对监察机关移送起诉的案件，人民检察院的审查起诉是

连接监察调查和审判的中间环节。审查起诉的主要任务是，对监察调查终结的移送审查起诉的案件材料和证据进行全面审查，确认犯罪事实是否已经查清，证据是否确实、充分，被调查人的行为是否构成犯罪，依法是否应当追究刑事责任。

人民检察院对监察机关移送审查起诉的案件，按照刑事诉讼法规定的程序审查后，依法应当作出两种处理决定：

（一）提起公诉的决定

对监察机关移送审查起诉的案件作出提起公诉的决定，是指人民检察院依法定程序进行审查后，认为被调查人的犯罪事实已经查清，证据确实、充分，依法应当追究刑事责任的，从而作出的提起公诉，将被调查人提交人民法院进行审判的一项处理决定。据此，人民检察院对监察机关移送审查起诉的案件作出起诉的决定应当具备三个条件：第一，犯罪事实已经查清。这是指人民检察院经过审查，认为监察机关移送的被调查人的全部犯罪事实，即犯罪的行为、手段、情节、过程、后果以及犯罪的时间、地点、动机、目的等犯罪主客观方面都已查清。第二，证据确实、充分。这是指对监察机关移送审查起诉的案件，认定被调查人构成犯罪的证据已经达到了确实、充分的程度。所谓证据确实，就是指据以定案的全部证据均经法定程序查证属实，所有的证据材料都具有客观真实性。所谓证据充分，是指所有定罪量刑的事实都有证据证明，据以证明犯罪事实的证据与犯罪构成要件事实之间相互对应，形成了完整的证据锁链。证据确实充分，还要求“综合全案证据，对所认定事实已排除合理怀疑”。所谓排除合理怀疑，就是全案证据与案件事实之间具有客观的内在联系，证据与证据之间的矛盾以及证据与案件事实之间的矛盾都已排除，不存在其他的可能性。第三，依法应当追究刑事责任。这是指根据现有证据和事实，被调查人的行为符合刑法规定的犯罪构成要件，已经构成犯罪，且应当依法追究刑事责任。只有当这三个条件全部具备时，人民检察院才能对被调查人作出提起公诉的决定。

（二）不起诉的决定

监察法第四十七条第四款规定：“人民检察院对于有《中华人民共和国刑事诉讼法》规定的不起诉的情形的，经上一级人民检察院批准，依法作出不起诉的决定。监察机关认为不起诉的决定有错误的，可以向上一级人民检察院提请复议。”这是人民检察院对监察机关移送审查起诉的案件作出不起诉决定的法律依据。

对监察机关移送审查起诉的案件作出不起诉的决定，是指人民检察院对监察机关监察调查终结移送审查起诉的案件，依法定程序进行审查后，认为被调查人没有犯罪事实，或者不符合刑事诉讼法规定的提起公诉的条件，或者不应当追究刑事责任，依法决定终止追诉，从而不将被调查人提交人民法院进行审判的一项处理决定。

对监察机关移送审查起诉的案件作出不起诉的决定，与人民检察院对其他犯罪案件作出不起诉决定的程序有所不同。根据监察法的规定，人民检察院对监察机关移送审查起诉的案件，如果作出不起诉的决定，必须经上一级人民检察院批准。而对其他犯罪案件作出不起诉决定，不需要报经上一级人民检察院批准。未经上一级人民检察院批准，人民检察院对监察机关移送起诉的案件不得径自作出不起诉的决定。报请上一级人民检察院批准，是人民检察院对监察机关移送审查起诉的案件作出不起诉决定的必经程序。

监察机关将监察调查终结的案件移送人民检察院审查起诉，是经过监察机关充分论证，并制作了起诉意见书的。也就是说，监察机关认为被调查人的行为已经构成犯罪，依法应当追究刑事责任。因此，人民检察院如果对监察机关移送审查起诉的案件作出不起诉的决定，监察机关肯定会有异议。监察法也明确规定了监察机关的异议权力。监察机关认为不起诉的决定有错误的，可以向上一级人民检察院提请复议。这里的复议程序，也与人民检察院对其他犯罪案件作出不起诉的复议程序不同。对其他犯罪案件，人民检察院作出不起诉的决定，公安机关有权向作出不起诉决定的人民检察院申请复议，如果意见不被接受，还可以向上一级人民检察院提请复核。但对监察机关移送审查起诉的案件，人民检察院作出了不起诉决定的，监察机关不是向作出不起诉决定的人民检察院申请复议，而是可以直接向上一级人民检察院申请复议。

三、退回补充调查和自行补充侦查

监察法第四十七条第三款规定：“人民检察院经审查，认为需要补充核实的，应当退回监察机关补充调查，必要时可以自行补充侦查。对于补充调查的案件，应当在一个月内补充调查完毕。补充调查以二次为限。”这一规定是对监察机关移送审查起诉的案件退回补充调查和补充侦查的法律依据。

退回补充调查，是指人民检察院对监察机关移送审查起诉的案件，依法定程序审查后认为案件证据还没有达到确实、充分的程度，需要继续补充核实相关材料和证据，从而将案件退回监察机关进行补充调查的一种处理决定。监察机关接到人民检察院退回补充调查的决定后，应当按照人民检察院的要求进行补充调查，案件证据达到确实、充分的程度后，再移送人民检察院审查起诉。对于补充调查的案件，监察机关应当在一个月内补充调查完毕。而且，补充调查的次数不得超过两次。

补充侦查，是指人民检察院对监察机关移送审查起诉的案件，依法定程序审查后认为案件证据还没有达到确实、充分的程度，需要继续补充核实相关材料和证据，从而将案件确定由自己进行补充侦查的一种处理决定。根据刑事诉讼法的规定，人民检察院补充侦查也应在一个月以内补充侦查完毕，补充侦查以两次为限。如果经过两次补充侦查，人民检察院仍然认为证据不足，不符合起诉条件的，就应当依法作出不起诉的决定。

第七节 监察救济

核心法条

《中华人民共和国监察法》第四十九条

监察对象对监察机关作出的涉及本人的处理决定不服的，可以在收到处理决定之日起一个月内，向作出决定的监察机关申请复审，复审机关应当在一个月内作出复审决定；监察对象对复审决定仍不服的，可以在收到复审决定之日起一个月内，向上一级监察机关申请复核，复核机关应当在二个月内作出复核决定。复审、复核期间，不停止原处理决定的执行。复核机关经审查，认定处理决定有错误的，原处理机关应当及时予以纠正。

一、监察救济的概念和意义

监察机关在监察调查终结后,必须对监察对象作出相应的处理决定,采取相应的处置措施。有处理,就必须有救济手段。监察对象在被监察机关处理后,可能会不服监察机关的处理。在这种情况下,必须通过法律规定的救济手段加以救济。监察救济是指监察对象对监察机关作出的涉及本人的处理决定不服时,享有监察法所规定的救济方式和手段的必然权利。监察法第四十九条规定:“监察对象对监察机关作出的涉及本人的处理决定不服的,可以在收到处理决定之日起一个月内,向作出决定的监察机关申请复审,复审机关应当在一个月内作出复审决定;监察对象对复审决定仍不服的,可以在收到复审决定之日起一个月内,向上一级监察机关申请复核,复核机关应当在二个月内作出复核决定。复审、复核期间,不停止原处理决定的执行。复核机关经审查,认定处理决定有错误的,原处理机关应当及时予以纠正。”该规定即是监察救济的法律依据。监察法之所以要规定监察救济手段,是因为监察救济具有以下法律意义:

(一)监察救济是保护监察对象合法权益的必然要求

监察机关对监察对象作出处理决定,必然会涉及监察对象的合法权益,如果监察对象认为自己没有实施职务违法或者职务犯罪行为,或者监察机关对自己的处理过重,不符合监察处理的比例原则,就必须给监察对象一个救济的途径和方法。只有给予救济,才能真正维护监察对象的合法权益。寻求法律救济,是监察对象应该依法享有的必然权利。

(二)监察救济是确保监察处理决定合理、合法的手段

监察机关对监察对象的处理决定,必须符合法定程序和相关法律、法规的规定,必须具有合法性和合理性。所谓合法性,就是监察机关对监察对象的所有处理决定必须符合相关法律、法规的规定,必须符合法律、法规规定的处理条件,而且必须严格遵守法定程序。所谓合理性,就是指监察机关对监察对象的处理决定,必须符合比例原则,对其处罚的力度,必须与其职务违法或者职务犯罪的行为相当。通过监察救济,可以检验监察处理决定是否具有合法性和合理性,从而确保监察处理决定合理合法。

(三)监察救济是实现监察民主的重要方法

社会主义民主制度在监察机关的监察活动中也应该得到体现。实现监察民主的重要方式之一,就是通过赋予监察对象对监察处理决定的异议权来加以实现的。监察对象对监察机关的处理决定不服,依法申请复审或者复核,是监察民主的必然要求和充分体现。

二、对监察决定的复审、复核

监察对象对监察机关作出的涉及本人的处理决定不服,可以依法通过申请复审或者申请复核寻求救济。申请复审和申请复核是监察对象获得监察救济的主要途径。

(一)监察对象申请复审和监察机关的复审

所谓申请复审,是指监察对象对监察机关作出的涉及本人的处理决定不服,依法向作出处理决定的监察机关提出申请重新进行审查的一种请求。所谓复审,是指监察机关依法受理监察对象的复审申请,对自己原来就监察对象作出的处理决定进行复查核实并作出复审决定的活动。申请复审是监察对象的重要救济权利,也是监察机关进行复审的前提。如果监察对象没有申请复审,监察机关也不会主动开展复审工作。对于监察对象的复审申请,监察机关必须受理,监察对象申请复审,必然引起监察机关启动复审程序,依法开展复审活动。

根据监察法的规定,监察对象对监察机关作出的涉及本人的处理决定不服的,可以在收到处理决定之日起一个月内,向作出决定的监察机关申请复审,复审机关应当在一个月内作出复审决定。这里首先明确了监察对象申请复审的条件。条件有三:第一,监察对象对监察机关作出的涉及本人的处理决定不服。也就是说,监察对象认为,监察机关对自己的处理决定存在不合法或者不合理的地方,不同意监察机关对自己的处理意见。第二,在收到处理决定之日起一个月申请复审。这是监察对象申请复审的法定时限。也就是说,监察对象对监察机关作出的涉及本人的处理决定不服,必须在收到处理决定之日起,一个月以内申请复审,超过时限,监察机关不予受理。第三,监察对象申请复审,只能向作出处理决定的监察机关提出。也就是说,监察对象申请复审,不能越级提出申请,不能直接向作出处理决定的监察机关的上级监察机关申请复审。此外,该规定明确了监察机关复审的期限。监察机关在受理监察对象的复审申请后,应当在一个月以内作出复审决定。所谓复审决定,就是指监察机关对监察对象的复审申请依法进行复审后对监察对象重新作出的一种处理决定。

(二)申请复核与监察机关的复核

所谓申请复核,是指监察对象对监察机关作出的复审决定不服,依法向作出复审决定的上一级监察机关提出的要求进行复查、审核的一种请求。所谓复核,是指作出复审决定的监察机关的上一级监察机关依法受理监察对象的复核申请后,按照法定程序对下级监察机关作出的复审决定进行复查核实并作出复核决定的活动。复审是复核的前置程序,未经复审,监察对象不能提出复核申请。

监察法规定,监察对象申请复审后,监察对象对复审决定仍不服的,可以在收到复审决定之日起一个月内,向上一级监察机关申请复核,复核机关应当在二个月内作出复核决定。该规定表明,监察对象申请复核必须符合下列三个条件:其一,监察对象对监察机关的复审决定仍然不服,认为监察机关对自己的复审决定依然存在不合法或者不合理的地方,不同意监察机关复审决定中的处理意见。其二,在收到复审决定之日起一个月以内申请复核。这是监察对象申请复核的法定时限。也就是说,监察对象对监察机关作出的复审决定不服,必须在收到复审决定之日起,一个月以内申请复核,超过时限,无权再行申请复核。监察机关不予受理。其三,监察对象申请复核,必须向作出复审决定的监察机关的上一级监察机关提出申请。上一级监察机关是受理监察对象复核申请的唯一机关,监察对象不得越级申请复核。

监察法规定了上一级监察机关复核的时限。根据规定,作出复审决定的监察机关的上一级监察机关在收到监察对象的复核申请后,应当在二个月内作出复核决定。这是对上一级监察机关进行复核的时限要求,上一级监察机关应当在法定的时限内完成复核工作,作出复核决定。复核机关经审查,认定处理决定有错误的,原处理机关应当及时予以纠正。

(三)复审、复核期间原处理决定的效力

根据监察法规定,复审、复核期间,不停止原处理决定的执行。之所以这样规定，是因为监察机关的处理决定和复审决定，是国家授权监察机关作出的，对监察对象和监察机关都具有法律上的约束力，双方都必须严格执行，非经法定程序不得随意变更和撤销。在复审、复核期间不停止原处理决定和复审决定的执行，有利于保障监察机关代表国家作出的处理决定、复审决定的效力，维护监察机关的正常工作秩序，维护法律秩序和公共利益。而且，这样规定，也不会影响监察对象合法权益的保护，监察机关经过复审、复核认为原处理决定有错误或者不适当的，可以依法变更或者撤销原处理决定，重新作出处理决定，以维护监察对象的合法权益。

思考题

1. 监察程序的概念和法律特征是什么？
2. 监察立案的条件有哪些？
3. 监察调查的基本要求有哪些？
4. 监察调查终结后的处置方式有哪些？
5. 试述监察案件适用违法所得没收程序的启动条件。
6. 试述监察救济的概念和意义。

第八章　我国反腐败与反腐败国际合作

第一节　我国反腐败工作概述

核心法条

《中华人民共和国监察法》第一条

为了深化国家监察体制改革，加强对所有行使公权力的公职人员的监督，实现国家监察全面覆盖，深入开展反腐败工作，推进国家治理体系和治理能力现代化，根据宪法，制定本法。

一、腐败的含义

腐败是一种广泛存在的社会现象，也是一个很难根除的社会痼疾。腐败行为的存在，给国家治理带来了无形的损害，这种损害波及国家的政治、经济、文化、稳定等诸多方面。英国历史学家阿克勋爵(Lord Action)认为，"权力倾向于腐败，并且绝对的权力，就是绝对的腐败"。[1] 权力的产生和不断扩张是腐败产生的基础，非正当利益的获取则是腐败产生的主要动因之一。腐败往往和权力、非正当利益纠缠在一起。如何有效遏制腐败不仅是一个国际性话题，而且也是一个历史性话题，更是各国共同面临的世界性难题。

对于如何界定"腐败"，学术界呈现出多种不同看法和观点。在汉语中，"腐败"一词的本源含义则是指生物体因微生物降解等原因而发生的自身溃烂和变质，是一种广泛存在的自然现象。后来，人们把"腐败"一词广泛使用

[1] George Seldes：The Great Thought，Ballantine Books，1985，p. 3. 转引自魏宏：《权力论》，上海三联书店2011年版，第3页。

于社会领域，用于反映那些不符合社会道德或法律要求的各种社会现象。

由于腐败现象呈现的多维度，腐败问题也是政治学、经济学、法学等学科共同关注和研究的内容之一。美国政治学教授阿诺德·J. 海登海默(Arnold J. Heidenheimer)将腐败定义为“运用公共权力来谋取私人利益的行为”。[2] 经济学家则以寻租理论为基础，将“腐败”界定为权力和货币的交换，是以投机为目的的设租和寻租活动。法学家则往往将腐败和违法、犯罪行为相关联，将腐败行为限定为国家公职人员或者其他有权行使国家职权的人员滥用自身职位、公权谋取非正当利益的违法犯罪行为。如我国刑法中所规定的“贪污罪”“受贿罪”等属于典型的腐败犯罪行为。

关于腐败的定义还有很多，囿于篇幅的限制不再一一列举。尽管，不同学术领域的学者们对何为腐败给出了不同的文字界定和表述，这并不意味着学者们无法准确认识和把握“腐败”这一广泛存在的社会痼疾，而是恰恰反映了腐败在不同研究领域所呈现出的不同表现形式和其动因。这些不同学科领域所作出的定义恰恰反映出“腐败”的一些共同特性：一是腐败的核心和基础是公共权力的非正当使用或滥用。公共权力的存在和行使为行为人实施腐败行为提供了条件，尽管，权力的存在并不意味着就一定会存在“腐败”，但是，只要权力存在，就会有“腐败”发生的风险和可能性。法国启蒙时期思想家、法学理论奠基人孟德斯鸠(Charles de Secondat)认为，“自古以来的经验表明，所有拥有权力的人，都倾向于滥用权力，而且不用到极限绝不罢休”。[3] 在各种腐败行为中，行为人往往在行使因公职、地位等所带来的公共权力时，违反了权力行使的正当性、合理性和合法性。二是产生腐败的直接动因是谋取私利或其他非正当利益。无论是从政治学角度，还是从经济学、法学等角度，学者们普遍认为行为人谋取“私利”或者其他“非正当利益”是各种腐败行为的共有特征。政治学家将其归结为“权力和私利的交换”，经济学家归结为“寻租活动”，法学家归结为“利用职权获取非法利益”。三是违反了社会道德、法律或者其他行为规范。行为人所实施的腐败行为或者违反了某种具体的道德规

[2] Arnold J. Heidenheimer, The Topography of Corruption: Explorations in a Comparative Perspective. International Social Science Journal, 1997(3). 转引自李燕凌、吴松江、胡扬名：《我国近年来反腐败问题研究综述》，载《中国行政管理》2011 年第 11 期。

[3] [法]孟德斯鸠：《论法的精神》(上册)，许明龙译，商务印书馆 2013 年版，第 185 页。

范，如国家公职人员的廉政道德规范，或者违反了某项具体的国家法律规范。四是腐败行为具有一定的社会危害性，并应当受到一定的处罚。

基于上述腐败行为所表现出的四个共性，本书认为我国学者陈雷教授关于“腐败”概念的界定更为恰当和合理。陈雷教授认为，腐败是指违背社会道德、法律和其他规范，滥用公共权力或谋取私利，实施具有社会危害性的并且应当受到谴责和相应处罚的行为。[4]

二、腐败的危害

腐败问题是国家实施有效治理中最难解决的问题之一，腐败带来的危害是全方位的。腐败不仅直接危害国家的政治、经济和社会的发展，而且还会严重危及一个国家的安全和稳定。

（一）政治方面造成的危害

政治方面，腐败问题造成的直接危害之一是降低了国家执政者的政治威信。腐败问题会引发社会民众普遍的离心力和愤世嫉俗情绪，从而引发社会公众对国家权力行使的不信任。与其同时，腐败问题还会降低国家的治理效率，提升国家治理成本，进而阻碍国家在社会民众中推行国家治理政策和方针。当腐败问题积累到一定程度，达到一定的规模时，甚至会危及国家的政治稳定和安全。这种情形下，若执政当局不能及时有效遏制或有效解决腐败问题，则会直接导致国家政权不稳定，引发社会动荡。

（二）经济方面造成的危害

经济学领域，对腐败现象的经典解释之一是“寻租”理论。腐败之所以发生，关键在于权力“设租”和“寻租”活动。以“寻租”为特征的腐败行为，破坏了正常的市场交易规则和秩序，使权力在市场上变成了一种可获取经济利益的交易品。腐败行为一方面破坏了市场交易规则和秩序，另一方面又引发了权钱交易所直接导致的经济利益分配失衡问题。经济活动中，长期存在的权钱交易腐败行为导致社会大量财富积聚于不遵守市场规则和秩序的极少数人

---

〔4〕 陈雷：《反腐败国际公约视野下我国反腐败刑事立法及其完善》，中国人民公安大学出版社2008年版，第9页。

手中，加剧了社会的贫富分化矛盾，甚至弱化了国家的经济治理能力，进而影响国家给社会提供公共产品的能力，影响和降低整个社会的公共福利。

（三）其他方面造成的危害

腐败问题除了造成政治、经济方面的危害外，还会对一个国家的传统文化、人际交往、社会秩序等造成一定的负面影响和危害。我国几千年来形成的人情社会、“官本位”思想等传统文化中的有利于滋生“腐败”行为的一些糟粕因素并没有完全消除。腐败行为中表现出的人情关系、权益交换等不利因素会逐步渗透社会的各个角落，进一步侵蚀和影响优秀传统文化的发扬和光大。“人情关系”催生了“腐败”行为的发生，而“腐败”行为反过来了加剧了“人情关系”在社会文化中的扩张，进一步扭曲了正常的人际交往，提高了人际交往的社会成本。人情办事、人情至上的腐败行为往往伴随着对社会正常秩序的藐视和破坏。行为人通过人情关系、权益交换等腐败行为获取物质或其他利益的行为将会极大地打击那些通过自身努力而无法获得正当利益的社会民众的积极性，这种非正常的社会秩序将会形成“劣币驱除良币”的不利后果，影响整个社会的公平价值理念。当“人情关系”“官本位”等糟粕内容渗透到一个国家的教育体系中时，将会产生极大的传染力，会腐蚀一个国家的教育体系，危及国家未来的健康发展。

三、我国行政监察体系内的反腐败制度

腐败是一种复杂的、多元的现象，其成因也是五花八门的。[5] 但公共权力被滥用则是腐败发生的最根本原因。因此，防范腐败现象最关键的就是加强对公权力的监督和制约，规范权力的运行。[6] 权力自诞生以来，就面临如何对其进行有效监督和平衡的难题。我国监察制度的设计和建立就是对国家公权力进行有效监督的一种主要方式和途径。监察制度早在中国古代就已经建立。在我国秦代时期，就已经建立了较为完善的中央御史监察制度。在汉朝时，已经有了我国历史上第一部专门规定监察官职权范围的法规，即“监御

〔5〕［俄］Г. А. 萨塔洛夫：《反腐败政策》，郭家申译，社会科学文献出版社 2011 年版，第 56 页。

〔6〕李翔：《反腐败法律体系构建的中国路径研究》，上海人民出版社 2013 年版，第 176 页。

史九条”。[7] 在中国古代,御史监察制度、皇帝制度、谏官制度和举报制度等共同组成了权力监督制度体系。其中,皇帝制度是基础和核心,御史监察制度是主干,谏官制度和举报制度是补充。[8] 当然,现今中国所确立新的监察制度从本质上完全不同于中国古代不同朝代所采用的监察制度。中国古代各朝所建立的监察制度是为皇权服务的,其本质是一种专权制度工具。而我国现今的监察制度则是以人民权力为中心,是为保证人民权力的公平、公正实施而创设的具有现代法治意义的新型国家监察制度。

行政监察体系内的反腐败制度是我国反腐败制度的一个重要组成部分,也是整个反腐败制度中的核心和基础。作为国家权力的一个重要组成部分,行政权广泛存在于国家治理的各级政权中,从衣、食、住、行、医疗、教育等多方面直接影响着普通民众的生活。因此,行政权是否合理、合法及公平运行,直接影响到国家在普通民众心目中的形象和政治威信。由于反腐败是行政监察制度所肩负的一项基本任务,因此,我国行政监察体系内的反腐败制度是整个行政监察制度的一个重要组成部分。我国行政监察体系内的反腐基本法律制度是国务院于1990年12月颁布实施的《行政监察条例》以及全国人民代表大会常务委员会于1997年5月颁布实施的《行政监察法》。

(一)我国行政监察制度简述

1949年10月19日,根据《共同纲领》第十九条的规定,[9] 中央人民政府委员会第三次会议决定,成立中央人民政府政务院人民监察委员会。政务院人民监察委员会在政务院领导下主管全国的监察工作,其地位介于政务院与各个部委之间。当时设立的目的和背景是学习苏联的国家机构体系模式,建立大检察和大监察并存的大监督体制。[10] 政务院人民监察委员会的核心任务之一是监察全国各级国家行政机关和公务人员是否违反国家政策、法律、法令或损害人民及国家的利益,并纠举其中违纪失职的机关和人员。与其同时,地方县(市)以上各级人民政府设立人民监察委员会,具体负责各管辖区域内

---

〔7〕 蔡放波:《中国行政制度史》,武汉大学出版社2009年版,第149页。

〔8〕 何勤华等:《法律名词的起源》(上),北京大学出版社2009年版,第227页。

〔9〕 《中国人民政治协商会议共同纲领》第十九条第一款规定,“在县市以上的各级人民政府内,设人民监察机关”。

〔10〕 于安:《反腐败是构建新国家监察体制的主基调》,载《中国法律评论》2017年第2期。

的监察反腐工作。为了有效规范各级人民监察委员会的职责，中央人民政务院批准了《人民监察委员会试行组织条例》等法规。总括而言，我国在新中国成立初期建立的人民监察委员会除了对各级国家机关及公务人员负有工作指导、执法监督等职责外，还负有对各级国家机关及公务人员是否廉洁奉公、违纪违法等方面的反腐职责。

1954 年 9 月，全国人民代表大会制定了我国第一部《宪法》，中央人民政府政务院人民监察委员会改组为中华人民共和国监察部。地方各级人民监察委员会随之改组为监察厅、局，行使监督权。

1959 年 4 月，第二届全国人大第一次会议作出决议，宣布撤销监察部，省、直辖市、自治区的监察厅（局）的业务及人员归入省、市、区的党的监察委员会。从此，党的监察组织完全包办和取代了行政监察。[11]

党的十一届三中全会以后，我国开始恢复重建在“文化大革命”时期被废除的行政监察制度。1986 年 12 月 2 日第六届全国人民代表大会常务委员会第十八次会议决定恢复设立监察部，并逐步恢复和建立地方行政监察体系。经过这一时期的恢复建设，由我国执政党纪律检查委员会、行政监察机关、预防腐败局、人民检察院等机构分工合作的反腐败机制逐步形成，奠定了中国特色社会主义反腐败体制的基本框架。自 1993 年起，党的纪律检查机关与行政监察机关合署办公，进一步提升了我国反腐工作的效能，有力促进了党和政府的廉政建设工作。

1990 年 12 月，国务院在总结我国行政监察工作经验的基础上，制定颁布了《行政监察条例》，进一步明确和细化了行政监察反腐败的职责、程序等内容，推进了法治反腐败工作的向前发展。随着我国行政监察工作的不断改革发展以及《公务员法》等法律的颁布和实施，我国《行政监察条例》也逐步暴露出监察对象范围过小等问题。为了进一步做好依法监察、依法反腐工作，1997 年 5 月，全国人大常委会制定颁布了《行政监察法》，提升了行政监察的立法层次，从原来的国务院行政法规上升为国家法律，同时完善和解决了原来行政监察条例存在的监察对象范围过小等问题，明确了监察工作的职责和程序。2004 年 10 月，国务院颁布了《行政监察法实施条例》，进一步明确和细化了

---

〔11〕 钱晓萍：《行政监察法概论》，中国政法大学出版社 2016 年版，第 17 页。

《行政监察法》的条款和内容，提高了《行政监察法》的实用性和可操作性。此后，全国人大常委会于2010年6月对《行政监察法》的部分条款作了修改和完善。至此，我国的行政监察法律制度已基本成熟。

(二)我国行政监察体系内反腐败的主要特点

1. 建立了纪检监察机关合署办公的反腐机制

在监察法颁布之前，我国的反腐败制度是“分散式反腐模式”。该模式具体由党的纪律检查机关、政府监察部门、预防腐败局、人民检察院反贪污贿赂、失职渎职以及预防职务犯罪等部门分别行使权力惩防腐败的模式。[12] 行政监察机构和预防腐败局是我国主要的反腐力量之一。在具体监督工作方面，党的纪检机关重点检查中国共产党党员是否遵守党的纪律，其监督依据主要是党的政策、党规和党纪，问责形式是党纪处分；检察机关主要是对涉嫌构成贪污、贿赂、渎职等职务犯罪的国家工作人员依法侦查，并代表国家向人民法院提起公诉。行政监察则只对国家公务人员的职务违纪及情节轻微的违法行为进行监督。为了进一步提升我国反腐工作的效能，有力促进党和政府的廉政建设工作，自1993年起，党的纪律检查机关与行政监察机关合署办公，实行一套班子两种职能。合署办公机制的创建进一步集中和优化了我国党纪和行政监察反腐败力量，避免了纪检、监察工作的重复交叉，提高了监督反腐效能。

2. 行政监察体系内反腐制度基本形成

做好反腐工作，就应当建立和健全有关反腐工作方面的制度建设，尤其是国家反腐法律制度建设。经过多年的努力，我国行政监察反腐法律制度建设取得不俗的成绩，为我国制度反腐和法治反腐奠定了基础。制度反腐一方面避免了“运动式”反腐所带来的不确定和非连续性，另一方面促进了反腐工作从“事后”的打击逐步向事前预防和事后打击并重的模式发展，进而提高反腐工作效能。制度反腐的实质是法律反腐，加快推进反腐立法，形成反腐的立法体系，是反腐倡廉工作的必然要求。[13] 从中华人民共和国成立初期的《人民监察委员会试行组织条例》到后来的《行政监察条例》《行政监察法》等法律法规的颁布实施，我国行政监察反腐工作，在制度反腐、依法反腐方面取得了显

---

〔12〕 徐汉明:《国家监察权的属性探究》,载《法学评论》2018年第1期。

〔13〕 包玉秋:《反腐倡廉立法研究》,中国社会科学出版社2013年版,第28页。

著成绩,逐步建立起符合时代发展的行政监察反腐体制。

3. 有效发挥了民众监督在反腐工作中的积极作用

在国家权力的实际运行中,社会民众是最直接的体验者和感受者。因此,社会民众对权力监督起着举足轻重的作用,一方面,社会民众有可能是权力被滥用的直接受害者或者是目睹者,他们有机会了解和掌握国家权力被滥用的大量事实和一手资料;另一方面,让广大社会民众积极参与到权力监督工作中,将会提升他们的责任感和使命感,有助于提高国家的社会治理效能,提升党和政府在民众中的政治形象及威信。为了充分发挥民众监督在反腐工作中的积极作用,我国建立了民众举报、信访以及特邀监察员等制度,并制定了如《监察机关举报工作办法》《关于保护检举、控告人的规定》等相关的规定和工作办法。

四、我国国家监察体系内反腐败制度

2018 年 3 月 20 日,十三届全国人大一次会议审议通过了监察法,国家主席习近平签署第三号主席令予以公布实施。监察法的颁布实施,改变了以前的"分散式反腐模式",全新创建了集中统一、权威高效的国家反腐体系,进一步提升了依法反腐的能力和水平,对促进我国廉政社会、法治社会建设和发展,具有重大时代意义。全新监察制度的建立和发展,标志着我国反腐败制度发展从治标进入标本兼治的新阶段。监察立法及其法律实施机制的建立,将使新的国家监察制度进入更高的制度化平台,从而实现反腐败向标本兼治的转变。[14] 监察法所确立的反腐制度突出了以下新的内容和特点:

(一)监察法是一部全新的反腐败法

监察法立法的核心价值取向是惩治和预防腐败,建设廉洁政治。监察法第一条明确规定了其立法宗旨:"为了深化国家监察体制改革,加强对所有行使公权力的公职人员的监督,实现国家监察全面覆盖,深入开展反腐败工作,推进国家治理体系和治理能力现代化,根据宪法,制定本法。"监察法立法的目的,从功能作用上讲,就是要实现反腐败斗争中的"良法善治"。[15] 监察法

---

〔14〕 于安:《反腐败是构建新国家监察体制的主基调》,载《中国法律评论》2017 年第 2 期。

〔15〕 吴建雄:《对国家监察立法的认识与思考》,载《武汉科技大学学报》2018 年第 2 期。

是统领我国监察反腐工作的一部基础性法律，整合了监察法颁布实施以前我国不同领域的反腐力量，厘清了不同反腐机构之间的责权关系，旨在打造一个队伍精良、工作高效、权威统一的反腐新机制。监察法有别于《行政监察法》，主要表现在以下几点：

一是法律地位不同。监察法是由全国人民代表大会制定和通过的基本法律，而《行政监察法》则是由全国人民代表大会常务委员会制定和通过的一般法律。根据《立法法》第七条的规定，全国人大制定国家基本法律，全国人大常委会则制定除应当由全国人大制定的法律以外的其他法律。由此来看，监察法属于国家基本法律。

二是法律属性不同。《行政监察法》归属于行政法范畴，是规范和监督国家行政权的重要法律制度之一。尽管从权力监督的角度而言，行政监察也是权力监督的一种主要方式和途径，但其权力属性仍然属于行政权，是行政权本身的自我监督。监察法的基本属性不是行政法，是规范国家监察权的基本法律。《宪法》确立的监察权，是不同于行政权的一种全新的国家权力，监察权对行政权力和其他权力的监督，在本质上属于外部权力监督。

三是功能定位不同。依照《行政监察法》第十八条的规定，[16]《行政监察法》不仅负有反腐败的功能，同时还负有行政执法监察和行政效能监察的功能。监察法的首要功能是监察反腐败，是反腐败基本法律，是推进反腐败国家立法的重要成果。[17] 国家监察以反腐倡廉为其核心任务，监察内容更加精准与专一。

（二）设立监察委员会，形成“统一高效权威”的反腐败模式

设立监察委员会并赋予其更高的法律地位有助于监督反腐工作的开展。在旧的反腐模式下，由于行政监察机构隶属于政府部门，其主体地位自然不能和监察委员会相提并论。国家监察体制改革作为政治体制改革的重要组成部分，将为惩防腐败的“分散模式”向“统一高效权威模式”的转变、由行政监察

〔16〕《行政监察法》第十八条规定，“监察机关对监察对象执法、廉政、效能情况进行监察”。

〔17〕邓联繁：《从行政监察法到国家监察法的三大定位变化》，载《检察日报》2017年3月21日，第8版。

制度向国家监察制度的转型跨越起到重要推动作用。[18] 2018 年 3 月 11 日，第十三届全国人民代表大会第一次会议审议通过的《宪法修正案》，正式确立“监察委员会”作为我国监察机构的宪法地位。监察委员会和国务院、最高人民法院、最高人民检察院一样由全国人大选举产生，并对其负责和受其监督。新的制度下，我国传统的人大下的“一府两院”结构变化为“一府一委两院”的新结构。从机构性质上看，监察委员会既非行政机关，也非司法机关，准确的法律定位应是监督机关。[19] 国家机构组成的变化，也带来了权力配置的变化，在原来的立法权、行政权和司法权的基础上，形成了国家监察权。监察委员会全新地位的确立，较好地解决了以往因行政监察机构地位较低而导致反腐能力不够的问题。本次监察体制改革既反思了长期以来反腐工作的教训，也总结了十八大以来反腐工作的经验，通过建立集中统一、权威高效的反腐败机制，整合反腐败资源力量，结束反腐败“九龙治水”局面，构建具有中国特色的国家监察体系。[20]

（三）职责更为清晰和明确

监察法汲取了以往反腐工作的实践经验，一方面把原来的法律、法规没有明确规定的违纪、违法行为写进了法条，使无法可依的情形得到有效解决；另一方面科学分类，进一步细化了公职人员的职务违法和职务犯罪行为，使相关处罚更为科学和合理。

根据监察法第十一条的规定，监察委员会对公务人员进行以下三方面内容的监督、调查、处置职责：

一是对公务人员依法履职、秉公用权、廉洁从政从业以及道德操守情况进行监督检查。以往的法律制度并没有对公务人员的履职、廉政等职责作出明确要求和规定，导致对那些上不构成犯罪，下不构成违法的“懒政”“庸政”以及其他违纪的公务人员，无法进行有效追责，从而形成了大量的监察真空地带。监察法明确了对公务人员的履职、廉政等职责的监察内容，并规定了相应的处罚措施，填补了无法可依的空白。

---

〔18〕 徐汉明：《国家监察权的属性探究》，载《法学评论》2018 年第 1 期。
〔19〕 马怀德：《再论国家监察立法的主要问题》，载《行政法学研究》2018 年第 1 期。
〔20〕 马怀德：《再论国家监察立法的主要问题》，载《行政法学研究》2018 年第 1 期。

二是公务人员职务违法和职务犯罪的类型更为详尽。监察法将公务人员职务违法和职务犯罪行为细化为涉嫌贪污贿赂、滥用职权、玩忽职守、权力寻租、利益输送、徇私舞弊、浪费国家资财等类型。细化后的职务违法和职务犯罪类型,有利于纪检监察机构行使监察监督权,使追责和处罚更为科学和合理。

三是细化了追责和处置情形。针对公务人员不同情形的违纪、违法和犯罪行为,监察法规定了五种相对应的追责和处置方式:(1)对有职务违法行为但情节较轻的公职人员,按照管理权限,直接或者委托有关机关、人员,进行谈话提醒、批评教育、责令检查,或者予以诫勉;(2)对违法的公职人员依照法定程序作出警告、记过、记大过、降级、撤职、开除等政务处分决定;(3)对不履行或者不正确履行职责负有责任的领导人员,按照管理权限对其直接作出问责决定,或者向有权作出问责决定的机关提出问责建议;(4)对涉嫌职务犯罪的,监察机关经调查认为犯罪事实清楚,证据确实、充分的,制作起诉意见书,连同案卷材料、证据一并移送人民检察院依法审查、提起公诉;(5)对监察对象所在单位廉政建设和履行职责存在的问题等提出监察建议。

四是对公职人员开展廉政教育。监察委员会在履行职责过程中,既要加强日常监督,查清职务违法犯罪事实并进行相应处置,还要开展严肃的思想政治工作,进行理想信念宗旨教育,做到惩前毖后,治病救人,努力取得良好的政治效果、法纪效果和社会效果。[21]

(四)实现国家监察体系内反腐败全覆盖

在原有的反腐败体制下,我国纪委监督和行政监察在监督对象范围上均存在一些问题和不足:纪委监督对象限于党组织和党员,而无法对那些非党员且行使国家公权力的人员实施监督;行政监察仅对行政机构和其公务人员能够实施监督,而对人民法院、人民检察院、人民政协等机构内行使公权力的人员无法实施监督。纪委监督和行政监察监督都无法实现对所有行使公权力人员的全覆盖,从而影响了反腐工作的开展和效果。对公职人员反腐败的全覆盖,是整合原有监察职能的首要指导原则。[22] 按照监察法第十五条的规定,

---

〔21〕 吴建雄:《对国家监察立法的认识与思考》,载《武汉科技大学学报》2018 年第 2 期。

〔22〕 于安 :《反腐败是构建新国家监察体制的主基调》,载《中国法律评论》2017 年第 2 期。

以下六个大类的人员属于监察对象范围：

第一类是《公务员法》所规定的公职人员。具体包括中国共产党机关、人民代表大会及其常务委员会机关、人民政府、监察委员会、人民法院、人民检察院、中国人民政治协商会议各级委员会机关、民主党派机关和工商业联合会机关的公务员，以及参照《公务员法》管理的人员。以往行政监察制度的监察对象仅限于行政机关的公务人员，并不包括司法机关、人大、政协等国家机构的公务人员。

第二类是法律、法规授权或者受国家机关依法委托管理公共事务的组织中从事公务的人员。

第三类是国有企业管理人员。经过多年的国企改革，我国国有企业类型发生很大的变化，从国有企业的具体形式而言，既包括国有独资、国资控股等企业形式，也包括国资参股的企业形式。不同类型的国有企业，其管理人员产生方式有一定的差别。从国有资产管理和安全角度而言，不管是何种形式的国有企业，其企业管理人员都负有依法保护国有资产的职责，因此，应当将国有企业管理人员列入监察法的监察对象范围。

第四类是公办的教育、科学、文化、卫生、体育等事业单位中的管理人员。在我国，公办的教育等公益性事业单位担负着不同类型的公共服务和管理职能，并依法行使一定的国家权力，因此，对具体行使这部分公权力的管理人员应当纳入监察对象范围内，从而确保此类公权力的合法、合理行使。

第五类是村民自治组织、居民自治组织的管理人员。村委会主任、居委会主任、基层社区干部基于法律和基层自治规范取得并行使公权力，应当属于监察对象。

第六类是其他依法履行公职的人员。这是监察法为避免立法上的漏洞，并为将来监察法监察对象的进一步扩展所做的立法技术上的处理。

（五）进一步强化监察委员会和其他机构在反腐败方面的分工合作和相互制约

我国长期的反腐败实践经验证明，反腐败是一项跨领域、多行业、多部门共同协调和合作完成的工作。仅靠某一机构是无法完成这一艰巨而庞大的监督任务的。《宪法》第一百二十七条规定："监察委员会依照法律规定独立行使监察权，不受行政机关、社会团体和个人的干涉。监察机关办理职务违法和职务犯罪案件，应当与审判机关、检察机关、执法部门相互配合，相互制约。”从上述条文内容可以看出，我国《宪法》在强调和保证监察委员会法律地位独立性的基础上，明确了在办理职务违法和职务犯罪案件工作中，与审判机关、检察机关以及执法部门之间的分工合作及相互制约关系。《宪法》赋予监察委员会的独立性地位，有利于其行使监察权，确保其监督、调查和处置职权的履行和实施，并不受任何行政机关、社会团体和个人干涉。同时，有关单位和个人应当积极协助配合监察委员会行使监察权。目前，在实际工作中，对所有公务人员涉嫌职务犯罪的行为，由监察委员会进行调查。在调查过程中，监察人员需要其他单位和机关协助的，其他单位和机关应当予以协助和配合。如监察人员需要对某公职人员采取留置措施时，有权提请公安机关予以协助和配合。人民法院、人民检察院、公安机关、审计机关等国家机关在工作中发现公职人员涉嫌贪污贿赂、失职渎职等职务违法或者职务犯罪的问题线索，应当移送监察机关，由监察机关依法调查处置。被调查人既涉嫌严重职务违法或者职务犯罪，又涉嫌其他违法犯罪的，一般应当由监察机关为主调查，其他机关予以协助。监察委员会调查终结后，认为涉嫌构成犯罪的，移送检察机关依法审查、提起公诉，由人民法院负责审判。对监察机关移送的案件，检察机关经审查后认为需要补充核实的，应退回监察机关进行补充调查，必要时还可自行补充侦查。监察委员会和其他国家机构之间的明确的分工和合作，有助于避免互相推诿、责权不清等问题的发生，有利于监察反腐败工作的深入开展和实施。

（六）迈入制度反腐和法治反腐的新阶段

党的十八届四中全会以后，党和国家将制度反腐和法治反腐的任务上升到一个新的高度。2014 年 12 月，党的十八届四中全会通过的《中共中央关于全面推进依法治国若干重大问题的决定》指出：“加快推进反腐败国家立法，完善惩治和预防腐败体系，形成不敢腐、不能腐、不想腐的有效机制，坚决遏制和预防腐败现象。”2016 年 11 月和 12 月，党中央和全国人大常委会先后发布《关于在北京市、山西省、浙江省开展国家监察体制改革试点方案》和《关于在北京市、山西省、浙江省开展国家监察体制改革试点工作的决定》，在北京市、山西省、浙江省开展国家监察体制改革试点工作，进一步开展制度反腐和法治反腐的实践工作，为制定监察法做好经验总结。《监察法(草案)》出台后，全国人大常委会分别于2017年6月和12月，进行了两次审议，并向全社会公开征求修改意见。2018年3月20日，十三届全国人大一次会议审议通过了监察法。通过制定监察法，把党的十八大以来在推进党风廉政建设和反腐败斗争中形成的新理念新举措新经验以法律形式固定下来，巩固国家监察体制改革成果，保障反腐败工作在法治轨道上行稳致远。[23] 监察法立法过程客观反映了我国目前所遵循的科学立法、民主立法、依法立法的基本原则和要求，进一步推动了我国制度反腐和法治反腐的向前发展。

第二节 反腐败国际合作

核心法条

《中华人民共和国监察法》第五十二条

国家监察委员会加强对反腐败国际追逃追赃和防逃工作的组织协调，督促有关单位做好相关工作：

(一)对于重大贪污贿赂、失职渎职等职务犯罪案件，被调查人逃匿到国(境)外，掌握证据比较确凿的，通过开展境外追逃合作，追捕归案；

(二)向赃款赃物所在国请求查询、冻结、扣押、没收、追缴、返还涉案资产；

(三)查询、监控涉嫌职务犯罪的公职人员及其相关人员进出国(境)和跨境资金流动情况，在调查案件过程中设置防逃程序。

自20世纪中后期以来，交通、金融、贸易、科学技术等方面的迅速发展，加快了国家、地区间在政治、经济、文化等方面的交流和融合，以“经济全球化”为表征的全球一体化日趋明显。全球一体化一方面促进了人类社会的共同进

[23] 谢超：《监察法对中国特色反腐败工作的法治影响》，载《法学杂志》2018年第5期。

步和发展，另一方面也给恐怖活动、跨国犯罪等危害行为提供了更广的国际活动空间，给国家治理带来新的挑战和困难。全球一体化背景下，腐败行为也变得日趋复杂。腐败分子潜逃境外、跨境转移腐败所得财产等行为成为阻碍国家惩治腐败的一大障碍。加强国际社会合作，有效惩治腐败犯罪已成为各国政府共同面临的重大课题。

近年来，我国在反腐败国际合作方面也取得了不俗的成绩。自2014年以来，我国先后采取了“猎狐”“天网”等反腐败国际合作行动。《中国纪检监察报》2014年12月5日发布的文章显示：我国在“猎狐2014”行动中，从60个国家和地区抓获外逃经济犯罪人员428名。与此同时，我国加快了反腐败国际合作的政策、法律制度建设。2014年10月，党的十八届四中全会通过的《中共中央关于全面推进依法治国若干重大问题的决定》明确指出要“加强反腐败国际合作，加大海外追赃追逃、遣返引渡力度”。2018年3月，十三届全国人大一次会议审议通过的监察法专门就国家监察委员会在国际反腐败合作中的主要职责作了明确规定。依照监察法第六章第五十条至第五十二条的规定，国家监察委员会在国际反腐败合作中的职责主要有：一是统筹协调反腐败国家交流、合作，组织反腐败国际条约实施工作。二是组织协调反腐败在反腐执法、引渡、司法协助、被判刑人的移管、资产追回和信息交流等领域的合作。三是加强对反腐败国际追逃追赃和防逃工作的组织协调，督促有关单位做好相关工作：对于重大贪污贿赂、失职渎职等职务犯罪案件，被调查人逃匿到国（境）外，掌握证据比较确凿的，通过开展境外追逃合作，追捕归案；向赃款赃物所在国请求查询、冻结、扣押、没收、追缴、返还涉案资产；查询、监控涉嫌职务犯罪的公职人员及其相关人员进出国（境）和跨境资金流动情况，在调查案件过程中设置防逃程序。

根据我国反腐败国际合作工作实践，最高人民法院、最高人民检察院、司法部、外交部、公安部、国家安全部、中国人民银行等部门开展有关反腐败国际交流、合作工作。监察法颁布实施以后，由国家监察委员会统筹或组织协调我国不同部门与其他国家、地区、国际组织开展反腐败国际交流、反腐败国际条约的实施、司法协助、国际追逃、追赃等合作工作。这样的法律制度设计，将会进一步提升我国在国际反腐败合作中的效率和声望。

根据国际反腐败合作实践，目前开展反腐败国际合作的方式和途径主要有国际性反腐败条约框架下的反腐败合作、区域性条约框架下的反腐败合作以及双边机制下的反腐败合作。

一、国际公约下的反腐败合作

在反腐败国际合作领域，国际性公约在协调法律冲突、促进司法协助等方面发挥着重要作用。我国政府一方面重视和国际反腐败组织的交流和合作，另一方面根据我国的反腐败法治建设和工作的实际要求，积极加入国际性反腐败公约，并协调其内容和我国相关法律制度的冲突和矛盾，以促进我国反腐败法治的发展。我国目前加入的国际性反腐败公约主要有《联合国打击跨国有组织犯罪公约》和《联合国反腐败公约》。[24]

（一）《联合国打击跨国有组织犯罪公约》

2000 年 11 月 15 日，第五十五届联合国大会审议通过了《联合国打击跨国有组织犯罪公约》，并于 2003 年 9 月 29 日正式生效。2000 年 12 月 12 日，我国政府签署了《联合国打击跨国有组织犯罪公约》。2003 年 8 月，第十届全国人民代表大会常务委员会第四次会议决定批准了该公约。截至 2017 年 8 月，该公约共有 188 个缔约国。

《联合国打击跨国有组织犯罪公约》是国际社会第一个专门就跨国有组织犯罪进行规范的全球性公约。除了序言部分外，该公约共有 41 条。在犯罪类型方面，该公约重点对参加有组织犯罪集团、腐败、洗钱以及妨碍司法等四种犯罪作了详细规定。

对于如何认定跨国犯罪，公约规定了四种认定情形：一是在一个以上国家实施的犯罪；二是虽在一国实施，但其准备、筹划、指挥或控制的实质性部分发生在另一国的犯罪；三是犯罪在一国实施，但涉及在一个以上国家从事犯罪活动的有组织犯罪集团；四是犯罪在一国实施，但对于另一国有重大影响。

---

〔24〕 若无特殊说明，本书有关《联合国打击跨国有组织犯罪公约》和《联合国反腐败公约》的内容，主要参考和引用了全国人大常委会在其网站公布的两个公约中文版内容。具体网址分别为：http://www.npc.gov.cn/wxzl/wxzl/2003－11/07/content_323719.htm 和 http://www.npc.gov.cn/wxzl/wxzl/2005－10/27/content_343107.htm。

该公约中直接和腐败行为有关的条文有第八条和第九条。第八条规定了两类腐败犯罪:一是直接或间接向公职人员许诺、提议给予或给予该公职人员或其他人员或实体不应有的好处,以使该公职人员在执行公务时作为或不作为;二是公职人员为其本人或其他人员或实体直接或间接索取或接受不应有的好处,以作为其在执行公务时作为或不作为的条件。另外,该公约要求缔约方在国内通过立法将涉及外国公职人员或国际公务员的上述行为规定为腐败犯罪,以及将作为共犯参与上述犯罪的行为规定为刑事犯罪。对于何为"公职人员",该公约也给出了定义:公职人员是指任职者任职地国法律所界定的且适用于该国刑法的公职人员或提供公共服务的人员。第九条规定了两方面的反腐败措施:一是各缔约国均应在适当时并在符合其法律制度的情况下,采取立法、行政或其他有效措施,以促进公职人员廉洁奉公,并预防、调查和惩治腐败行为。二是各缔约国均应采取措施,确保本国当局在预防、调查和惩治公职人员腐败行为方面采取有效行动,包括使该当局具备适当的独立性,以免其行动受到不适当的影响。

除此之外,该公约还对法人责任、起诉、判决和制裁、没收和扣押、没收事宜的国际合作、管辖权、引渡、被判刑人员的移交、司法协助等方面的问题作了规定。

(二)《联合国反腐败公约》

2003 年 10 月 31 日,联合国大会正式审议通过了《联合国反腐败公约》,并于 2005 年 12 月 14 日正式生效。历史上第一个具有全球反腐败性质的公约诞生了。我国积极参与了《联合国反腐败公约》的起草、谈判过程,在起草和谈判过程中起到了主导作用。[25] 2003 年 12 月,我国政府正式签署了该公约。2005 年 10 月 27 日,第十届全国人大常委会第十八次会议审议批准了该公约。2006 年 2 月 12 日,公约正式对我国生效。《联合国反腐败公约》是在吸收《联合国打击跨国有组织犯罪公约》的国际合作经验基础上签订的专门性公约。相对于《联合国打击跨国有组织犯罪公约》规定的内容,《联合国反腐败公约》对腐败行为的表现形式、制裁、腐败资金的追缴等内容的规定更为

---

〔25〕 陈雷:《国际反腐败风云》,福建人民出版社 2007 年版,第 176 页。

详细和更具有可操作性。《联合国反腐败公约》的签订和生效，为国际社会开展反腐败工作提供了更为广泛的合作渠道，奠定了国际法基础，有利于国际社会有效打击腐败行为，提高国家治理效能，为社会民众创造更为公平、公正的社会生活环境。《联合国反腐败公约》共有71条，分为序言、总则、预防措施、定罪和执法、国际合作、资产的追回、技术援助和信息交流、实施机制和最后条款共九个部分。

1. 核心术语的界定

《联合国反腐败公约》对"公职人员""外国公职人员"等九个核心术语作了界定。由于腐败行为的发生往往和公权力相关联，而公权力的行使自然和公职人员相关联。因此，合理界定公职人员及其范围就显得非常重要。在缔约技术上，公约通过列举的方式界定了公职人员应当包括的范围。根据公约第二条(a)项的规定："公职人员"包括三种情形：一是依照职务确定"公职人员"。依照此标准，凡是在缔约国中担任立法、行政、行政管理或者司法职务的任何人员都属于公职人员，而该人员的任职方式、任职期限、是否获得报酬均不影响其为公职人员的身份。二是依照公共职能来确定"公职人员"。依照缔约国法律规定以及在缔约国相关法律领域中的适用情况，凡是履行公共职能的人员都属于公职人员，包括为公共机构或者公营企业履行公共职能或者提供公共服务的任何其他人员。三是缔约国依照本国法律所确定为"公职人员"的任何其他人员。除此之外，就公约第二章预防措施部分所规定的某些特定措施而言，"公职人员"可以指依照缔约国本国法律的规定和在该缔约国相关法律领域中的适用情况，履行公共职能或者提供公共服务的任何人员。除了"公职人员"以外，"财产"、"犯罪所得"以及"腐败"也是很重要的概念。依照公约规定，"财产"是指各种资产，不论是物质的还是非物质的、动产还是不动产、有形的还是无形的，以及证明对这种资产的产权或者权益的法律文件或者文书。"犯罪所得"是指通过实施犯罪而直接或间接产生或者获得的任何财产。[26] 遗憾的是公约本身没有对何谓"腐败"作出概念界定。但是，公约通过列举的方式，要求缔约国通过立法和其他措施将十一类腐败行为规定为犯罪行为。

---

〔26〕《联合国反腐败公约》第二条。

2. 公约强调了国家主权原则

腐败犯罪行为由特定国家的刑法和刑事诉讼法来调整，任何一个主权国家有权力决定本国刑事法律的具体内容以及对犯罪行为进行追诉、审判、制裁和处罚的独立权。为此，公约重申了在反腐败国际合作中尊重国家主权的两个基本要求：一是缔约国在履行其根据本公约所承担的义务时，应当恪守各国主权平等和领土完整原则以及不干涉他国内政原则。二是本公约任何规定概不赋予缔约国在另一国领域内行使管辖权和履行该另一国本国法律规定的专属于该国机关的职能的权利。[27]

3. 预防腐败机制

公约把预防腐败发生的各种措施和手段放到一个很重要的位置，这种缔约精神体现了公约坚持以预防为主的反腐败基本宗旨和原则。公约规定的预防腐败发生的措施主要有：一是制定并执行有效而协调的反腐败政策、法律，并注重此种政策、法律的透明性、廉政性、社会性、法治性，定期评估此类政策、法律的实际反腐效果。二是设立独立的预防性反腐败机构。该机构能够实施、监督和协调缔约国制定的反腐败政策、法律；积累和传播预防腐败的知识；缔约国应当保证该机构保持独立性应具有的物质、人员、设施等基本条件；缔约国应当将该机构的名称、地址通知联合国秘书长。三是对缔约国公共部门的基本要求。缔约国应当制定有关公共部门公务员和非选举产生公职人员的聘用、晋升、退休等方面的政策和法律，并应当对关键岗位的轮岗、职员培训、薪资报酬等内容作出符合缔约国国情和社会经济发展水平的规定。四是公职人员行为守则方面的要求。缔约国应当制定有关公职人员廉政、诚实等职业操守方面的行为守则和法律；建立公职人员利益冲突、获取重大利益申报制度以及公务腐败举报制度；制定对公职人员违纪行为实施处罚的相关制度。五是公共采购和公共财政管理方面的要求。缔约国应当制定能够保证公平、透明、公正实施公共采购的政策和法律制度；依法促进公共财政管理制度的透明度和问责制；依法维持与公共开支和财政收入有关的账簿、记录、财务报表或者其他文件完整无缺，并防止在这类文件上作假。六是公共信息公开方面的要求。缔约国应当依法公开公共行政部门的透明度，酌情使公众了解公共行

---

〔27〕《联合国反腐败公约》第四条。

政部门的组织结构、运作和决策过程；酌情简化行政程序，以便于公众与主管决策机关联系；公布包括公共行政部门腐败风险问题定期报告等相关资料。七是在保证审判机关、检察机关独立性的基础上，采取措施加强审判机关、检查机关人员的廉正，并防止出现腐败机会。八是有关私营部门的反腐败预防措施。缔约国应当依法采取措施，防止涉及私营部门的腐败，加强私营部门的会计和审计标准，并酌情对不遵守措施的行为规定有效、适度而且具有警戒性的民事、行政或者刑事处罚。具体措施包括促进执法机构和私营部门之间的合作；制定有关私营实体的行为守则；增进私营实体透明度；防止滥用对私营实体的管理程序；为避免利益冲突，在合理期限内，对公职人员职业活动以及公职人员辞职、退休后在私营部门的任职进行适当限制；确保私营部门做好预防腐败发生的内部审计控制；缔约国应依法禁止为实施本公约列明的任何犯罪而从事的设立账外账户、进行账外交易或者账实不符的交易、虚列支出、登录负债账目时谎报用途、使用虚假单据、故意在法律规定的期限前销毁账簿等行为。九是社会参与预防腐败方面的措施和要求。缔约国应依法并在其能力范围内采取措施推动个人、民间团体、非政府组织和社区组织等积极参与预防和打击腐败；确保社会公众知悉相关的反腐败机构，并应当酌情提供途径，以便社会公众以包括匿名举报在内的方式向这些机构举报可能被视为构成根据本公约确立的犯罪的事件。

4. 腐败犯罪的类型

《联合国反腐败公约》第三章第十五条至第二十五条具体规定了十一类腐败犯罪行为：贿赂本国公职人员、贿赂外国公职人员或国际公共组织官员、公职人员贪污、挪用或以其他类似方式侵犯财产、非正当影响交易、滥用职权、财产非法增加、私营部门内贿赂、私营部门内侵吞财产、洗钱、窝赃以及妨害司法行为。对比我国《刑法》关于腐败犯罪的类型，公约规定的腐败类型更为全面，涵盖面更为广泛。目前，我国《刑法》有关腐败犯罪的规定和公约对缔约国关于反腐败立法的基本要求还有一定的差距。如我国《刑法》在贿赂类等犯罪中，将“贿赂利益”限定为有形的财物和无形的财产性利益，此范围远小于《联合国反腐败公约》所规定的“不当好处”。范围的狭小，导致我们无法对诸如提供升职、就业机会等此种类型的贿赂行为加以法律规制。按照公约的要求，缔约国应当通过国内立法和其他措施将其所列举的十一类行为人故意实施的行为规定为犯罪。

5. 反腐败国际合作方式

《联合国反腐败公约》第四十四条、第五十条分别规定了引渡、被判刑人移管、司法协助、刑事诉讼移交、执法合作、联合侦查以及特殊侦查手段等七种反腐败合作方式。在开展具体反腐合作工作时,公约强调缔约国应当尊重另一缔约国的国家主权。在双重犯罪的认定问题方面,公约规定,只要缔约国双方国内法均将同一行为规定为犯罪行为即可符合双重犯罪标准,而不考虑该行为是否属于同一犯罪类型或同一犯罪罪名。公约关于双重犯罪认定标准的规定,有效解决了同一犯罪行为因缔约国立法中所定罪名或类型不同而导致的合作困难和障碍。

(1)被判刑人移管,主要针对那些已经在国外被依法判处监禁或者依其他形式被剥夺自由的人,由其国籍国或者居住国依照双边协议或相关条约,向对其判处刑罚的国家提出移交请求,被请求国同意后,将该被判刑人移交给请求国,并继续执行剩余刑期一种合作方式。实践中,考虑到被判刑人员对他国文化、生活方式、语言等方面的不适应,在符合一定条件的情况下,将其移交给其国籍国或居住国,并继续执行剩余刑期,更有利于保障被判刑人的权利。

(2)引渡,是指国家将被外国追诉或判刑并处于该国境内的人,移交给请求对他们实行管辖的国家以便审判或处罚。[28] 实践中,国家之间为了有效解决引渡问题,往往共同签署某一含有引渡内容的国际公约,如《联合国反腐败公约》,或者直接签订双边引渡条约或协议。《联合国反腐败公约》明确规定在缔约国之间无任何含有引渡内容的协议的情形下,若缔约方同意将该公约作为与其他缔约国进行引渡合作的法律依据时,则该公约本身可以构成双方履行引渡义务的法律依据。公约就引渡的核心原则作了明确规定,缔约国一方只有在被请求引渡人的行为在被请求缔约国和请求缔约国法律同时规定为犯罪的前提下才能实施引渡,即双重犯罪原则。但是,公约也规定了这一原则的例外:在缔约国本国法律允许的情形下,可以就本公约所规定但依照本国法律不予处罚的任何犯罪准予引渡。为了解决政治犯认定标准不统一问题,公约规定在缔约国国内法律允许的前提下,缔约国不应将公约所涵盖的犯罪行

---

〔28〕 白桂梅:《国际法》(第2版),北京大学出版社2010年版,第163页。

为认定为政治犯罪。除了上述基本要求外,公约还对引渡时应遵循的"或引渡或起诉"原则、被请求引渡人所涉罪行的最低刑罚等做了明确规定。

(3)国际司法协助,是指主权国家司法机关应他方请求,代为实施或者协助实施特定的司法行为的活动。它是主权国家开展司法合作,解决互涉法律问题的最基本形式,其主要依据是国内法律规定、国际双边条约或多边条约约定和国家之间的互惠原则。[29] 司法协助贯穿于对犯罪行为进行侦查、起诉和审判等过程。《联合国反腐败公约》第四十六条通过列举的方式规定了以下几种司法协助方式:向个人获取证据或者陈述;送达司法文书;执行搜查和扣押并实行冻结;检查物品和场所;提供资料、物证以及鉴定结论;提供有关文件和记录的原件或者经核证的副本,其中包括政府、银行、财务、公司或者商业记录;为取证目的而辨认或者追查犯罪所得、财产、工具或者其他物品;为有关人员自愿在请求缔约国出庭提供方便;不违反被请求缔约国本国法律的任何其他形式的协助;根据公约第五章的规定辨认、冻结和追查犯罪所得;根据公约第五章的规定追回资产。

(4)刑事诉讼移交往往和腐败犯罪行为的管辖权相关联。在具有国际性因素的腐败犯罪行为中,由于腐败行为发生地、行为结果地、赃物所在地等涉及不同的数个国家,因而会发生对犯罪行为有多个国家享有属地管辖权的问题。另外,犯罪行为人的国籍国、居住国依照属人管辖权对该犯罪行为享有管辖权。这样就会产生属地管辖权之间、属人管辖权之间以及属地管辖权和属地管辖权之间的争议。多个管辖权的存在将会产生平行诉讼的风险,进而提升司法成本并造成司法资源的浪费。因此,为了便于案件的公平审理和提高司法效率,已经受理腐败犯罪案件的主权国家,依照双边协议或其他条约,或者依照互惠原则,将该案件移交给另一对案件有管辖权的国家进行追诉和审理。

(5)执法合作有助于提高对腐败犯罪的打击效率。任何一个国家在对腐败犯罪行为进行打击的过程中,必须依照本国法律规定,查清腐败犯罪事实,掌握法律规定的足以对腐败犯罪嫌疑人提起刑事诉讼并追究法律责任的证据。实践中,有些腐败犯罪行为发生后,可能会发生犯罪行为人潜逃国外、将

〔29〕 王晓鑫:《浅谈中国国际司法协助工作的历史与发展》,载《中国司法》2011年第9期。

犯罪所得移至国外等不利侦破犯罪的情形，进而加大侦破案件的难度。为了有效解决这一问题，国际社会通过签署条约等途径加强不同国家之间就侦破腐败犯罪行为展开情报互换、协助调查、提供有关涉案物品、技术交流等方面的执法合作工作。《联合国反腐败公约》要求缔约国加强和建立各国主管机关、部门之间开展执法合作的联系渠道，并就具体的执法合作内容作了规定。

(6)联合侦查是依照合作方国家之间共同签署的双边或多边协议，针对某一具体涉及一国或多国侦查、起诉或者审判事由的事宜建立联合侦查机构的一种反腐败合作方式。当腐败犯罪的行为人潜逃国外或将犯罪所得转移至境外时，就会加大对腐败犯罪的侦破难度，使单个国家面临侦查难、取证难等问题。联合侦查将会发挥合作方各自的优势，从而有助于提高对腐败犯罪的打击效率。另外，公约强调实施联合侦查时，应当充分尊重合作缔约国的国家主权。

(7)相对于一般侦查手段而言，特殊侦查手段往往针对一些隐蔽性更强、涉及面更广、危害更大的腐败案件。特殊侦查手段往往是在司法机关获得一定的腐败犯罪证据或情报的基础上，为了进一步查清事实、获取更多证据，在犯罪行为尚未完成或正在实施的过程中主动采取的一种侦查手段。特殊侦查手段具有积极和消极两方面的影响。积极的一面是有助于查清案件事实，掌握犯罪证据；消极的一面是若使用不当，将会侵犯被调查对象的合法权益，并产生负面的社会影响。《联合国反腐败公约》规定了控制下交付、电子或其他形式监视以及特工行动等三种特殊侦查手段。

二、区域性条约框架下的反腐败合作

自20世纪90年代以来，区域性组织积极开展和探索反腐败合作机制，并陆续签订了一些区域性合作协议。其中，具有代表性的区域性反腐败合作协议有《美洲国家组织反腐败公约》、欧洲委员会《反腐败刑法公约》、《反腐败民法公约》、欧盟《打击欧洲共同体官员或欧洲联盟成员国官员腐败公约》、非洲联盟《预防和打击腐败公约》以及亚太经合组织《北京反腐败宣言》等。

美洲国家组织于1996年3月，制定了世界上第一部专门致力于反腐败合作工作的区域性条约。该公约统一了美洲区域内不同国家关于腐败犯罪的认定标准，明确了腐败犯罪范围，建立了一套高效、统一的预防、侦查、惩治腐败的机制，有力地促进了区域国家间的反腐败合作。该公约除序言之外，共有28条，重点对腐败预防措施、公约适用范围、管辖权、腐败行为、引渡、协作和合作等内容作了较为详尽的规定。为了推动《美洲国家组织反腐败公约》在成员国境内的有效实施，美洲国家于1997年7月，制定了一个具体贯彻落实该公约任务的行动纲领，即《泛美国家反腐败合作纲领》。

自20世纪90年代以来，欧洲委员会把打击腐败当作一项重要区域性合作任务。1996年11月，欧盟委员会部长委员会通过了一项旨在推动反腐败具体工作计划的《反腐败行动纲领》。该纲领的核心内容之一是推动并制定统一的欧洲反腐败公约。经过欧盟委员会和各成员国的不懈努力，欧洲委员会成员国分别于1999年1月和1999年11月签署了《反腐败刑法公约》和《反腐败民法公约》。其中，《反腐败刑法公约》除序言外，共分五章四十二条。该公约的核心内容有术语的使用、国家措施、监督实施、国际合作等。《反腐败民法公约》，除序言外共分三章二十三条。该公约的核心内容是通过具体措施解决受害人因腐败行为而遭受的利益损失，从而有效弥补《反腐败刑法公约》在民事救济措施方面存在的不足。该公约规定缔约国应当对因腐败行为而遭受损害的当事人提供法律上的救济措施，并依法保证受害人的损失得到充分赔偿。公约还明确了赔偿的范围既包括物质损失，也包括非物质损失。

长期以来，腐败是困扰非洲国家发展的难题之一。自20世纪90年代以来，在国际社会的大力支持下，非洲国家逐步重视国家治理中的反腐败问题。1999年2月，援助非洲国家全球联盟通过了《非洲国家反腐败原则》，开启了非洲国家间反腐败合作之路。该原则的核心目标之一是要求缔约国制定并完善有关惩罚腐败犯罪的法律制度，并保证反腐机构的独立性和自治性。2003年7月，非洲联盟因势利导，通过了《预防和打击腐败公约》，将非洲国家之间的反腐败合作纳入一个更高层次的法制合作之路。除序言外，非洲联盟《预防和打击腐败公约》共有二十八条。公约强调了非洲国家间开展反腐败合作的基本宗旨和原则，规定了公约的适用范围，列举了典型的腐败犯罪行为，阐明了引渡、司法协助等具体合作方式和制度。

近年来，我国政府积极寻求区域性框架下的反腐合作，取得了一定的成绩，其中，最具代表性的成果当属亚太经合组织第二十六届部长级会议通过的《北京反腐宣言》。亚太经合组织在推动亚太地区经贸合作、投资自由化发展等方面发挥着重要作用。考虑到腐败行为对国家治理、经济发展产生的消极影响，亚太经合组织在注重地区经济发展的同时，将反腐败问题引入成员方讨论的议题内容中。2004年11月，以智利、韩国和美国共同提交的《圣地亚哥反腐败和确保透明度承诺》为契机，第十六届亚太经合组织部长会议通过了《亚太经合组织反腐败和保障透明行动方针》。该方针的核心内容之一是要求各经济体建立客观、透明的标准，促进亚太经合组织成员之间开展引渡、司法协助等方面的反腐败合作。2014年11月7日至8日，亚太经合组织第二十六届部长级会议在北京举行。在我国政府和其他成员方的积极努力下，北京峰会通过了中国主导起草的《北京反腐败宣言》。宣言进一步强化了经合组织各方在引渡、司法协助、追赃、追逃等反腐合作方面的承诺，并建立亚太地区反腐败执法合作网络。亚太地区是我国外逃人员和外流资金的主要目的地，该宣言的通过释放了亚太经合组织成员合作反腐的强烈信号，对我国境外追逃追赃工作具有极大推动作用。〔30〕

三、双边协议下的反腐败合作

国家之间通过签订引渡、司法协助等内容的双边协议是进行反腐败国际合作的另一重要方式和途径。相对于国际性公约和区域性公约下的反腐败国际合作模式而言，两个国家之间通过签订双边协议开展反腐败合作的模式具有针对性强、义务明确具体、效率高等优点。截至2017年1月15日，我国已与59个国家签署了含有刑事司法协助内容的双边条约(协议)，与48个国家签订了双边引渡条约。根据《缔结条约程序法》第三条第二款的规定："中华人民共和国全国人民代表大会常务委员会决定同外国缔结的条约和重要协定的批准和废除。"因此，我国签署的有关司法协助和引渡的条约必须经过全国人民代表大会常务委员会审议批准。截至2017年1月15日，已获得全国人大常委会批准的含有刑事司法协助内容的双边条约(协定)共53项，双边引渡条约为37项。〔31〕 近年来，为了规范我国刑事司法协助体制，加强打击跨国

---

〔30〕 王晓东：《论北京反腐败宣言背景下的境外追逃追赃》，载《法学论坛》2015年第6期。

〔31〕 G20反腐败追逃追赃研究中心：《中华人民共和国反腐败追逃追赃条约法规汇编》，中国政法大学出版社出版2017年版，第2页。

犯罪国际合作,我国加快了完善和制定相关法律制度的步伐。2017 年 12 月 22 日,第十二届全国人大常委会第三十一次会议首次审议《国际刑事司法协助(草案)》。该草案不仅规定了开展司法协助的基本原则、依据、主管机关、对外联系机关、经办机关及其职责、经费保障等实体内容,而且还对刑事司法协助的具体程序内容做了详细规定。

由于我国至今还没有和一些我国外逃贪官出逃主要目的地的国家签订双边反腐败合作协议,无法达到我国实施追逃、追赃的预期效果。尽管,我国目前已签订的含有反腐败内容的双边协议已经达到一定的数量规模,但是,作为外逃贪官出逃主要目的地的美国、加拿大、澳大利亚等西方发达国家,都没有同我国签订引渡条约。许多英美国家将双边协议作为实际执行追逃、追赃的前提条件,使我国很难在实践中完成相关的合作工作。另外,我国部分双边引渡协议和司法协助协议由于签署时间较早,存在内容简略、合作方式单一等问题和缺陷,无法满足我国目前快速发展的反腐败合作需求。为了解决上述问题,我国应当在修改完善相关法律制度的基础上,推动和其他国家之间的谈判和协商,尤其是推动和西方发达国家之间的谈判和协商,尽快签署相关的反腐败合作双边协议。

思考题

1. 腐败的危害有哪些?
2. 监察法所确立的反腐败制度有何新的内容和特点?
3. 联合国反腐败公约的主要内容有哪些?
4. 简述双边协议下的反腐败合作。

第九章　对监察机关和监察人员的监督

第一节　对监察机关和监察人员的监督之概念、特征和意义

核心法条

《中华人民共和国监察法》第五十三条

各级监察委员会应当接受本级人民代表大会及其常务委员会的监督。

各级人民代表大会常务委员会听取和审议本级监察委员会的专项工作报告,组织执法检查。

县级以上各级人民代表大会及其常务委员会举行会议时,人民代表大会代表或者常务委员会组成人员可以依照法律规定的程序,就监察工作中的有关问题提出询问或者质询。

一、对监察机关和监察人员的监督之概念和特征

任何权力都必须得到制约并被监督,监察权的行使亦是如此。对监察机关和监察人员的监督是法律监督的重要组成部分。所谓法律监督,有广义和狭义之分。广义的法律监督是指国家机关、各政党、社会团体和公民等对于法律运行和操作过程,包括立法、司法活动的程序及其结果是否合法实施评价和督导。狭义上的法律监督,专指有关国家机关依照法定职权和法定程序,对立法、执法和司法活动的合法性进行的监察和督促。

对监察机关和监察人员的监督也可以分为广义和狭义两种。广义的对监察机关和监察人员的监督是指国家机关、各政党、社会团体和公民等对监察法

的运行和操作过程的评价和督导。狭义的对监察机关和监察人员的监督是指国家机关、各政党、社会团体和公民等对监察机关的监察活动是否合法所进行的督察和督促。就狭义的对监察机关和监察人员的监督而言,它具有以下特征。

(一)对监察机关和监察人员的监督主体之广泛性

对监察机关和监察人员的监督的主体是指对监察机关和监察人员的监督行为的实施者,即依法享有对监察机关和监察人员的监督权的机关和个人。在我国,对监察机关和监察人员的监督主体具有广泛性,国家机关、各政党、社会团体和公民等都是对监察机关和监察人员的监督的主体,都有权对监察机关的监察活动是否合法进行监督。

(二)对监察机关和监察人员的监督权力之法律性

对监察机关和监察人员的监督制度和对监察机关和监察人员的监督活动必须有法律依据。对监察机关和监察人员的监督是具有法定监督权限的主体,依照法律规定对监察机关的监察活动是否合法所进行的督察和督促。因此,对监察机关和监察人员的监督必须具有法律性。首先,对监察机关和监察人员进行监督的权力是一种法律权力,这种权力来源于它本身的合法性;其次,对监察机关和监察人员进行监督的权力分配、运行和操作,都应当有法律的统一规范和指引,包括行使对监察机关和监察人员的监督权的主体必须具有合法资格,监督的方式和程序必须合法,等等。

(三)对监察机关和监察人员的监督内容之特定性

对监察机关和监察人员的监督作为法律监督的重要组成部分,其内容具有特定性。这种特定性表现为,它是对监察机关和监察人员的监督主体对国家监察机关的监察活动是否合法实施监督。监察机关开展监察活动,必须符合国家法律的规定,必须按照法定程序进行监察活动。对监察机关和监察人员的监督的主要内容就是由对监察机关和监察人员进行监督的主体对监察机关所进行的监察活动依法实施监督,以防止监察机关违法实施监察活动。

二、对监察机关和监察人员的监督之意义

监察法之所以要规定对监察机关和监察人员的监督，主要是基于对监察机关和监察人员的监督本身所具有的法律意义。

（一）确保监察机关的监察活动合法实施

监察机关依法行使国家监察权，对监察对象实施监察。权力必须受到制约和监督，没有制约和监督，权力就可能被滥用。监察机关进行监察活动，必须严格依照法律规定和法定程序进行。监察活动必须受到监督。通过对监察机关和监察人员的监督主体对监察机关的监察活动的合法性实施监督，就可以防止监察机关违法进行监察活动，确保监察活动具有合法性。

（二）实现监察民主的重要手段

监察民主是现代民主政治的重要组成部分。所谓民主政治，是指由公民选举自己的代表和政府来代表自己的利益，并使他们按自己的意志来行使国家权力。监察权是一种国家权力，由监察机关依法行使。对监察机关和监察人员的监督是监察民主的体现，是实现监察民主的重要手段。对监察机关和监察人员的监督的主体通过对监察机关监察活动的监督，来实现自己的监察民主权力，使监察民主得以真正地实现。

（三）保护监察对象不被违法监察的重要方法

任何人都不能无缘无故地被当作监察对象由监察机关进行监察。监察机关对监察对象进行监察活动必须有事实上和法律上的依据。在进行监察活动过程中，不得侵犯监察对象的合法权利。对监察机关和监察人员的监督就可以防止监察机关将不应该列为监察对象的人列为监察对象，同时防止监察机关和监察人员在监察活动中侵犯监察对象的合法权利。因此，对监察机关和监察人员的监督可以及时发现监察机关的违法行为，确保监察对象的合法权利不受侵犯。

第二节　对监察机关和监察人员的监督之方式

核心法条

《中华人民共和国监察法》第五十四条

监察机关应当依法公开监察工作信息，接受民主监督、社会监督、舆论监督。

《中华人民共和国监察法》第五十五条

监察机关通过设立内部专门的监督机构等方式，加强对监察人员执行职务和遵守法律情况的监督，建设忠诚、干净、担当的监察队伍。

一、监察机关的内部监督

监察机关的内部监督，也就是监察机关的自我监督。它是"对监察机关和监察人员的监督的最基本的自我净化形式"。[1] 监察法设计了一系列监察机关自我监督的体系和制度，为监察机关自我监督提供了法律依据。监察法第三十六条规定："监察机关应当严格按照程序开展工作，建立问题线索处置、调查、审理各部门相互协调、相互制约的工作机制。监察机关应当加强对调查、处置工作全过程的监督管理，设立相应的工作部门履行线索管理、监督检查、督促办理、统计分析等管理协调职能。"该规定表明，监察机关自我监督主要通过以下方式进行。

（一）建立调查、审查各部门相互协调、相互制约的工作机制

监察机关处理监察案件，分别由问题线索处置部门、监察调查部门和监察审查部门负责进行。根据监察法的上述规定，监察机关应当严格按照程序开展工作，问题线索处置部门、监察调查部门和监察审查部门之间要建立相互协

〔1〕 张杰：《监察法适用中的重要问题》，载《法学》2018 年第 6 期。

调、相互制约的工作机制。相互制约的工作机制就是加强监察机关各部门之间的内部监督和自我监督。强化监察机关各部门之间的内部监督，有利于防止因权力过于集中而引发私存问题线索、串通包庇、跑风漏气、以案谋私等问题。这是监察机关加强内部监督的必然要求。这种相互制约的工作机制，要求监察机关的问题线索处置部门、监察调查部门和监察审理部门分工负责，各司其职，互相监督。比如，检查审理部门对于监察调查部门移送审理的案件，需要成立审查组，对案件进行认真审查，并在审查中对监察调查部门的调查活动实行监督，如果发现主要案件事实不清，证据不足，或者需要补充完善证据的，就可以退回监察调查部门重新调查或者补证。

（二）加强对调查、处置工作全过程的监督管理

监察法第三十六条第二款规定："监察机关应当加强对调查、处置工作全过程的监督管理，设立相应的工作部门履行线索管理、监督检查、督促办理、统计分析等管理协调职能。"该规定也是要求监察机关加强内部监督管理。监察法强调监察机关应当加强对调查、处置工作全过程的监督管理，这就是要求对监察调查工作、监察处置工作进行全方位、全过程的监督管理，不留余地、不留死角的监督管理。同时通过设立相应的工作部门履行线索管理、监督检查、督促办理、统计分析等管理协调职能。

（三）设立内部专门的监督机构，完善内部监督机制

监察法第五十五条规定："监察机关通过设立内部专门的监督机构等方式，加强对监察人员执行职务和遵守法律情况的监督，建设忠诚、干净、担当的监察队伍。"监察机关的内部监督，除了问题线索处置部门、监察调查部门和监察审查部门之间相互监督、相互制约外，监察法还明确规定监察机关应当设立内部专门的监督机构，加强对监察人员执行职务和遵守法律情况的监督。这种监督的目的，就在于建设一支忠诚、干净、担当的监察队伍。监察机关内部专门的监督机构的设立是加强监察机关自我监督的重要手段和重要平台。该机构通过对监察人员执行职务和遵守法律的情况实行内部监督，促使监察人员严格依法执行职务，严格遵守法律规定，以防止和杜绝监察人员违法执行职务现象的出现。监察法第五十六条规定："监察人员必须模范遵守宪法和法律，忠于职守、秉公执法，清正廉洁、保守秘密；必须具有良好的政治素质，熟

悉监察业务,具备运用法律、法规、政策和调查取证等能力,自觉接受监督。”监察机关内部的专门监督部门,根据该条规定的内容,加强对监察人员的监督。对于违反该规定的监察人员,监察机关应依法作出相应的处理。

(四)通过建立“办理监察事项报告备案制度”,加强内部监督

监察法第五十七条规定:“对于监察人员打听案情、过问案件、说情干预的,办理监察事项的监察人员应当及时报告。有关情况应当登记备案。发现办理监察事项的监察人员未经批准接触被调查人、涉案人员及其特定关系人,或者存在交往情形的,知情人应当及时报告。有关情况应当登记备案。”办理监察事项报告备案制度,是指监察机关监察人员在办理监察案件过程中,遇到法定事项,必须及时报告并进行登记备案的一种制度。根据上述规定,该制度主要包括两个方面的内容:

1. 对监察人员干预案件的报告和备案。监察人员办理监察事项依法应当独立进行。没有办理本案的监察人员不得随意干预其他监察人员办理的案件。监察人员在问题线索处置、日常监督、监察调查、监察审理等各个办案环节打听案情、过问案件、说情干预的,办理监察事项的监察人员应当按照有关规定及时向有关组织报告,反映情况,对与此相关的情况还要登记备案。

2. 对办理监察事项的监察人员违反规定接触有关人员的报告和备案。监察机关办理监察事项的监察人员,在办理监察事项过程中,必须严格遵守办案规定,不得私自接触或会见有关人员。根据上述规定,办理监察事项的监察人员不得未经批准接触被调查人、涉案人员及其特定关系人,也不得与被调查人、涉案人员及其特定关系人有交往。如果办理监察事项的监察人员存在这种情况,知情人应当及时向有关组织报告,相关组织应当对有关情况登记备案。这里的知情人可以是共同办理该监察事项的其他监察人员,也可以是被调查人、涉案人员及其特定关系人或者其他知情人员。知情人知晓办理监察事项的监察人员存在上述违法行为时,有及时报告的义务。

(五)通过建立监察人员离岗离职后脱密期管理制度和辞职、退休后从业限制制度,加强自我监督

监察人员离岗离职后脱密期管理制度,是指在监察人员因故离岗离职后,依法设定脱密期,要求离岗离职的监察人员在脱密期内,严格履行保密义务,

不得泄露相关秘密的制度。监察人员在从事监察工作期间，必然会接触到大量的国家秘密和工作机密，为了防止监察人员在工作中接触的秘密因为其离岗离职而出现泄露的现象，必须让保密责任与离岗离职的监察人员如影随形。监察法第五十九条第一款规定："监察机关涉密人员离岗离职后，应当遵守脱密期管理规定，严格履行保密义务，不得泄露相关秘密。"该规定就是监察人员离岗离职后脱密期管理制度的法律依据。该制度也是监察机关自我监督的重要手段。监察人员离岗离职后，必须严格遵守脱密期管理规定，严格履行保密义务，不得泄露相关秘密。如果不履行保密义务，泄露相关秘密，必将被追究相应的法律责任。

监察人员辞职、退休后从业限制制度，就是指监察人员在主动辞职或者退休后的法定期限内，不得从事与监察和司法工作相关联且可能发生利益冲突的职业的制度。在我国，国家机关公务人员、法官、检察官等辞职、退休后，都有从业限制规定。对监察人员辞职、退休后的工作，也应当有从业限制，以避免产生利益冲突。监察法第五十九条第二款规定："监察人员辞职、退休三年内，不得从事与监察和司法工作相关联且可能发生利益冲突的职业。"该规定就是监察人员辞职、退休后从业限制规定的法律依据。根据规定，监察人员从业限制的年限为三年，即从其辞职、退休之日起三年内要受到从业限制；辞职、退休后的监察人员从业限制的工作范围为不得从事与监察和司法工作相关且可能发生利益冲突的职业。对辞职、退休的监察人员实行从业限制，这也是监察机关自我监督的体现。当然，在其辞职、退休满三年后，还是可以从事被限制从事的职业。

二、人大监督

人大监督，是指各级人民代表大会及其常务委员会依法对各级监察委员会所进行的监督。"人大和人大常委会对监察机关的监督是监督机制中最主要、最核心的环节。"[2] 监察法第五十三条规定："各级监察委员会应当接受本级人民代表大会及其常务委员会的监督。各级人民代表大会常务委员会听取和审议本级监察委员会的专项工作报告，组织执法检查。县级以上各级人

〔2〕 张杰：《监察法适用中的重要问题》，载《法学》2018 年第 6 期。

民代表大会及其常务委员会举行会议时，人民代表大会代表或者常务委员会组成人员可以依照法律规定的程序，就监察工作中的有关问题提出询问或者质询。”人大对同级监察委员会的监督除了具有充分的法律正当性外，还具有很强的现实必要性。监察委员会整合了原来分散在行政监察机关、检察机关的反腐败力量，从而形成覆盖国家机关和公务人员的国家监察体系。新成立的这一国家机关具有很高的法律地位、政治地位和权威性，且被赋予许多有别于其他国家机关的权力。但所有的权力都是“双刃剑”，因此，权力必须关进制度的“笼子”里，以监督和约束防止其异化变质，因此，必须加强人大对监察委员会进行监督的力量和权力。根据相关法律规定，人大对监察委员会的监督主要包括以下内容。

（一）各级监察委员会有义务接受本级人大及其常委会的监督

2018 年 3 月，全国人大通过了设立“国家监察委员会与地方各级监察委员会”的决定，并通过了《宪法修正案》和监察法。《宪法》新增了监察机关由人民代表大会产生，对它负责，受它监督的内容。同时，监察法对监察委员会的组成、任期、职能职责等基本构成要素等也都作出了明确规定。2018 年修改后的《宪法》第一百二十六条规定：“国家监察委员会对全国人民代表大会和全国人民代表大会常务委员会负责。地方各级监察委员会对产生它的国家权力机关和上一级监察委员会负责。”监察法第八条第四款规定：“ 国家监察委员会对全国人民代表大会及其常务委员会负责，并接受其监督。”第九条第四款规定：“地方各级监察委员会对本级人民代表大会及其常务委员会和上一级监察委员会负责，并接受其监督。”《宪法》和监察法的这些规定，都是人大监督监察委员的重要法律依据。根据规定，各级监察委员会应当自觉接受本级人民代表大会及其常务委员会的监督。接受人大监督是各级监察委员会的义务，必须严格执行。

（二）听取和审议本级监察委员会的专项工作报告，组织执法检查

各级监察委员会有义务向本级人大常委会做专项工作报告，各级人大常委会有权听取和审议本级监察委员会做专项工作报告。通过听取和审议监察委员会的专项工作报告，加强对监察委员会监察工作的监督。各级人大常委会对本级监察委员会的专项工作报告有意见的，应当提出审议意见，交由本级

监察委员会进行整改，本级监察委员会进行整改后，应当向本级人大常委会提出书面报告。必要时，本级人大常委会可以对监察委员会的专项工作报告作出相应的决议，交付监察委员会执行，监察委员会应当在决议规定的期限内将执行决议的情况向本级人大常委会报告。

根据监察法的规定，各级人大常委会在必要时可以组织执法检查。所谓组织执法检查，是指人大常委会组织相关人员依法对涉及监察工作的有关法律、法规实施情况以及监察委员会的监察工作进行检验核查的活动。执法检查结束后，执法检查组应当及时提出执法检查报告，提请本级人大常委会审议。执法检查报告的主要内容为：对涉及监察工作的有关法律、法规的实施情况进行评价，提出执法中存在的问题和改进执法工作的相关建议；对涉及监察工作的有关法律、法规提出修改和完善的建议；对本级监察委员会实施监察工作中存在的问题提出整改建议等。各级人大常委会通过组织执法检查，加强对本级监察委员会的监督。

（三）就监察工作中的有关问题提出询问或者质询

县级以上各级人民代表大会及其常务委员会举行会议时，人民代表大会代表或者常务委员会组成人员可以依照法律规定的程序，就监察工作中的有关问题提出询问或者质询，这是人大对本级监察委员会进行监督的两种重要方式。所谓询问，是指各级人大常委会在审议议案和有关报告时，依法定程序向本级监察委员会负责人提出其所关心或者关注的相关问题，由负责人予以解答的一种监督方式。所谓质询，是指由一定数量的县级以上人大常委会组成人员联名，向本级人大常委会书面提出对本级监察委员会的质询案，由接受质询的监察委员会予以答复的一种监督方式。质询一般是对比较严重的问题发出质询案，比询问更加严格。质询案应当写明质询的问题和内容。接受质询的监察委员会可以口头或者书面答复质询。[3] 口头答复的，应当由受质询的监察委员会负责人到会予以当面答复；书面答复的，应当写出书面文件，由受质询的监察委员会负责人签署后及时送达本级人大常委会。

---

〔3〕 中共中央纪律检查委员会、中华人民共和国国家监察委员会：《中华人民共和国监察法释义》，中国方正出版社 2018 年版，第 240 页。

（四）依法罢免本级监察委员会主任、副主任和委员

各级人民代表大会有权罢免本级监察委员会主任，各级人大常委会有权罢免本级监察委员会副主任、委员。依法罢免本级监察委员会主任、副主任、委员，是人大对监察委员会进行监督的最有力的一种方式。监察法第八条第二款规定："国家监察委员会由主任、副主任若干人、委员若干人组成，主任由全国人民代表大会选举，副主任、委员由国家监察委员会主任提请全国人民代表大会常务委员会任免。"第九条第二款规定："地方各级监察委员会由主任、副主任若干人、委员若干人组成，主任由本级人民代表大会选举，副主任、委员由监察委员会主任提请本级人民代表大会常务委员会任免。"在履行职责的过程中，如果监察委员会主任不称职，各级人民代表大会有权将其予以罢免，如果监察委员会副主任、委员不称职，各级监察委员会主任有权提请本级人大常委会将其予以罢免。各级人民代表大会及其常务委员会通过行使罢免权，可以有效地对各级监察委员会实行监督，促使其依法行使监察权，依法实施各项监察活动。

（五）监察追责

监察追责，是指监察机关对在监察工作中严重失职、违法的监察人员以及负有责任的领导人员依法追究责任的活动。它是监察机关自我监督的重要方式。监察法第六十一条规定："对调查工作结束后发现立案依据不充分或者失实，案件处置出现重大失误，监察人员严重违法的，应当追究负有责任的领导人员和直接责任人员的责任。"根据该条规定，对负有直接责任的监察人员以及负有责任的领导人员追究责任，主要是基于以下三种情况：

1. 调查工作结束后，发现立案依据不充分或者失实。也就是说，对被调查人不该立案的却错误地予以立案，且立案证据不充分，甚至失实。在这种情况下，就应当依法追究负有责任的领导人员和直接责任人员的责任。

2. 案件处置出现重大失误。监察法对案件处置的程序和权限都作出了明确规定，如果案件处置过程中出现违法采取留置措施，不按程序采取调查措施，结果导致案件处置出现重大失误的，就应当依法追究负有责任的领导人员和直接责任人员的责任。

3. 监察人员严重违法。监察人员办理监察案件，必须严格依法进行。如

果在办案过程中,监察人员出现严重违法现象,就应当依法追究负有责任的领导人员和直接责任人员的责任。

三、检察监督

对监察机关和监察人员的检察监督,是指人民检察院依法对监察机关和监察人员的监察活动是否合法予以法律监督的活动。由于监察权是一种新的监督权,是一种与行政权、司法权并立的国家监督权,专门监督国家权力运行的廉洁性和效能性,因此,对于检察机关是否有权对监察机关实行法律监督,理论界也存在争议。有人认为,监察机关不受检察机关的监督,因为监察权本身是一种独立的监督权。我们认为,检察机关依法有权对监察机关和监察人员的监察活动是否合法实行法律监督。理由如下:其一,检察机关的性质决定其有权监督监察机关。《宪法》第一百三十四条规定:"中华人民共和国人民检察院是国家的法律监督机关。"作为国家专门的法律监督机关,当然有权对监察机关的监察活动是否合法实行法律监督。监察机关行使的监察权,本身也是一种国家公权力,这种专司监督的公权力本身也需要进行监督。如果监察机关的监察权不受监督,就难以保证监察机关不会滥用监察权。权力必须受到制约,这是法治的基本要求。检察机关作为国家的专门法律监督机关,其对监察机关的监督,具有合宪性。而且,检察机关具有丰富的监督经验,完全能够胜任对监察机关的法律监督工作,因此,它是最合适的监督机关。其二,检察机关与监察机关的相互关系原则决定检察机关有权监督监察机关。《宪法》第一百二十七条第二款规定:"监察机关办理职务违法和职务犯罪案件,应当与审判机关、检察机关、执法部门互相配合,互相制约。"宪法的这一规定明确了检察机关与监察机关相互关系的基本原则。这一原则的内容之一就是要求监察机关办理职务违法和职务犯罪案件,应当与检察机关互相制约。这是检察机关有权对监察机关进行法律监督的又一宪法根据。所谓互相制约,其实是一种双向的法律监督机制。不仅检察机关有权监督监察机关,监察机关也有权监督检察机关。从某种意义上而言,所谓制约,就具有了监督的性质。监察机关办理职务违法和职务犯罪案件,是否依法进行,是否侵犯被调查人的合法权益,检察机关有权依法实行法律监督,发现问题时,有权要求监察机关及时予以纠正。监察机关也应当自觉接受检察机关的监督,严格依法办理监察案件,依法开展监察活动,依法行使监察权。

四、人民群众监督

人民群众监督,是指社会各界各种力量对监察机关和监察人员的监察活动是否合法所进行的监督活动。对监察机关和监察人员的监督除了自我监督、人大监督和检察监督以外,监察法还明确规定了人民群众监督这种监督形式。监察法第五十四条规定:"监察机关应当依法公开监察工作信息,接受民主监督、社会监督、舆论监督。"监察法的这一规定,明确规定了人民群众对监督机关和监察人员的监察活动实行监督的权力。《宪法》第二条规定:"中华人民共和国的一切权力属于人民。"监察机关的监察权也来自人民,属于人民,因此必须接受人民的监督。人民群众监督主要通过民主监督、舆论监督和社会监督的方式进行。这三种方式的监督是为了"实现对其监督的全方位和立体化","通过多种方式监督,监察权力被关进制度的'笼子'里"。[4]

(一)民主监督

民主监督,是指人民政协或者各民主党派等监督主体对监察机关及其监察人员的监察活动是否合法所进行的监督活动。民主监督是人民政协三大主要职能之一。2005 年颁发的《中共中央关于进一步加强中国共产党领导的多党合作和政治协商制度建设的意见》,对中国共产党与民主党派互相监督的内涵进行了概括:"中国共产党与民主党派实行互相监督。这种监督是在坚持四项基本原则的基础上通过提出意见、批评和建议的方式进行的政治监督,是我国社会主义监督体系的重要组成部分。"民主监督是一种自下而上的非权力性监督,主要是通过提出建议和批评协助党和国家机关改进工作,提高工作效率,克服官僚主义。就其对监察机关的监督而言,就是人民政协通过向监察机关提出建议和批评协助监察机关改进工作,提高工作效率,克服官僚主义。同时,通过对监察机关的监督,促使监察机关认真依法履行职责,依法进行监察活动。中国共产党与各民主党派之间是一种多党合作的关系,相互之间互相监督。各民主党派也有权对监察机关的监察活动是否合法实行监督,

---

〔4〕 张杰:《监察法适用中的重要问题》,载《法学》2018 年第 6 期。

提出批评和建议。

(二)社会监督

社会监督,是指公民、法人或者其他组织依法对监察机关及其监察人员的监察活动是否合法所实行的监督活动。中华人民共和国的一切权力属于人民。人民有权对监察机关实行监督。监察机关的监察活动,必然会涉及公民、法人或者其他组织的权益,如果权益受到了监察机关监察活动的不当侵犯,他们有权提出申诉和控告,从而形成对监察机关监察活动的监督态势。社会监督是一种最广泛的监督。只要监察机关的监察活动存在违法现象,公民、法人或者其他组织都有权进行举报、控告和申诉,通过这些途径,达到纠正监察机关的违法行为,保护自身或者他人合法权益的目的。

(三)舆论监督

舆论监督,就是社会各界通过广播、影视、报刊、杂志、网络、自媒体等大众传播媒介,发表自己的意见和看法,形成舆论,对监察机关及其监察人员的监察活动是否合法所实行的监督活动。对监察机关及其监察人员的监察活动通过舆论进行监督,形成舆情,可以促使监察机关及其监察人员在进行监察活动时严格依法办案。因为,监察机关及其监察人员都不会愿意因为监察活动中出现的违法现象而成为舆论的中心,引发不必要的舆情。舆论监督的力量十分强大,在强大的舆论监督面前,监察机关及其监察人员在办理监察案件过程中就会特别小心,严格依法依规办案。

民主监督、社会监督和舆论监督作为人民群众监督监察机关的主要形式,受监察法保护。监察机关及其监察人员应当自觉接受人民群众的监督。为了更好地接受人民群众的监督,监察法要求监察机关应当依法公开监察工作信息。各级监察机关应当建立和健全监察工作信息发布机制,依法公开监察工作信息,让广大人民群众及时了解监察机关的监察工作,从而达到监督监察机关的目的。

第三节　监察回避

核心法条

《中华人民共和国监察法》第五十八条

办理监察事项的监察人员有下列情形之一的，应当自行回避，监察对象、检举人及其他有关人员也有权要求其回避：

（一）是监察对象或者检举人的近亲属的；

（二）担任过本案的证人的；

（三）本人或者其近亲属与办理的监察事项有利害关系的；

（四）有可能影响监察事项公正处理的其他情形的。

一、监察回避的概念和意义

（一）监察回避的概念

监察回避，是指办理监察事项的监察人员具有法定的事由时，不得参与监察事项的办理的一项制度。回避制度是一项古老的制度，是为了实现公正而确立的一项制度。为了实现利益规避和防止预断而建立的与案件有某种利害关系或者其他特殊关系的特定人员不得参与案件办理的制度，称为回避制度。回避的法理源自于自然正义的观念。在古罗马有一项法律原则，“任何人不得自任裁判官”。英国普通法将该原则发展成为司法审判原则，作为自然正义派生的第一项原则：任何人不得在与自己有关的案件中担任法官。同理，监察人员办理监察事项，如果与案件有利害关系，或者某种特殊关系，也不得参与案件的办理。也就是说，监察人员不得在与自己有关的案件中担任监察官。

（二）监察回避的意义

监察法规定监察回避制度的目的，是保证监察人员客观公正地办理监察事项，防止办案过程中出现利益干扰、先入为主或者徇私舞弊的现象。因此，实行监察回避制度具有重要意义。

1. 有利于监察事项得到客观公正处理，实现实体公正

监察人员办理监察事项必须坚持客观公正的原则。如果办理监察事项的监察人员与案件有利害关系或者其他特殊关系，就有可能先入为主，或者徇私舞弊。人的本性都是有自私的一面的，涉及自己的利益或者与自己有某种特殊关系的人的利益，监察人员就难以做到客观公正。而法律要求监察人员必须能够客观公正地处理监察事项。监察机关办理监察案件，也必须做到实体公正。所谓实体公正，就是指在实体上，被调查人或者监察对象确实存在职务违法或者职务犯罪行为，对其处理必须符合相关法律、法规的实体性规定。如果应当回避的监察人员不予回避，就很难在监察事项处理中实现实体公正。

2. 保障被调查人或者监察对象在监察活动中受到公正对待，实现程序公正

监察人员办理监察事项，不仅要力求实现实体公正，还要保证实现程序公正。被调查人或者监察对象在监察活动中受到公正对待，是程序公正的重要表现。公正地对待被调查人或者监察对象，关键在于办理监察事项的监察人员不能对被调查人或者监察对象存在主观上的偏见。如果办理监察事项的监察人员与案件有利害关系，或者有其他特殊的关系，就很难公平对待被调查人或者监察对象。程序公正要求监察人员严格按照监察法和其他相关法律、法规规定的程序办理监察事项，充分保障被调查人或者监察对象在监察活动中的合法权益。监察人员不得违反相关程序，对被调查人或者监察对象采取监察措施，作出监察处理决定。应当回避的监察人员，如果不予回避，就很难实现程序公正。

3. 确保监察机关和监察活动的公信力

监察机关和监察人员办理案件，必须树立社会公信力，监察机关的监察活动也必须具有社会公信力。如果没有公信力，监察机关就会失去社会对它的信任，就会严重影响其对职务违法和职务犯罪行为的查处力度。监察回避制度的建立和运作，有利于消除被调查人或者监察对象以及社会的疑虑，使他们对监察机关产生信赖，进而对监察事项办理的过程及处理结果产生信任。如果应该回避的监察人员不予回避，必然会使被调查人或者监察对象以及社会对监察活动产生疑虑和不信任，对监察案件的处理结果产生不信任，这将严重影响监察机关的社会公信力。所以，具有法定回避情形的监察人员必须回避。

二、监察回避的种类

监察法第五十八条规定:办理监察事项的监察人员有法定回避情形之一的,应当自行回避,监察对象、检举人及其他有关人员也有权要求其回避。该规定表明,监察回避有两种:一种是自行回避,另一种是申请回避。

(一)自行回避

所谓自行回避,是指办理监察事项的监察人员发现自己具有监察法规定的应当回避情形,主动向所在监察机关提出不参与案件办理的申请,从而主动退出案件的办理。自行回避,是监察人员应有的素质及其应尽的义务。办理监察事项的监察人员一旦发现自己具有应当回避的法定情形,就应当本着维护监察机关公信力的原则,及时向所在监察机关提出退出案件办理的申请,自觉退出案件的办理。这种退出,也是对监察人员自身的一种保护,可以防止自己先入为主办错案件,也可以避免自己在办理案件中出现徇私舞弊的情况。

(二)申请回避

所谓申请回避,是指监察对象、检举人及其他有关人员发现办理监察事项的监察人员具有法定的回避情形,依法向监察人员所在的监察机关提出申请,要求该监察人员不得参与案件办理的请求。申请回避,是监察对象、检举人及其他有关人员的一项法定权利,任何机关和个人都不得阻止他们行使这一权利。申请回避一般是在应当回避的监察人员没有自行回避的情况下提出申请,但即使应当回避的监察人员自行提出了回避申请,监察对象、检举人及其他有关人员也有权提出要求监察人员回避的申请。

三、监察回避的理由

回避的理由,是指监察人员应当回避的法定情形。监察法第五十八条规定:"办理监察事项的监察人员有下列情形之一的,应当自行回避,监察对象、检举人及其他有关人员也有权要求其回避:(一)是监察对象或者检举人的近亲属的;(二)担任过本案的证人的;(三)本人或者其近亲属与办理的监察事项有利害关系的;(四)有可能影响监察事项公正处理的其他情形的。"

（一）是监察对象或者检举人的近亲属

任何人不得担任自己案件的法官，也不得担任自己近亲属的法官，监察人员也不例外。如果办理监察事项的监察人员是监察对象或者检举人的近亲属，就不得参与案件的办理。所谓近亲属，一般是指监察对象或者检举人的配偶、父母、子女或者同胞兄弟姐妹。

（二）担任过本案的证人

监察案件中的证人，是指知道监察案件情况，在监察案件中作证的人。证人是具有不可替代性的人，由于他知道监察案件情况，有义务向监察机关作证。如果办理监察事项的监察人员是事先知道监察案件相关情况的人，他就具有了证人的资格，就应该作为证人，而不是办案人员。如果监察人员已经在监察案件中担任过证人，为了避免先入为主，防止对监察案件事实形成预断，该监察人员应当回避。

（三）本人或者其近亲属与办理的监察事项有利害关系

监察人员虽然不是监察对象或者检举人的近亲属，但他本人或者其近亲属与办理的监察事项存在某种利害关系，监察人员也应当回避。所谓利害关系，是指监察人员本人或者他的近亲属与办理的监察事项存在某种利益上的牵连关系，有可能是有利的关系，也有可能是有害的关系。无论是有利的关系，还是有害的关系，都是存在利害关系。存在利害关系，案件的处理结果就可能直接影响监察人员本人或者其近亲属的利益，那么，他就难以公正地办理监察事项，从而影响案件处理结果的公正性，因此，应当回避。

（四）有可能影响监察事项公正处理的其他情形

所谓有可能影响监察事项公正处理的其他情形的，是指监察人员存在有可能影响监察事项公正处理的其他关系。这是一个兜底条款和授权性规定。监察法对什么是有可能影响监察事项公正处理的其他情形没有作出明确规定。这里的判断标准就是看监察人员存在的其他关系是否可能影响监察事项的公正处理。如果不会影响监察事项的公正处理，就不需要回避，反之就应该回避。

四、监察回避的程序

监察法对回避的程序没有作出规定。结合《刑事诉讼法》《民事诉讼法》《行政诉讼法》关于回避的规定，我们认为回避的程序应该包括以下内容。

（一）回避申请的提出

无论是监察人员自行申请回避，还是监察对象、检举人申请监察人员回避，都必须提出书面申请。回避申请应当写明申请回避的理由。回避申请应当向办理监察事项的监察人员所在的监察机关提出。

（二）回避申请的审查和决定

监察机关对于监察人员的自行回避申请以及监察对象、检举人申请监察人员回避的申请，应当由监察委员会负责人依法进行审查，然后作出相应的决定。经过审查，认为监察人员具有法定的回避情形之一的，就应当作出监察人员回避的决定；如果认为监察人员不具有法定的回避情形的，就应该作出驳回回避申请，不同意监察人员回避的决定。

（三）回避的效力

根据一般原理，监察机关作出了监察人员应当回避的决定后，该决定一经作出立即生效，监察人员就应当立即停止办理相关的监察事项，退出案件的办理。对于根据监察对象和检举人的申请作出的回避决定，被决定回避的监察人员应该有申请复议的权利，复议以一次为限。对于监察对象、检举人提出监察人员回避的申请，监察机关如果驳回的，那么，对于驳回回避申请的决定，监察对象和检举人也应当有权申请复议，复议也以一次为限。

第四节　监 察 申 诉

核心法条

《中华人民共和国监察法》第六十条

监察机关及其工作人员有下列行为之一的,被调查人及其近亲属有权向该机关申诉:

(一)留置法定期限届满,不予以解除的;

(二)查封、扣押、冻结与案件无关的财物的;

(三)应当解除查封、扣押、冻结措施而不解除的;

(四)贪污、挪用、私分、调换以及违反规定使用查封、扣押、冻结的财物的;

(五)其他违反法律法规、侵害被调查人合法权益的行为。

受理申诉的监察机关应当在受理申诉之日起一个月内作出处理决定。申诉人对处理决定不服的,可以在收到处理决定之日起一个月内向上一级监察机关申请复查,上一级监察机关应当在收到复查申请之日起二个月内作出处理决定,情况属实的,及时予以纠正。

一、监察申诉的概念和意义

(一)监察申诉的概念

什么是申诉?根据《现代汉语词典》的解释有两种含义:第一,它是指诉讼当事人或其他公民对已经发生法律效力的判决或裁定不服时,依法向法院或检察院提出重新处理的请求;第二,它是指国家机关工作人员和政党、团体成员等对所受处分不服时,向原机关或上级机关提出自己的意见。申诉是公民的基本权利。《宪法》第四十一条第一款、第二款规定:“中华人民共和国公民对于任何国家机关和国家工作人员,有提出批评和建议的权利;对于任何国家机关和国家工作人员的违法失职行为,有向有关国家机关提出申诉、控告或者检举的权利,但是不得捏造或者歪曲事实进行诬告陷害。对于公民的申诉、控告或者检举,有关国家机关必须查清事实,负责处理。任何人不得压制和打击报复。”这是公民依法行使申诉权的宪法依据。在监察机关进行监察活动时，如果监察机关及其监察人员存在违法失职行为，被调查人及其近亲属也有权进行申诉。监察法第六十条规定，监察机关及其工作人员有监察法规定的违法行为之一的，被调查人及其近亲属有权向该机关申诉。这就是监察申诉的法律依据。

所谓监察申诉，是指在监察机关及其工作人员存在监察法规定的违法行为之一时，被调查人及其近亲属依法向该监察机关提出的重新处理的要求。监察申诉具有以下特征：

1. 监察申诉的主体是被调查人及其近亲属。在监察案件中，被调查人是重要的当事人。监察机关一般会对被调查人采取各种调查措施，这些调查措施可能存在违法现象，侵犯了被调查人的合法权益，这时被调查人就有申诉的权利。监察法不仅赋予了被调查人申诉的权利，也赋予了被调查人的近亲属申诉的权利。在监察活动中，只有被调查人及其近亲属有权进行申诉，其他人无权进行申诉。

2. 监察申诉的对象是监察机关及其工作人员的违法行为。监察申诉主要是针对监察机关及其工作人员的违法行为进行的。监察法明确规定了监察申诉的理由，也就是对监察机关及其工作人员的哪些行为可以提出申诉。申诉的对象是十分明确的，被调查人及其近亲属只能就监察法规定的可申诉行为进行申诉。

3. 监察申诉只能向对被调查人采取监察措施的监察机关提出。根据监察法的规定，被调查人及其近亲属提出申诉，受理的机关为对被调查人采取监察措施的监察机关，而不能向其他机关提出申诉。只有在对监察机关对申诉处理的决定不服时，才能向该监察机关的上一级监察机关申请复查。申请复查不是申诉，它是对申诉处理决定不服再向上一级监察机关请求重新处理。

（二）监察申诉的意义

监察法之所以规定监察申诉制度，是由监察申诉本身所具有的价值和意义所决定的。监察申诉的意义在于：

1. 监察申诉是切实保护被调查人的合法权益的重要方法。申诉是公民具有的宪法性基本权利。监察申诉是被调查人的一项重要权利。通过监察申诉,可以使被调查人在监察活动中被监察机关及其工作人员侵犯的合法权利得到保护,恢复原状。监察机关及其工作人员办理监察案件,不得侵犯被调查人的合法权益,如果侵犯了其合法权益,那么,被调查人的申诉是维护其合法权益的重要途径。

2. 监察申诉是对监察机关及其工作人员进行有效监督,纠正其违法行为的重要手段。在办理监察案件的过程中,监察机关及其工作人员有可能实施了侵犯被调查人合法权益的行为,监察申诉则是发现监察机关及其工作人员违法行为的重要途径。通过监察申诉,一方面,可以加强对监察机关及其工作人员监察活动的监督;另一方面,又可以及时发现和纠正监察机关及其工作人员侵犯被调查人合法权益的行为,以便及时予以纠正。

二、监察申诉的理由

监察申诉的理由也就是监察申诉的根据,即在什么情形下,被调查人及其近亲属可以向相关监察机关提出申诉。监察法第六十条第一款规定:"监察机关及其工作人员有下列行为之一的,被调查人及其近亲属有权向该机关申诉:(一)留置法定期限届满,不予以解除的;(二)查封、扣押、冻结与案件无关的财物的;(三)应当解除查封、扣押、冻结措施而不解除的;(四)贪污、挪用、私分、调换以及违反规定使用查封、扣押、冻结的财物的;(五)其他违反法律法规、侵害被调查人合法权益的行为。"这五个方面的规定,就是监察申诉的理由。

(一)留置法定期限届满,不予以解除的

监察留置是有法定期限的,超过法定期限就必须解除对被调查人或监察对象的留置措施。监察法第四十三条第二款规定:"留置时间不得超过三个月。在特殊情况下,可以延长一次,延长时间不得超过三个月。省级以下监察机关采取留置措施的,延长留置时间应当报上一级监察机关批准。监察机关发现采取留置措施不当的,应当及时解除。"这就是说,监察留置在一般情况下,不得超过三个月,三个月到期就应当解除对被调查人或监察对象的留置措施。当然,在特殊情况下,可以延长一次,但延长时间不得超过三个月。什么是特殊情况,监察法没有规定。我们认为,所谓特殊情况就是在法定的留置期

限内尚无法查清被调查人或监察对象职务违法或职务犯罪的事实，有必要延长留置期限。如果不是特殊情况，就不能延长留置期限。即使有特殊情况，需要延长留置期限，也必须报请上一级监察机关批准。如果没有报请上一级监察机关批准，擅自延长留置期限，就属于违法行为。被调查人或监察对象及其近亲属就有权提出申诉。同时，监察机关发现采取留置措施不当的，应当及时解除。如果不及时解除也是违法的，同样可以成为被调查人或监察对象及其近亲属申诉的理由。

（二）查封、扣押、冻结与案件无关的财物的

查封、扣押、冻结与案件有关的财物，是监察机关进行监察调查应有的权力和措施。监察法第二十五条规定："监察机关在调查过程中，可以调取、查封、扣押用以证明被调查人涉嫌违法犯罪的财物、文件和电子数据等信息。采取调取、查封、扣押措施，应当收集原物原件，会同持有人或者保管人、见证人，当面逐一拍照、登记、编号，开列清单，由在场人员当场核对、签名，并将清单副本交财物、文件的持有人或者保管人。对调取、查封、扣押的财物、文件，监察机关应当设立专用账户、专门场所，确定专门人员妥善保管，严格履行交接、调取手续，定期对账核实，不得毁损或者用于其他目的。对价值不明物品应当及时鉴定，专门封存保管。查封、扣押的财物、文件经查明与案件无关的，应当在查明后三日内解除查封、扣押，予以退还。"此条规定包含了许多内容：

1. 监察机关在调查过程中，可以调取、查封、扣押用以证明被调查人涉嫌违法犯罪的财物、文件和电子数据等信息。这里限制了监察机关查封、扣押的范围，即只能查封、扣押用以证明被调查人涉嫌违法犯罪的财物。如果是与被调查人涉嫌违法犯罪无关的财物，监察机关不得查封、扣押。一旦查封、扣押，就构成违法。被调查人或监察对象及其近亲属就有权提出申诉。

2. 采取调取、查封、扣押措施，应当会同持有人或者保管人、见证人，当面逐一拍照、登记、编号，开列清单，由在场人员当场核对、签名，并将清单副本交财物、文件的持有人或者保管人。这是查封、扣押被调查人财物的程序性规定，监察机关不得违反程序进行查封、扣押。如果违反该程序性规定，就是违法查封、扣押，被调查人或监察对象及其近亲属就有权提出申诉。

3. 对调取、查封、扣押的财物、文件，监察机关应当设立专用账户、专门场

所，确定专门人员妥善保管，严格履行交接、调取手续，定期对账核实，不得毁损或者用于其他目的。这是对监察机关采取查封、扣押措施后的监管措施，监察机关不得违反。而且，被查封、扣押的财物不得用于其他目的，如果监察机关将被查封、扣押的财物用于其他目的，被调查人或监察对象及其近亲属就有权提出申诉。查封、扣押的目的是保护证据，查明、证实违法行为，但同时也要切实保障公民、组织的合法权利。

4. 对价值不明物品应当及时鉴定，专门封存保管。查封、扣押的财物、文件经查明与案件无关的，应当在查明后三日内解除查封、扣押，予以退还。这里强调了监察机关对查封、扣押的与案件无关的财物归还的时间，必须在查明后三日内予以退还。如果没有在三日内退还，就是违法，被调查人或监察对象及其近亲属有权提出申诉。

（三）应当解除查封、扣押、冻结措施而不解除的

监察机关有权对被调查人或者其他与案件有关的人采取调查措施，但是如果发现查封、扣押、冻结不当，就应当及时解除这些措施，以免对被调查人或其他与案件有关的人的财产造成损害。但是，有些监察机关可能基于某种原因没有及时解除错误的查封、扣押和冻结措施，有时候经被查封、扣押与冻结的当事人申请也不予以解除，就是违法。

（四）贪污、挪用、私分、调换以及违反规定使用查封、扣押、冻结的财物的

监察机关对于被查封、扣押和冻结的财物不得贪污、挪用、私分、调换，也不得违反规定加以使用。所谓贪污被查封、扣押和冻结的财物，是指监察机关及其工作人员将被查封、扣押和冻结的财物占为己有，予以侵吞的行为。所谓挪用被查封、扣押和冻结的财物，是指监察机关及其工作人员将被查封、扣押和冻结的财物挪作他用的行为。所谓私分被查封、扣押和冻结的财物，是指监察机关及其工作人员将被查封、扣押和冻结的财物私自分发给自己或者他人的行为。所谓调换被查封、扣押和冻结的财物，是指监察机关及其工作人员用其他财物替代被查封、扣押和冻结的财物的行为。上述这些行为都属于违法行为，被调查人或监察对象及其近亲属有权提出申诉。

(五)其他违反法律法规、侵害被调查人合法权益的行为

所谓其他违反法律法规、侵害被调查人合法权益的行为是指除了上述四个方面监察机关及其工作人员的违法行为之外的其他侵犯被调查人合法权益的行为。这是一个兜底条款,凡是监察机关及其主管人员违反法律法规、侵犯被调查人合法权益的行为都包含在内。只要存在这种侵犯被调查人的行为,被调查人或监察对象及其近亲属就有权提出申诉。

三、监察申诉的处理程序

监察申诉程序是指被调查人及其近亲属向监察机关进行申诉的方式、方法和手续。根据监察法的规定,监察申诉的程序包括提出申诉、受理申诉以及对申诉作出处理几个阶段。

(一)提出申诉

提出申诉是监察申诉程序的第一个阶段。根据监察法的规定,被调查人或者监察对象及其近亲属有权向监察机关提出申诉。申诉应当提交申诉状,写明申诉的事项及其理由。

(二)受理申诉

接受被调查人或者监察对象及其近亲属申诉的监察机关,应当依法及时受理他们的申诉,并依法定程序进行审查。监察机关审查申诉,主要是审查其申诉是否有理,是否符合监察法规定的可以提出申诉的五种情况。

(三)对申诉作出处理

对监察申诉进行审查后,就监察申诉作出处理决定,是监察机关应尽的义务。监察法第六十条第二款规定:"受理申诉的监察机关应当在受理申诉之日起一个月内作出处理决定。申诉人对处理决定不服的,可以在收到处理决定之日起一个月内向上一级监察机关申请复查,上一级监察机关应当在收到复查申请之日起二个月内作出处理决定,情况属实的,及时予以纠正。"根据该规定,监察机关就监察申诉作出处理决定的时间为一个月,自受理申诉之日起计算。对于监察机关作出的处理决定不服,申诉人还可以通过申请复查寻求救济。申请复查,应当向作出处理决定的上一级监察机关提出申请,上一级

监察机关应当受理，并进行复查，作出处理决定。其处理决定应当在收到申诉人复查申请之日起两个月内作出。如果申诉人申请复查反映的情况属实，上一级监察机关应当对下级监察机关的错误的处理决定建议纠正，或者直接撤销下级监察机关错误的处理决定，依法作出正确的处理决定。

思考题

1. 对监察机关和监察人员进行监督的意义是什么？
2. 监察机关的内部监督有哪些方式？
3. 各级人大常委会如何对监察机关和监察人员进行监督？
4. 试述对监察机关和监察人员进行监督的方式之人民群众监督。
5. 试述监察回避的理由。
6. 试述监察申诉的理由。

第十章　监察法律责任

第一节　监察法律责任概述

核心法条

《中华人民共和国监察法》第六十二条

有关单位拒不执行监察机关作出的处理决定，或者无正当理由拒不采纳监察建议的，由其主管部门、上级机关责令改正，对单位给予通报批评；对负有责任的领导人员和直接责任人员依法给予处理。

一、监察法律责任的含义

监察法律责任是法律责任的一种，是指监察法律关系主体违反监察法设定的义务，依法必须承担的，带有强制性的法律后果。监察法在法律责任一章，分别规定了被监察的部门和人员违反本法的行为及应当承担的法律责任和监察主体和国家机关工作人员违反本法的行为及应当承担的法律责任，同时也规定了监察机关及监察人员违法行使职权，侵犯公民、法人或其他组织的合法权益，造成损害的，应依法承担相应的赔偿责任。

由于违法行为的性质和危害程度的不同，违法主体应承担的法律责任也不同。监察法规定的违法行为，主要是违反行政法律规范的行政违法行为和违反刑事法律规范的犯罪行为，对违法主体应当承担的法律责任，也应当是行政法律责任和刑事法律责任。

二、监察法律责任的本质

权力与责任是一柄“双刃剑”，现代行政法理念强调权责一致。既然监察权力是权力与责任的统一体，那么就应该针对我国监察责任不明确、不充分的问题，通过各种途径加强和完善对监察责任的规定。监察法律责任是根据宪法和法律规定，规范监察机关法律、法规的职权，明确机关及其工作人员的责任，完善程序，建立监察违法责任追究的法律监督制度。监察法律责任是依法行政在监察实际工作中的体现和落实，是监察制度的重要组成部分。从本质上看，监察法律责任是为保证法律法规的正确实施而明确了具体的责任制度，这也正是法律法规实施的本来要求。

全面推进依法行政，对监察制度提出了新的更高的要求。在全面实施"十三五"规划的背景下，推行监察法律责任制度具有重要的作用。一是加强政府自身建设，提高政府行政能力。政府行政能力是党的执政能力的具体体现。监察机关全面履行职责，把监察贯穿于政府施政的全过程，着力解决政府作风、行政管理方面存在的问题，可以有效促进政府自身建设，提高政府管理经济社会事务的能力和水平。二是建设法治政府，推进依法行政。依法行政是政府权力配置和运作的基本准则，核心是规范行政权力。强化对行政权力的监督制约，有利于督促政府机关及其工作人员严格按照法定权限和程序行使权力、履行职责，依法处理经济社会事务，防止不当行政、违法行政。三是深化行政管理体制改革，加快政府职能转变。通过深化行政审批制度改革、推进政务公开、开展行风评议等活动，有利于推动政府创新管理方式，健全管理制度，全面履行经济调节、市场监管、社会管理、公共服务职能，促进社会主义市场经济体制的建立和完善。四是充分发挥政府内部监督作用，从源头上预防和治理腐败。监察机关对政府机关及其工作人员履行职责、行使权力情况及时有效地进行监督检查，把廉政建设要求落实到各项具体工作中，有利于推动廉政建设与部门业务工作有机结合，坚持教育、制度、监督并重，综合运用各种监督形式，取得标本兼治、惩防结合的整体效果。

三、监察法律责任的法理基础

（一）权力监督论

从权力监督的角度分析，监察法律责任旨在规范行政权力、防止权力滥用。正确理解权力监督的内涵首先要科学认识权力的属性。

第一，权力具有公共性。从权力的来源看，它起源于维护社会公共利益和社会公共生活秩序的需要,在本质上是一种凝聚和体现公共意志的力量,是人类社会和群体组织有序运转的指挥、决策和管理能力。在社会主义国家,权力的公共性充分体现出人民性。马克思主义认为,在社会主义国家里,一切权力属于人民,领导者是人民权力的委托行使者,而不是权力的所有者。权力是领导者履行为人民服务职责的手段,不是用以谋私的权力的委托也必须依法进行,而不是私相授受,更不可以买卖交换。

第二,权力具有有限性。公共权力,无论是行政权、司法权还是立法权都是有限的。这种有限性充分体现在公共权力的分工和制约机制中。从横向上看,公共权力通常被划分为立法权、行政权、司法权等,各项权力既分工、制约又协调、合作。从纵向上看,公共权力还按照管理层级进行分解,上下级之间既是领导和被领导的关系,又是监督和被监督的关系。此外,行政管理权还通常被划分为决策权、执行权和监督权,三类权力也是适度分离并相互制约的。

第三,权力具有服务性。权力的公共性、人民性必然派生出其服务性。公共权力应该是服务于公共利益的权力,社会主义国家的公共权力应该是服务于最广大人民的根本利益的权力。人民习惯于按照其效能将权力划分为管理领导和服务,但从本质上说,领导就是服务,管理就是服务。领导干部的权力是人民赋予的,为人民服务、为社会经济发展提供服务是各级领导干部的根本责任。

第四,权力具有扩张性。国家权力的实质在于权力主体可以运用国家强制力对权力客体实施指挥、命令、支配。一般情况下,权力主体的权力实现程度是与权力相对人的服从状况成正比的,即相对人越服从主体,主体的权力就实现得越充分。这使权力易于突破自身的合理界限,出现对客体的奴役。从法律上看,国家机关及其工作人员权力的扩张又总是以牺牲公民、法人和其他组织的合法权益为代价的,因而对于承受者来说,权力的扩张性乃是一种侵犯性。

第五,权力具有腐蚀性。权力主体享有公共事务的管理权,可以依据法律的一般规定,直接参与分配社会的政治、经济、文化等各方面的资源利益,实际上决定着人们的权利义务结构,每一种权力现象都无不同这样或那样的利益有直接或间接的关系。从某种意义上来说,权力运行过程实际上就是社会价值的分配过程。由于权力在运行过程中能够给权力主体带来地位、荣誉、利益,因而对权力行使者来说具有本能的自发腐蚀作用。如果不加以限制,就会诱发出各种腐败现象。

行政权力已成为当今社会影响最大、涉及利益面最广的一种公权力。正如孟德斯鸠所言,"一切有权力的人都容易滥用权力,这是万古不易的一条经验。有权力的人们使用权力非到了限度,决不休止"。因此,我们必须充分认识权力监督的必要性。

首先,权力监督是防止权力滥用的有效机制。现代社会政治发展的规律表明,一切握有公共权力的人在行使公共权力的惯性推动下,都存在权力滥用的惯性倾向。如果没有另一种力量的约束,大多数行使公共权力的人都可能导致权力的滥用。从我国政治发展实践看,权力滥用现象比较普遍,也比较严重。这不能不使人们想起邓小平同志讲过的一段话:"制度好可以使坏人无法任意横行,制度不好可以使好人无法充分做好事,甚至走向反面。领导制度、组织制度问题更带有根本性、全局性、稳定性和长期性。这种制度问题,关系到党和国家是否改变颜色。"

其次,权力监督是实现主权在民的基础平台。政治生活的规律表明"每个政府如果只是委托给人民的统治者,就会蜕化。因此,人民自己才是唯一可靠的委托人"。显然,人民对公共权力施加约束、控制和监督,既是主权在民原则的题中之意,也是防止公共权力腐败或蜕化的有效手段。一个国家是不是实现了民主政治,主要不在于它是不是将公共权力直接交给人民去行使,而在于它是不是将公共权力置于人民的制约和监督之中。国家公职人员行使公共权力,人民监督公职人员规范运用手中权力,这是社会主义政治文明的必然逻辑。

最后,权力监督是公共权力高效运作的重要保障。廉洁、高效,历来是公共权力所应达到的目标。公共权力唯有高效,方能摆脱人浮于事、机构臃肿、财政不堪重负的窘境。而公共权力高效运转的主要推动力便是权力监督。这既包括一种权力体系对另一种权力体系的监督,也包括人民群众对公共权力的监督。经验证明,有监督才有压力,有压力才能防止懈怠。公共权力的朝气与活力与其说是来自公职人员的自身素质,不如说是来自权力监督的压力。只要人民真正"有权依法进行检举、控告、弹劾、撤销、罢免"执掌各种公共权力的人,只要对于执掌公共权力的人真正"有专门的机构进行铁面无私的监督检查”,公共权力就会具有青春活力。

监察法律责任体现了以责任制约权力的监督思想。任何一种权力都包含义务即职责,权力与责任的统一是法治的必然要求。权力行使者必须对自己行使权力所带来的各种后果承担相应的责任,包括政治责任、道义责任和法律责任。从法律上说,以责任制约权力就是通过法律规范来明确规定权力主体对其行为应负的法律责任,并通过一整套的具体制度予以保障。监察法律责任有利于增强监察机关及其工作人员依法执行公务的自觉性,在法律规定的范围内行使人民赋予的权力。

(二)责任行政说

责任行政是现代行政的基本精神,是现代行政建立的基石之一。责任行政理论产生于近代资产阶级政府建立以后,并在本世纪得到迅速发展。与政府无责任或政府责任豁免理论相对立,责任行政理论承认政府在违法失职、滥用职权,甚至从事特定的合法行为情形之下所应负的政治责任、行政责任、法律责任和道德责任。责任是法律制度的生命,是违法者应当承担的法律后果。没有法律责任规定的法律不是法律,不承担责任的行政机关不是一个负责的行政机关。政府拥有行政权力,因而承担相应的责任。人民的权利构成政府的行政责任,为公众服务是政府的法定责任。公民权利是国家权力之本,是行政权力之源,政府责任是行政权力的核心,是政府属性的本质。

推行责任行政是民主行政、法治行政和权责一致原则的内在要求。我国要健全对行政权的制约机制,就必须建立社会主义的新型责任政府。责任行政作为现代行政的一种新的理念,对现代行政具有重要的保障和促进作用。与此同时,政府责任行政在整个社会责任体系中也处于主导和核心地位,对社会与公民的行为有强烈的导向作用。毋庸讳言,中国的行政机关及其工作人员,在长期以来的“官本位”和行政权力中心主义的影响下,更多的是强调权力而淡化职责,或只讲权力不讲职责。责任行政理念的提出,是“人民本位”和“权利本位”的正位回归,使行政机关及其工作人员树立起公仆意识、服务意识,纠正错位的权责意识,使之在行政执法过程中,责任明确,权责统一。树立服务行政观念。现代行政管理的服务精神体现出政府施政的取向与人民利益的一致性,意味着行政行为的公共取向与“顾客中心主义”的契合。服务意识与服务行为是责任行政的直接体现，是克服官僚主义的基本要求，特别是中国作为社会主义国家，在“领导就是服务”的行政理念下，“为人民服务”更是被确立为行政管理的最高宗旨。因此，责任行政强调以职责的履行为中心，要求行政执法主体运用法定权责去体现服务精神。健全责任行政机制。现行的责任行政的实现要求建立完善的责任机制。自中华人民共和国成立以后，我国对责任制度进行了富有成效的探索，建立了首长负责制、机关岗位负责制、目标管理责任制、岗位目标责任制等一系列行政责任制度。但是，还没有实现行政责任的制度化、法律化。多年来，致使行政管理中各种不负责任的玩忽职守的不作为和滥用权力的违法作为行为层出不穷，带来了政府行为的合法性危机。因此，建立科学的责任机制，应从行政管理体制改革、法治行政建设、政治体制保障、行政文化建设、现代行政理念重塑等方面入手，构建行政责任制约机制、保障和惩戒机制、监督制约机制、内部自我约束和自我监控机制等，形成有利于责任行政实现的社会环境。

依法行政的目标必然是建设法治政府，法治政府在职责上必须是责任政府。政府行使权力是职责所系，但行使权力的同时必须承担相应责任。从这个意义上讲，推行监察法律责任是建立廉洁勤政、务实高效的责任政府的要求。根据权力与责任的对等原则，监察机关应当依法对其监察行为承担责任，监察权力的运行应当始终置于法定责任的轨道。

（三）和谐社会观

社会主义和谐社会，应该是民主法治、公平正义、诚信友爱、充满活力、安定有序、人与自然和谐相处的社会。可见，依法治国、依法行政是和谐社会的应有之义。在众多社会关系中，最重要的一对关系是依赖于行政法所调整的政府与公众、公共利益与个人利益之间的关系。行政法通过对这种利益关系的调整，一方面维护和促进两者之间的一致性，另一方面化解和协调两者之间的对立和冲突，从而不断地追求公共利益与个人利益的和谐一致，实现两者之间的利益协调。显然，行政法的这种价值追求与和谐社会的内核完全相契合，支撑和决定着和谐社会构建的成功与否。

“和谐”在中国古代是以“和”的范畴出现的。作为古代哲学的核心范畴之一，“和”的思想贯穿于中国思想发展史的各个时期，积淀为中国文化的基本精神，不仅闪烁着东方式的哲学智慧，而且在弘扬法治精神、推进依法行政中发挥了不可或缺的重要作用。中国传统文化中有许多关于“天时不如地利，地利不如人和”，“得道多助，失道寡助”，只有“志同道合”“同心同德”“和衷共济”，才能做到“和则一，一则多力，多力则强”，从而“天下同归而殊途”的思想和语言，重视建立融通的人际交往、有序的社会秩序、和谐的社会关系。在现实中，公共利益与个人利益之间关系既相一致又相冲突。与利益关系的一致与冲突相对应，政府与公众之间的行为分别呈现出“服务与合作”的互相信任关系和“命令与服从”的斗争或对抗关系两种不同的状态。既然我们应当倡导和促进利益关系的一致性，就决定着政府与公众之间的关系应当是一种服务与合作的相互信任关系。这就要求我们的政府机关应当改变过去那种高高在上的观念，真正树立起为民服务的观念，不要把自己手里的职权看作是一种绝对的命令和强制，而要看作是为公众服务的职责。尽管和谐社会追求的是利益关系的一致性，但是利益关系的冲突与矛盾在现实中却总是不可避免的。在此种情况下，就需要行政法发挥其平衡利益的功能，遵循“利益均衡”的法律原则。在均衡公共利益与个人利益之间关系时，必须遵循禁止过度原则和信赖保护原则。前者要求政府在限制个人利益的手段与实现公共利益的目的之间进行权衡，以选择一种既为实现公共利益所绝对必要，也为对相对人利益限制或损害最少的手段；后者要求政府在其实施的行政行为对相对人产生了值得保护的信赖利益时，不得随意变更或撤销该行政行为，否则应当给予相对人合理的信赖补偿或赔偿，以均衡协调个人的信赖利益与公共利益之间的关系。只有这样，才能在政府与公众之间建立和谐一致的良好关系。

行政机关能否正确行使行政权力直接关乎社会运作是否顺畅、社会关系是否和谐、社会交往是否融洽。其中，政府机关在构建社会主义和谐社会的进程中责任重大，能否依法行政关系着社会主义和谐社会能否顺利建立。从历史和现实的角度出发，监察法律责任就是严格按照法定程序、法定权限、法定职责行使权力，努力建设一个透明、诚心、负责、理性的法治政府，这是促进社会和谐、构建和谐社会的关键所在。

第二节 监察法律责任的分类

核心法条

《中华人民共和国监察法》第六十六条

违反本法规定，构成犯罪的，依法追究刑事责任。

《中华人民共和国监察法》第六十七条

监察机关及其工作人员行使职权，侵犯公民、法人和其他组织的合法权益造成损害的，依法给予国家赔偿。

一、党内处分

按照《中国共产党纪律处分条例》规定，监察机关对违纪的党员有权给予党内纪律处分，具体种类包括以下四类。

（一）警告和严重警告

警告，是指党组织和党的纪检机关（监察机关）对违纪党员提出告诫，指出其行为的危害性，促使其认识错误，引起警觉，防止再犯此类错误的一种党纪处分。它是最轻的一种党纪处分，适用于错误较轻，但必须给予党纪处分的违纪党员。严重警告，是指党组织和党的纪检机关对违纪党员提出严重告诫，指出其行为的危害性，责令其认识错误，不得再犯此类错误的一种党纪处分。它是重于警告的一种党纪处分，适用于所犯错误比较严重的违纪党员。《中国共产党纪律处分条例》第九条规定："党员受到警告处分一年内、受到严重警告处分一年半内，不得在党内提升职务和向党外组织推荐担任高于其原任职务的党外职务。"

（二）撤销党内职务

撤销党内职务，是指撤销受处分党员的由党内选举或者组织任命担任的党组织及其工作部门的领导职务。这是重于严重警告的党纪处分，是党内的重处分之一。它适用于严重违犯党的纪律并且担任党内领导职务的党员。

《中国共产党纪律处分条例》第十条规定:“撤销党内职务处分,是指撤销受处分党员由党内选举或者组织任命的党内职务。对于在党内担任两个以上职务的,党组织在作处分决定时,应当明确是撤销其一切职务还是某个职务。如果决定撤销其某个职务,必须撤销其担任的最高职务。如果决定撤其两个以上职务,则必须从其担任的最高职务开始依次撤销。对于在党外组织担任职务的,应当建议党外组织依照规定作出相应处理。对于应当受到撤销党内职务处分,但是本人没有担任党内职务的,应当给予其严重警告处分。其中,在党外组织担任职务的,应当建议党外组织撤销其党外职务。党员受到撤销党内职务处分,或者依照前款规定受到严重警告处分的,二年内不得在党内担任和向党外组织推荐担任与其原任职务相当或者高于其原任职务的职务。”

(三)留党察看

留党察看,是指党组织和党的纪检机关对于那些严重违犯党的纪律,但尚未完全丧失共产党员条件的党员,在作出开除其党籍处分决定之前,给予一定的考察期限,敦促其彻底改正错误的一种党纪处分。这是党纪处分中仅低于开除党籍的一种重处分。它适用于严重违犯党的纪律,但尚未完全丧失共产党员条件的违纪党员。《中国共产党纪律处分条例》第十一条规定:“留党察看处分,分为留党察看一年、留党察看二年。对于受到留党察看处分一年的党员,期满后仍不符合恢复党员权利条件的,应当延长一年留党察看期限。留党察看期限最长不得超过二年。党员受留党察看处分期间,没有表决权、选举权和被选举权。留党察看期间,确有悔改表现的,期满后恢复其党员权利;坚持不改或者又发现其他应当受到党纪处分的违纪行为的,应当开除党籍。党员受到留党察看处分,其党内职务自然撤销。对于担任党外职务的,应当建议党外组织撤销其党外职务。受到留党察看处分的党员,恢复党员权利后二年内,不得在党内担任和向党外组织推荐担任与其原任职务相当或者高于其原任职务的职务。”

(四)开除党籍

《中国共产党纪律处分条例》第十二条规定:“党员受到开除党籍处分,五年内不得重新入党。另有规定不准重新入党的,依照规定。”开除党籍,是指党组织和党的纪检机关对严重违犯党的纪律,已丧失共产党员条件的党员,取消其党籍,将其开除出党的组织的一种党纪处分。这是党内的最高纪律处分。受到开除党籍处分的党员,其党内职务自然撤销,同时应当建议党外组织撤销其党外职务。

二、行政处分

行政处分作为监察机关追究国家工作人员违法违纪的一种重要手段,它是国家监察机关对因违法违纪应当承担纪律责任的国家公务人员所实施的惩戒措施。行政处分是保障公务人员纪律、维护国家公共管理秩序的必要手段。根据《公务员法》的相关规定,监察机关作出的行政处分主要包括以下种类:(1)警告。警告处分,不影响受处分公务员现有的职务、级别和工资档次,但在受警告处分期间(6 个月),不得晋升职务和级别。也就是说,在警告处分决定生效之日起 6 个月内,受处分公务员不得按照正常程序提升职务和提升级别,但可以提升工资档次。(2)记过、记大过。记过、记大过处分,也不影响受处分公务员现有的职务、级别和工资档次,但在受记过、记大过处分期间(分别为 12 个月、18 个月),不得晋升职务、级别和工资档次。(3)降级。降级处分,不影响受处分公务员现有的职务,但其级别应当按规定降低,相应地,工资档次也会相应调低。另外,在受降级处分期间(24 个月),不得晋升职务、级别和工资档次。(4)撤职。在受撤职处分期间(24 个月),不得晋升职务、级别和工资档次。给予撤职处分,则意味着级别也应降低,与职务撤销、级别降低相关联的,其工资档次也会相应调低;在撤职处分生效之日起的 2 年内,其职务、级别以及工资档次都不能晋升,也就是说,其正常升迁将耽误 2 年。(5)开除。受开除处分的,自处分决定生效之日起,解除其与单位的人事关系,不得再担任公务员职务。也就是说,受开除处分的,自处分决定生效之日起,丧失公务员的身份,且终生不得再担任公务员。

三、刑事法律责任

监察法第六十六条规定:“违反本法规定,构成犯罪的,依法追究刑事责任。”本条是关于构成犯罪追究刑事责任的规定。规定本条的主要目的是打击犯罪,保障监察法各项制度顺利实施,维护监察法的权威性。违反本法规定，可能构成犯罪应依法追究刑事责任的，主要包括以下四种情形：

1. 监察对象及有关人员违反本法第六十三条规定，构成犯罪的，依法追究刑事责任。比如串供或者伪造、隐匿、毁灭证据的，可能涉嫌违反《刑法》第三百零七条第一款规定的“帮助当事人毁灭、伪造证据，情节严重的，处三年以下有期徒刑或者拘役”。阻止他人揭发检举、提供证据的，可能涉嫌违反《刑法》第三百零七条规定的“以暴力、威胁、贿买等方法阻止证人作证或者指使他人作伪证的，处三年以下有期徒刑或者拘役；情节严重的，处三年以上七年以下有期徒刑”。

2. 监察对象违反本法第六十四条规定，构成犯罪的，依法追究刑事责任。监察对象对控告人、检举人、证人或者监察人员进行报复陷害，可能涉嫌违反《刑法》第二百五十四条规定的“国家机关工作人员滥用职权、假公济私，对控告人、申诉人、批评人、举报人实行报复陷害的，处二年以下有期徒刑或者拘役；情节严重的，处二年以上七年以下有期徒刑”。

3. 控告人、检举人、证人违反本法第六十四条规定，构成犯罪的，依法追究刑事责任。控告人、检举人、证人捏造事实诬告陷害监察对象，可能涉嫌违反《刑法》第二百四十三条第一款、第二款规定的“捏造事实诬告陷害他人，意图使他人受刑事追究，情节严重的，处三年以下有期徒刑、拘役或者管制；造成严重后果的，处三年以上十年以下有期徒刑。国家机关工作人员犯前款罪的，从重处罚”。

4. 监察机关及其工作人员违反本法第六十五条规定，构成犯罪的，依法追究刑事责任。比如，泄露调查工作信息，可能涉嫌违反《刑法》第三百九十八条第一款规定的“国家机关工作人员违反保守国家秘密法的规定，故意或者过失泄露国家秘密，情节严重的，处三年以下有期徒刑或者拘役；情节特别严重的，处三年以上七年以下有期徒刑”。涉及其他滥用职权、玩忽职守、徇私舞弊行为的，可能涉嫌违反《刑法》第三百九十七条规定的“国家机关工作人员滥用职权或者玩忽职守，致使公共财产、国家和人民利益遭受重大损失的，处三年以下有期徒刑或者拘役；情节特别严重的，处三年以上七年以下有期徒刑。本法另有规定的，依照规定。国家机关工作人员徇私舞弊，犯前款罪的，处五年以下有期徒刑或者拘役；情节特别严重的，处五年以上十年以下有期徒刑。本法另有规定的，依照规定”。需要注意的是，违反本法其他法律规定，构成犯罪的,也应当依法追究刑事责任。

四、国家赔偿法律责任

监察法第六十七条规定:“监察机关及其工作人员行使职权,侵犯公民、法人和其他组织的合法权益造成损害的,依法给予国家赔偿。”本条是关于监察机关国家赔偿责任的规定。规定本条的主要目的是救济和保护公民、法人或者其他组织的合法权益,促进监察机关依法开展工作。监察机关工作人员必须养成、树立“三严三实”的工作作风,以对人民群众高度负责的态度工作,稍有不慎就会给群众和国家造成损害和损失。

监察机关因其履行职责构成侵权,应承担赔偿责任时,一般要具备以下几个条件:一是公民、法人或者其他组织受到的损害必须是监察机关或者监察人员违法行使职权所造成的。所谓“行使职权”,一般是指监察机关及其工作人员依据职责和权限所进行的活动。监察人员在从事与行使职权无关的个人活动给公民、法人或者其他组织造成损害的,监察机关不承担国家赔偿责任。二是损害事实与违法行使职权的行为之间存在因果关系。违法行使职权的行为既包括侵犯公民、法人或者其他组织财产权的行为,如违法提请人民法院冻结案件涉嫌人员的存款等,也包括侵犯人身权的行为,如采取留置措施时超过法定期限等。三是损害必须是现实已经产生或者必然产生的,不是想象的、虚拟的,是直接的,不是间接的。四是赔偿是法律规定的。国家赔偿责任是一种法律责任,只有当法律规定的各项条件具备后,国家才予以赔偿。受损害人申请国家赔偿请求,应当在法定范围和期限内依照法定程序提出。对于不符合法定条件,或者不属于法定赔偿范围的,国家不予赔偿。

监察法出台后,《国家赔偿法》应作相应修改,对监察机关的国家赔偿责任相关内容作出规定。公民、法人和其他组织请求监察机关给予国家赔偿的具体程序,按照《国家赔偿法》的有关规定执行。

第三节　有关人员违反本法行为及相应的法律责任

核心法条

《中华人民共和国监察法》第六十三条

有关人员违反本法规定，有下列行为之一的，由其所在单位、主管部门、上级机关或者监察机关责令改正，依法给予处理：

（一）不按要求提供有关材料，拒绝、阻碍调查措施实施等拒不配合监察机关调查的；

（二）提供虚假情况，掩盖事实真相的；

（三）串供或者伪造、隐匿、毁灭证据的；

（四）阻止他人揭发检举、提供证据的；

（五）其他违反本法规定的行为，情节严重的。

监察法第六十三条是关于对阻碍、干扰监察工作的行为进行处理的规定。本条规定的主要目的是克服和排除对监察机关依法行使权力的各种阻力和干扰，保证监察活动的顺利进行。监察法第六十三条规定："有关人员违反本法规定，有下列行为之一的，由其所在单位、主管部门、上级机关或者监察机关责令改正，依法给予处理：（一）不按要求提供有关材料，拒绝、阻碍调查措施实施等拒不配合监察机关调查的；（二）提供虚假情况，掩盖事实真相的；（三）串供或者伪造、隐匿、毁灭证据的；（四）阻止他人揭发检举、提供证据的；（五）其他违反本法规定的行为，情节严重的。"

一、拒不执行监察机关作出的处理决定、无正当理由拒不采纳监察建议的处理

根据监察法第六十二条规定，有关单位拒不执行监察机关作出的处理决定，或者无正当理由拒不采纳监察建议的，将产生以下两项后果：一是由其主

管部门、上级机关责令改正，对单位给予通报批评；二是对负有责任的领导人员和直接责任人员依法给予处理。这是公开表示不执行或者借故拖延执行业已生效的监察决定，以及无正当理由拒绝采纳或者拖延采纳已经送达的监察建议的行为。本条规定主要包括两个方面内容：

一是对有关单位拒不执行监察机关作出的处理决定的处理。监察决定是监察机关根据检查、调查结果，就一定事项向被监察的部门和人员作出的具有行政法律效力的决定。监察机关作出的处理决定，一般是指监察机关依据监察法第四十五条规定，根据监督、调查结果，向职务违法的监察对象作出警告、记过、记大过、降级、撤职、开除等政务处分决定；对不履行或者不正确履行职责负有责任的领导人员，按照管理权限对其直接作出问责决定，或者向有权作出问责决定的机关提出问责建议。监察机关作出的处理决定一经作出，即产生法律效力，具有强制性，监察对象及有关单位必须执行，并且要将执行的情况通报监察机关。监察对象对监察机关涉及本人的处理决定不服的，应当依照法定程序提出。有关单位对监察机关作出的处理决定有异议的，应当依照法定程序提出。拒不执行处理决定的，应当依法承担相应的法律责任。

根据监察法规定，监察机关依法作出的监察决定，有关部门和人员应当执行。拒不执行监察决定的，应承担相应的法律责任。被监察的部门和人员对监察决定不服的，可以在规定的时间内向作出决定的监察机关申请复审，对复审决定仍不服的，可以向上一级监察机关申请复核。但在复审或复核期间，无论申诉人是否有正当理由，都不得停止原决定的执行。

二是对有关单位无正当理由拒不采纳监察建议的处理。监察建议一般是指监察机关依据监察法第四十五条规定，在监督、调查、处置的基础上，对监察对象所在单位廉政建设和履行职责存在的问题等提出监察建议。对于监察机关提出的监察建议，监察对象及其所在单位如无正当理由，应当采纳，并且将采纳监察建议的情况通报给监察机关。被监察对象所在单位未按照法定程序向监察机关提出异议，又拒不采纳监察建议的，应当追究所在单位及人员的法律责任。如果对监察建议有异议，可以在法定的期限内提出，监察机关有义务在法定的期限内予以回复；对回复仍有异议的，由监察机关提请本级人民政府或者上一级监察机关裁决。对监察建议有异议，如果理由正当，并且依照法律程序提出，不应追究责任。

二、对阻碍、干扰监察工作的行为的处理

监察法第六十三条规定:“有关人员违反本法规定,有下列行为之一的,由其所在单位、主管部门、上级机关或者监察机关责令改正,依法给予处理:(一)不按要求提供有关材料,拒绝、阻碍调查措施实施等拒不配合监察机关调查的;(二)提供虚假情况,掩盖事实真相的;(三)串供或者伪造、隐匿、毁灭证据的;(四)阻止他人揭发检举、提供证据的;(五)其他违反本法规定的行为,情节严重的。”本条是关于对阻碍、干扰监察工作的行为进行处理的规定。规定本条的主要目的是克服和排除对监察机关依法行使权力的各种阻力和干扰,保证监察活动的顺利进行。本条列举了五项属于阻碍、干扰监察机关行使职权的违法行为。对于有下列行为的人员,由有关单位依据管理权限责令改正,依法给予处理。

(一)不按要求提供有关材料,拒不配合监察机关调查

该项主要是指监察对象及相关人员有义务提供与监察事项有关的文件、资料、财务账目及其他有关材料和其他必要情况;不得故意拖延履行或者拒绝履行,也不得拒绝、阻碍搜查、留置等调查措施实施。这项措施既是监察机关的一项权限,同时也为被监察的部门和人员设定了义务。被监察的部门和人员负责提供与监察事项有关的文件、资料、财务账目及其他有关材料和其他必要情况的义务;故意拖延履行或者拒绝履行,将妨碍检查、调查活动的正常进行,就应承担相应的法律责任。

上述行为在主观上为故意,在具体行为方式方面包括:一是故意拖延提供与监察事项有关的文件、资料、财务账目及其他有关材料和其他必要情况的;二是拒绝提供与监察事项有关的文件、资料、财务账目及其他有关材料和其他必要情况的。故意拖延主要是在合理的期间内不提供并且该延期没有合理的理由。拒绝包括明确拒绝和默示拒绝。明确拒绝就是以语言或者行为明确表示拒绝提供相关材料,默示拒绝就是对监察机关或者监察人员要求提供相关材料的行为不予理睬。

(二)提供虚假情况,掩盖事实真相

该项主要是指在监察机关及其工作人员要求监察对象提供与违法犯罪行

为有关的真实情况和违法犯罪事实时，故意提供虚假情况，或提供虚假证明，掩盖违法犯罪事实，意图阻碍监察机关调查，逃避法律追究。如果被审查人有"向组织提供虚假情况，掩盖事实的"情形，始终不如实交代问题的，可以依照关于对抗组织审查的规定，与已查实的违纪问题合并处理，一并追究其纪律责任。

（三）串供或者伪造、隐匿、毁灭证据

"串供"，包括监察对象与他人相互串通，捏造虚假口供，以逃避处罚的行为。"伪造、隐匿、毁灭证据"，包括有关人员编造虚假证据，提供虚假的事实证明，或者将能够证明案件真实情况的书证、物证或其他证据予以毁灭或者隐藏起来使其不能证明案件真实情况的行为。"伪造"证据，包括伪造、变造和篡改证据等。

监察机关在调查处理政纪案件过程中，应当全面收集证据，这是正确定性量纪的前提和基础。被监察的部门和人员负有提供能反映案件真实情况的有关证据的法定义务，不得为了逃避监察机关的法律制裁，掩盖违纪事实，或者为了包庇违纪者，而隐瞒事实真相，提供虚假情况，或者故意隐匿、毁灭证据，或者陷害、包庇他人。被监察的部门和人员如提供伪证，甚至隐匿、毁灭证据就要承担相应的法律责任。

上述行为在主观上为故意，在具体行为方式方面包括隐瞒事实真相出具伪证、隐匿证据、转移证据、篡改证据、毁灭证据。隐瞒事实真相，运用各种方法隐瞒能够证明案件的客观事实；出具伪证，就是向监察机关或者监察人员出具伪造的证据；隐匿证据，就是人为地将证据藏匿；篡改证据就是在真实的证据基础上进行人为修改，以达到掩盖真相的目的；毁灭证据，就是将证据销毁，以达到掩盖真相的目的。概括起来：一是掩盖自己的错误事实，以逃避制裁；二是无中生有或夸大事实，诬陷他人；三是把有说成无或重说成轻，包庇违纪者；四是把证明事实情况的证据材料隐藏或销毁。无论哪种情况，都妨碍了监察机关准确地收集证据，揭露案件的真实情况，因而应当追究有关部门和人员的法律责任。

（四）阻止他人揭发检举、提供证据

该项主要是指监察对象通过种种方式为他人揭发检举、提供证据材料的行为设置障碍。此处的"阻止"是指监察对象通过种种方式为他人揭发检举、

提供证据材料的行为设置障碍的行为。“检举”是指有关单位和个人对于自己发现或者知悉的国家机关和国家工作人员的违法失职行为,向监察机关揭发、报告。检举人有权向监察机关检举国家机关和国家工作人员违法失职的证据线索或证据材料。

（五）报复陷害和诬告陷害

监察法第六十四条规定:“监察对象对控告人、检举人、证人或者监察人员进行报复陷害的;控告人、检举人、证人捏造事实诬告陷害监察对象的,依法给予处理。”本条是关于处理报复陷害和诬告陷害的规定。规定本条的主要目的是保障公民的控告权和检举权,保证监察人员行使职权不受非法侵害。本条规定主要包括两个方面内容:

一是监察对象对控告人、检举人、证人或者监察人员进行报复陷害。报复陷害包括监察对象滥用职权,假公济私,对控告人、检举人、证人或者监察人员实施报复陷害等行为。控告权、检举权是宪法赋予公民的基本权利。同时,监察人员在办理监察事项过程中,不可避免地会触动一些人的实际利益,会遇到一些人不同程度的抗拒,其中包括为了逃避制裁和出于受到制裁后的怨恨,而对监察人员进行报复陷害。实践中,监察对象对控告人、检举人、证人或者监察人员打击报复的表现形式多种多样,如诬蔑陷害,围攻阻挠,谩骂殴打,无理地调动工作,压制提职晋级和评定职称等。监察对象对控告人、检举人、证人或者监察人员进行报复陷害的,应当依法给予政务处分;构成犯罪的,依法追究刑事责任。

二是控告人、检举人、证人捏造事实诬告陷害监察对象。这主要是指控告人、检举人、证人捏造事实,告发陷害监察对象,意图使他受党纪政务处分或者刑事追究等行为。控告人、检举人、证人捏造事实诬告陷害监察对象,既包括以使监察对象受刑事追究为目的,也包括以败坏监察对象名誉、阻止监察对象得到某种奖励或者提升为目的而诬告其有违法违纪行为。对于控告人、检举人、证人诬告陷害监察对象的,应当依法给予政务处分;构成犯罪的,依法追究刑事责任。

（六）其他违反本法规定的情节严重行为

该项是为了保障监察工作顺利开展设置的兜底条款。由于监察工作所涉及的事项纷繁复杂，阻碍、干扰监察工作的行为在立法上不可能穷尽。因此，在立法上留有余地对有其他违反监察法规定，情节严重的行为，也要依法给予处理。例如，为同案人员通风报信，为同案人员窝藏、转移赃款、赃物等；阻挠、抗拒监察人员执行职务情节严重的，对监察机关提出的暂停有严重违反行政纪律嫌疑的人员执行职务的建议不采纳情节严重的，等等。这些违反监察法规定的行为，达到了情节严重的程度，都应当按照该条规定追究其法律责任。

第四节 监察机关及其工作人员违法行使职权的法律责任

核心法条

《中华人民共和国监察法》第六十五条

监察机关及其工作人员有下列行为之一的，对负有责任的领导人员和直接责任人员依法给予处理：

（一）未经批准、授权处置问题线索，发现重大案情隐瞒不报，或者私自留存、处理涉案材料的；

（二）利用职权或者职务上的影响干预调查工作、以案谋私的；

（三）违法窃取、泄露调查工作信息，或者泄露举报事项、举报受理情况以及举报人信息的；

（四）对被调查人或者涉案人员逼供、诱供，或者侮辱、打骂、虐待、体罚或者变相体罚的；

（五）违反规定处置查封、扣押、冻结的财物的；

（六）违反规定发生办案安全事故，或者发生安全事故后隐瞒不报、报告失实、处置不当的；

（七）违反规定采取留置措施的；

（八）违反规定限制他人出境，或者不按规定解除出境限制的；

（九）其他滥用职权、玩忽职守、徇私舞弊的行为。

监察法第六十五条规定："监察机关及其工作人员有下列行为之一的，对负有责任的领导人员和直接责任人员依法给予处理：（一）未经批准、授权处置问题线索，发现重大案情隐瞒不报，或者私自留存、处理涉案材料的；（二）利用职权或者职务上的影响干预调查工作、以案谋私的；（三）违法窃取、泄露调查工作信息，或者泄露举报事项、举报受理情况以及举报人信息的；（四）对被调查人或者涉案人员逼供、诱供，或者侮辱、打骂、虐待、体罚或者变相体罚的；（五）违反规定处置查封、扣押、冻结的财物的；（六）违反规定发生办案安全事故，或者发生安全事故后隐瞒不报、报告失实、处置不当的；（七）违反规定采取留置措施的；（八）违反规定限制他人出境，或者不按规定解除出境限制的；（九）其他滥用职权、玩忽职守、徇私舞弊的行为。"本条是关于对监察机关及其工作人员违法行使职权的责任追究的规定。规定本条的主要目的是强化对监察机关及其工作人员依法行使职权的监督管理，维护监察机关的形象和威信。本条列举了九项属于监察机关及其工作人员违法行使职权的行为。

一、未经批准、授权处置问题线索，发现重大案情隐瞒不报，或者私自留存、处理涉案材料

问题线索，一般是指监察机关在查办案件中，有关涉案人交代、检举、揭发的被调查人以外的其他监察对象违法犯罪问题线索，以及被调查人交代、检举、揭发的其他监察对象不涉及本案的违法犯罪问题线索等。监察机关对监察对象的问题线索，应当按照有关规定分类办理。监察机关及其工作人员在工作中发现重大案情应当按照要求及时上报，不得隐瞒。涉案材料包括在案件调查过程中形成的，与案件有关的所有书面资料、图片、声像资料，以及留存在电脑、移动硬盘等存储介质中的电子资料。涉案材料应当按照有关规定严格管理。

根据监察法规定，对未经批准、授权处置问题线索，发现重大案情隐瞒不报，私自留存、处理涉案材料，利用职权或者职务上的影响干预调查工作、以案谋私，违法窃取、泄露调查工作信息，泄露举报事项、举报受理情况以及举报人信息，对被调查人逼供、诱供或者侮辱、打骂、虐待、体罚或者变相体罚，违反规定处置查封、扣押、冻结财物，违反规定发生办案安全事故或者发生办案安全事故后隐瞒不报、报告失实、处置不当，违反规定采取留置、限制出境或者不按

规定解除出境限制，以及其他滥用职权、玩忽职守、徇私舞弊，严重触犯党的纪律处分条例和国家法律法规的行为，应当严格依纪依法给予党纪政务处分和组织处理，构成犯罪的，依法追究刑事责任。

二、利用职权或者职务上的影响干预调查工作、以案谋私

利用职权或者职务上的影响干预调查工作、以案谋私，这种情形主要包括监察机关及其工作人员，利用职权或者职务上的影响力，在线索处置、日常监督、调查、审理和处置等各环节打听案情、过问案件、说情干预，通过案件谋求私利等。在现实中，监察机关不是天然的保险箱，纪检监察干部也并非生活在真空之中。如果监督者不被监督，就可能出现"灯下黑"的情况。从某种意义上说，监察干部发生以案谋私、串通包庇、跑风漏气等问题，对党和人民事业的伤害，比一般国家工作人员更甚。执纪者必先守纪，"律人者必先律己"，各级监察机关有义务做到打铁自身硬，才能让监督执纪问责更有底气、更加硬气、更具权威，做到"其身正，不令而行"。根据有关规定，私自干预调查工作、以案谋私或者干预办案的，可以依法给予记过或者记大过处分；情节较重的，给予降级或者撤职处分；情节严重的，给予开除处分。

三、违法窃取、泄露调查工作信息，或者泄露举报事项、举报受理情况以及举报人信息

违法窃取、泄露调查工作信息，是指监察机关及其工作人员违法窃取其不应掌握的调查工作信息，或者向被调查人员或相关人员泄露其在工作中掌握的调查信息等。此处的"窃取"是指暗中获取或者以秘密盗窃的方法获取监察机关正在调查或者掌握的调查工作信息；"泄露"是指违反保守监察机关调查案件工作秘密的规定，使国家监察机关掌握或者获取的调查工作信息等被不应当知悉者知悉，以及使上述工作信息超出了限定的接触范围，而不能证明未被不应知悉者知悉。根据监察法第十八条规定，监察机关行使监督、调查职权，有权依法向有关单位和个人了解情况，收集、调取证据。有关单位和个人应当如实提供。监察机关及其工作人员对监督、调查过程中知悉的国家秘密、商业秘密、个人隐私，应当保密。任何单位和个人不得伪造、隐匿或者毁灭证据。

泄露举报事项、举报受理情况以及举报人信息，是指监察机关及其工作人员向被举报人员或相关人泄露举报事项、举报受理情况以及举报人信息等。目前，对于举报人进行保护的相关法律法规散见于监察法、《刑法》、《最高人民检察院关于保护公民举报权利的规定》、《最高人民检察院、公安部、财政部关于保护、奖励职务犯罪举报人的若干规定》等。根据监察法规定，监察机关应当受理举报并依法调查处理；对实名举报的，应当将处理结果等情况予以回复。监察机关应当对举报事项、举报受理情况以及举报人相关的信息予以保密，保护举报人的合法权益，具体办法由国务院规定。同时监察法还规定泄露举报事项、举报受理情况以及与举报人相关信息的，依法给予处分；构成犯罪的，依法追究刑事责任。《刑法》第二百五十四条规定，国家机关工作人员滥用职权、假公济私，对控告人、申诉人、批评人、举报人实行报复陷害的，处二年以下有期徒刑或者拘役；情节严重的，处二年以上七年以下有期徒刑。此外，为进一步维护举报人的合法权益，2016 年 3 月 30 日，最高人民检察院、公安部、财政部联合印发了《最高人民检察院、公安部、财政部关于保护、奖励职务犯罪举报人的若干规定》，该规定明确列出三类保护措施保护举报人：一是举报人及其近亲属人身、财产安全受到威胁的，应当采取禁止特定人员接触举报人及其近亲属，对举报人及其近亲属人身、财产和住宅采取专门性保护措施等；二是举报人及其近亲属因遭受打击报复受到错误处理的，应建议有关部门予以纠正；三是举报人及其近亲属因遭受打击报复受到严重人身伤害或者重大财产损失的，协调有关部门依照规定予以救助。

四、对被调查人逼供、诱供，或者侮辱、打骂、虐待、体罚或者变相体罚

监察法第四十条第二款明确对“威胁、引诱、欺骗、侮辱、打骂、虐待、体罚或者变相体罚”做了宣示性的禁止性规定，基本等同于《刑事诉讼法》第五十二条的内容。而监察法第三十三条第三款“以非法方法收集的证据应当依法予以排除，不得作为案件处置的依据。”其严格程度，已经大大超越了《刑事诉讼法》的规定。对被调查人逼供是指监察机关及其工作人员对被调查人员使用肉刑或者变相肉刑乃至精神刑等残酷的方式折磨被讯问人的肉体或精神，以获取其供述的一种极恶劣的审讯行为。此处的“肉刑”，是指对被调查人员的肉体施行暴力，如吊打、捆绑、殴打以及其他折磨人的肉体的方法。所谓变

相肉刑，是指对被调查人员使用非暴力的摧残和折磨，如冻、饿、烤、晒等。对被调查人诱供是指监察机关及其工作人员以给监察对象即被调查人某种利益为诱饵，诱使其违背真实本意按监管机关调查人员的主观意图或推断进行供述。为了更有效地防止错案，监察法、刑事诉讼法等法律规范明确将逼供、诱供等纳入调查禁止手段，以上述手段搜集的证据应当定性为非法证据。

除监察法外，《中国共产党纪律检查机关监督执纪工作规则（试行）》也明确规定，纪检机关在审查谈话、重要的调查谈话和暂扣、封存涉案款物等调查取证环节应当全程录音录像。录音录像资料由案件监督管理部门和审查组分别保管，定期核查。审查应当充分听取被审查人陈述，保障其饮食、休息，提供医疗服务。严格禁止使用违反党章党规党纪和国家法律的手段，严禁侮辱、打骂、虐待、体罚或者变相体罚。国家之所以如此规定，主要是因为这种情形下，被调查人往往迫于压力或者在被欺骗情况下提供相关口供，虚假的可能性非常大，容易造成错案。而且侮辱、打骂、虐待、体罚或者变相体罚等也侵害了被调查人的身心健康，不符合法治要求。

五、违反规定处置查封、扣押、冻结的财物

违反规定处置查封、扣押、冻结的财物，是指隐藏、转移、变卖、故意毁损已被监察机关等国家机关查封、扣押、冻结的财物。所谓隐藏，是指将已被有关国家机关查封、扣押、冻结的财产隐蔽、藏匿起来，意图不使该有关国家机关发现的行为。所谓转移，是指将已被有关国家机关查封、扣押、冻结的财产改换位置，从一处移至另一处，意图使该国家机关机关难于查找、查找不到或者使其失去本应具有的查封价值的行为。所谓变卖，是指违反规定，将已被有关国家机关查封、扣押、冻结的财产出卖以换取现金或其他等价物的行为。所谓毁损，是指将已被有关国家机关查封、扣押、冻结的财产进行损伤、损毁，使之失去财物或者证据价值的行为。上述四种行为，在司法实践中比较容易发生争议的主要是转移和变卖。

对调取、查封、扣押的财物、文件、电子数据，监察机关应当设立专用账户、专门场所、专门存储设备，确定专门人员妥善保管，严格履行交接、调取手续，定期对账核实，不得毁损或者用于其他目的。对价值不明物品应当及时鉴定，专门封存保管。如果擅自将财物任意使用，如违规使用被扣押的车辆等，就属

于违反规定处置查封、扣押、冻结的财物的行为，应当依法处理。

六、违反规定发生办案安全事故，或者发生安全事故后隐瞒不报、报告失实、处置不当

办案安全事故，主要是指监察机关在调查有关违纪违法案件过程中发生的安全事故，包括在留置期间或临时谈话取证期间，被调查对象自残自伤自杀或者生病死亡、伤人、刑讯逼供造成对象伤亡等安全事故。监察机关办案安全事故主要有以下几种表现形式：（1）刑讯逼供造成的安全事故。监察机关工作人员违反监察法等有关规定，工作中急于求成，对被调查对象采取不文明行为，有的甚至打骂体罚或者变相体罚被调查对象和涉案人员，造成对象受伤甚至死亡的安全事故。（2）陪护不到位或者办案人员违反有关管理制度造成的安全事故。例如，因为陪护人员没有陪护经验，或责任心不强，或处理突发事件的能力弱，因此而导致被调查对象以割腕、上吊、撞墙、跳楼等形式自残、自伤甚至自杀的安全事故。这类事故发生率比较高，很多都发生在临时谈话期间，因陪护不力，对象借上厕所机会挣脱陪护人员，或者乘陪护办案人员不注意，跳楼自杀身亡。另外，有的纪律审查人员在谈话过程中安全意识不强，经常违反规定把玻璃杯、打火机、开水瓶带进谈话室，这些都是存在安全隐患的物品，容易造成严重的安全事故。（3）办案点软件硬件不健全等造成的安全事故。例如，因办案场所失火、停电、淹水等原因造成被调查对象烧伤、触电、溺水、脱逃等。另外，还有因饮食不卫生造成的食物中毒或被调查对象吃饭时被骨头、鱼刺等卡住等安全事故。（4）被调查对象自身有“三高”等心血管疾病造成的安全事故。有的被调查人员身体本来就有疾病隐患，接受组织调查时，因为身处的环境、心理压力过大，如果体检不到位、用药不规律或者送医不及时，可能会导致被调查对象因病受伤甚至死亡。（5）对象伤人事故。例如，被调查对象因为没顶住压力，交代了自己的问题，可能在短时间内会有懊恼、后悔甚至绝望的心理，如果监察机关工作人员没能很好地把这种负面情绪疏导好，对象容易把这种因挫败感产生的怨恨迁怒到自身或者办案及陪护人员身上，很容易出现对象自伤或者伤人事故。

监察机关在办案期间要严格依法依规，保障办案安全，对于发生被调查人死亡、伤残、逃跑等安全事故的，应当认真应对、妥善处置、及时报告。对于在

办案过程中有失职渎职等违法犯罪行为，违反规定发生办案安全事故，或者发生安全事故后隐瞒不报、报告失实、处置不当的，视情节轻重，依照有关规定追究有关单位领导和相关责任人员的责任；涉嫌犯罪的，移送司法机关处理。

七、违反规定采取留置措施

监察法第四十三条、第四十四条对留置措施的批准程序、期限、安全保障等都作了明确规定。第四十三条规定，监察机关采取留置措施，应当由监察机关领导人员集体研究决定。设区的市级以下监察机关采取留置措施，应当报上一级监察机关批准。省级监察机关采取留置措施，应当报国家监察委员会备案。留置时间不得超过三个月。在特殊情况下，可以延长一次，延长时间不得超过三个月。省级以下监察机关采取留置措施的，延长留置时间应当报上一级监察机关批准。监察机关发现采取留置措施不当的，应当及时解除。监察机关采取留置措施，可以根据工作需要提请公安机关配合，公安机关应当依法予以协助。第四十四条规定，对被调查人采取留置措施后，应当在二十四小时以内，通知被留置人员所在单位和家属，但有可能毁灭、伪造证据，干扰证人作证或者串供等有碍调查情形的除外。有碍调查的情形消失后，应当立即通知被留置人员所在单位和家属。监察机关应当保障被留置人员的饮食、休息和安全，提供医疗服务。讯问被留置人员应当合理安排讯问时间和时长，讯问笔录由被讯问人阅看后签名。被留置人员涉嫌犯罪移送司法机关后，被依法判处管制、拘役和有期徒刑的，留置一日折抵管制二日，折抵拘役、有期徒刑一日。

根据监察法第六十五条第（七）项规定，对未经批准留置被调查人，或者超期留置被调查人等违反规定的行为，应当依法追究负有责任的领导人员和直接责任人员的法律责任。

八、违反规定限制他人出境，或者不按规定解除出境限制

监察法第三十条规定："监察机关为防止被调查人及相关人员逃匿境外，经省级以上监察机关批准，可以对被调查人及相关人员采取限制出境措施，由公安机关依法执行。对于不需要继续采取限制出境措施的，应当及时解除。"本条是关于监察机关运用限制出境措施调查案件的规定。在实践中，赋予监

察机关采取限制出境措施的权限,主要目的是保障调查工作的顺利进行,防止因被调查人及相关人员逃匿境外,而不能掌握违法犯罪事实及证据,导致调查工作停滞。理解本项条文规定应当注意把握四个方面内容:(1)适用对象。既包括涉嫌职务违法犯罪的被调查人,也包括涉嫌行贿犯罪或者共同职务犯罪的涉案人员,以及与案件有关的其他相关人员。但在实践中,并不是对所有涉嫌职务违法犯罪的被调查人都采取限制出境措施,而是应当把握必要性原则,根据实际情况,对有可能逃匿境外的被调查人限制出境。(2)审批程序。采取限制出境的审批主体和程序非常严格,必须由省级以上监察机关批准,体现了"宽打窄用"的原则,防止限制出境措施的随意使用,切实保护公民合法权利。(3)执行主体。监察机关作出采取限制出境措施的决定后,应当交由公安机关执行。限制出境决定应当对限制出境人员的具体信息、期限作出具体规定。(4)延长和解除。限制出境措施期限届满后可以延长,但仍须由省级以上监察机关审批。为加强对公民合法权利的保护,在具体执行中,对期限尚未届满但不需要继续采取限制出境措施的,监察机关应当及时作出解除决定,并通知公安机关予以解除。

根据监察法第六十五条第(八)项规定,对于违反规定限制他人出境,或者不按规定解除出境限制的,应当依法追究负有责任的领导人员和直接责任人员的法律责任。

九、其他滥用职权、玩忽职守、徇私舞弊的行为

除了前八项规定的情形外,对于监察机关及其工作人员在行使职权过程中的其他滥用职权、玩忽职守、徇私舞弊的行为,也应当追究其相应法律责任。此处的"滥用职权",主要是指监察人员违反法律法规的规定或者超越法定职责范围行使职权。"徇私舞弊",主要是指监察人员为了私利,用欺骗或者其他不正当方式违法犯罪的行为,包括监察人员利用本人职责范围内的权限或者本人职务、地位所形成的便利条件,为自己或者他人牟取私利,袒护或者帮助违法犯罪的人员掩盖错误事实,以逃避制裁,或者利用职权陷害他人的行为。"玩忽职守",主要是指监察人员严重不负责任、不履行或者不正确履行法定职责,致使国家、集体和人民的利益遭受损失的行为。监察人员玩忽职守有多种表现形式,如不履行监察职责,不实施岗位职务所要求实施的行为;对

职责范围内管辖的事务不尽职责，敷衍塞责；在履行职责过程中擅离职守；对于监察对象可能对国家、集体和人民的利益造成损失的行为不采取有效措施予以制止，等等。对玩忽职守的监察人员追究责任，一定要注意只有在造成了损害后果的情况下才追究责任。这个损害后果既包括财物损失，也包括财物损失以外的其他利益损失，如损害了国家机关的形象和声誉；妨碍了监察机关职责的正常履行；给当事人造成严重精神创伤，等等。

需要注意的是，监察机关及其工作人员一旦发生上述违法行使职权的行为，不但对直接责任人员依法给予处理，也要对负有责任的领导人员追究法律责任。

思考题

1. 什么是监察法律责任？其理论基础是什么？
2. 监察法律责任的种类有哪些？
3. 有关人员在监察活动中存在哪些行为要承担相应的法律责任？
4. 监察机关及其工作人员在监察活动中存在哪些行为要承担相应的法律责任？

附录1

《中华人民共和国监察法》

（2018年3月20日第十三届全国人民代表大会
第一次会议通过）

目　　录

第一章　总　　则

第一条　为了深化国家监察体制改革，加强对所有行使公权力的公职人员的监督，实现国家监察全面覆盖，深入开展反腐败工作，推进国家治理体系和治理能力现代化，根据宪法，制定本法。

第二条　坚持中国共产党对国家监察工作的领导，以马克思列宁主义、毛泽东思想、邓小平理论、“三个代表”重要思想、科学发展观、习近平新时代中国特色社会主义思想为指导，构建集中统一、权威高效的中国特色国家监察体制。

第三条　各级监察委员会是行使国家监察职能的专责机关，依照本法对所有行使公权力的公职人员(以下称公职人员)进行监察,调查职务违法和职务犯罪,开展廉政建设和反腐败工作,维护宪法和法律的尊严。

第四条　监察委员会依照法律规定独立行使监察权,不受行政机关、社会团体和个人的干涉。

监察机关办理职务违法和职务犯罪案件,应当与审判机关、检察机关、执法部门互相配合,互相制约。

监察机关在工作中需要协助的,有关机关和单位应当根据监察机关的要求依法予以协助。

第五条　国家监察工作严格遵照宪法和法律,以事实为根据,以法律为准绳;在适用法律上一律平等,保障当事人的合法权益;权责对等,严格监督;惩戒与教育相结合,宽严相济。

第六条　国家监察工作坚持标本兼治、综合治理,强化监督问责,严厉惩治腐败;深化改革、健全法治,有效制约和监督权力;加强法治教育和道德教育,弘扬中华优秀传统文化,构建不敢腐、不能腐、不想腐的长效机制。

第二章　监察机关及其职责

第七条　中华人民共和国国家监察委员会是最高监察机关。

省、自治区、直辖市、自治州、县、自治县、市、市辖区设立监察委员会。

第八条　国家监察委员会由全国人民代表大会产生,负责全国监察工作。

国家监察委员会由主任、副主任若干人、委员若干人组成,主任由全国人民代表大会选举,副主任、委员由国家监察委员会主任提请全国人民代表大会常务委员会任免。

国家监察委员会主任每届任期同全国人民代表大会每届任期相同,连续任职不得超过两届。

国家监察委员会对全国人民代表大会及其常务委员会负责,并接受其监督。

第九条　地方各级监察委员会由本级人民代表大会产生,负责本行政区域内的监察工作。

地方各级监察委员会由主任、副主任若干人、委员若干人组成,主任由本级人民代表大会选举,副主任、委员由监察委员会主任提请本级人民代表大会常务委员会任免。

地方各级监察委员会主任每届任期同本级人民代表大会每届任期相同。

地方各级监察委员会对本级人民代表大会及其常务委员会和上一级监察委员会负责，并接受其监督。

第十条 国家监察委员会领导地方各级监察委员会的工作，上级监察委员会领导下级监察委员会的工作。

第十一条 监察委员会依照本法和有关法律规定履行监督、调查、处置职责：

（一）对公职人员开展廉政教育，对其依法履职、秉公用权、廉洁从政从业以及道德操守情况进行监督检查；

（二）对涉嫌贪污贿赂、滥用职权、玩忽职守、权力寻租、利益输送、徇私舞弊以及浪费国家资财等职务违法和职务犯罪进行调查；

（三）对违法的公职人员依法作出政务处分决定；对履行职责不力、失职失责的领导人员进行问责；对涉嫌职务犯罪的，将调查结果移送人民检察院依法审查、提起公诉；向监察对象所在单位提出监察建议。

第十二条 各级监察委员会可以向本级中国共产党机关、国家机关、法律法规授权或者委托管理公共事务的组织和单位以及所管辖的行政区域、国有企业等派驻或者派出监察机构、监察专员。

监察机构、监察专员对派驻或者派出它的监察委员会负责。

第十三条 派驻或者派出的监察机构、监察专员根据授权，按照管理权限依法对公职人员进行监督，提出监察建议，依法对公职人员进行调查、处置。

第十四条 国家实行监察官制度，依法确定监察官的等级设置、任免、考评和晋升等制度。

第三章 监察范围和管辖

第十五条 监察机关对下列公职人员和有关人员进行监察：

（一）中国共产党机关、人民代表大会及其常务委员会机关、人民政府、监察委员会、人民法院、人民检察院、中国人民政治协商会议各级委员会机关、民主党派机关和工商业联合会机关的公务员，以及参照《中华人民共和国公务员法》管理的人员；

（二）法律、法规授权或者受国家机关依法委托管理公共事务的组织中从事公务的人员；

（三）国有企业管理人员；

（四）公办的教育、科研、文化、医疗卫生、体育等单位中从事管理的人员；

（五）基层群众性自治组织中从事管理的人员；

（六）其他依法履行公职的人员。

第十六条　各级监察机关按照管理权限管辖本辖区内本法第十五条规定的人员所涉监察事项。

上级监察机关可以办理下一级监察机关管辖范围内的监察事项，必要时也可以办理所辖各级监察机关管辖范围内的监察事项。

监察机关之间对监察事项的管辖有争议的，由其共同的上级监察机关确定。

第十七条　上级监察机关可以将其所管辖的监察事项指定下级监察机关管辖，也可以将下级监察机关有管辖权的监察事项指定给其他监察机关管辖。

监察机关认为所管辖的监察事项重大、复杂，需要由上级监察机关管辖的，可以报请上级监察机关管辖。

第四章　监察权限

第十八条　监察机关行使监督、调查职权，有权依法向有关单位和个人了解情况，收集、调取证据。有关单位和个人应当如实提供。

监察机关及其工作人员对监督、调查过程中知悉的国家秘密、商业秘密、个人隐私，应当保密。

任何单位和个人不得伪造、隐匿或者毁灭证据。

第十九条　对可能发生职务违法的监察对象，监察机关按照管理权限，可以直接或者委托有关机关、人员进行谈话或者要求说明情况。

第二十条　在调查过程中，对涉嫌职务违法的被调查人，监察机关可以要求其就涉嫌违法行为作出陈述，必要时向被调查人出具书面通知。

对涉嫌贪污贿赂、失职渎职等职务犯罪的被调查人，监察机关可以进行讯问，要求其如实供述涉嫌犯罪的情况。

第二十一条　在调查过程中，监察机关可以询问证人等人员。

第二十二条 被调查人涉嫌贪污贿赂、失职渎职等严重职务违法或者职务犯罪，监察机关已经掌握其部分违法犯罪事实及证据，仍有重要问题需要进一步调查，并有下列情形之一的，经监察机关依法审批，可以将其留置在特定场所：

（一）涉及案情重大、复杂的；

（二）可能逃跑、自杀的；

（三）可能串供或者伪造、隐匿、毁灭证据的；

（四）可能有其他妨碍调查行为的。

对涉嫌行贿犯罪或者共同职务犯罪的涉案人员，监察机关可以依照前款规定采取留置措施。

留置场所的设置、管理和监督依照国家有关规定执行。

第二十三条 监察机关调查涉嫌贪污贿赂、失职渎职等严重职务违法或者职务犯罪，根据工作需要，可以依照规定查询、冻结涉案单位和个人的存款、汇款、债券、股票、基金份额等财产。有关单位和个人应当配合。

冻结的财产经查明与案件无关的，应当在查明后三日内解除冻结，予以退还。

第二十四条 监察机关可以对涉嫌职务犯罪的被调查人以及可能隐藏被调查人或者犯罪证据的人的身体、物品、住处和其他有关地方进行搜查。在搜查时，应当出示搜查证，并有被搜查人或者其家属等见证人在场。

搜查女性身体，应当由女性工作人员进行。

监察机关进行搜查时，可以根据工作需要提请公安机关配合。公安机关应当依法予以协助。

第二十五条 监察机关在调查过程中，可以调取、查封、扣押用以证明被调查人涉嫌违法犯罪的财物、文件和电子数据等信息。采取调取、查封、扣押措施，应当收集原物原件，会同持有人或者保管人、见证人，当面逐一拍照、登记、编号，开列清单，由在场人员当场核对、签名，并将清单副本交财物、文件的持有人或者保管人。

对调取、查封、扣押的财物、文件，监察机关应当设立专用账户、专门场所，确定专门人员妥善保管，严格履行交接、调取手续，定期对账核实，不得毁损或者用于其他目的。对价值不明物品应当及时鉴定，专门封存保管。

查封、扣押的财物、文件经查明与案件无关的，应当在查明后三日内解除查封、扣押，予以退还。

第二十六条　监察机关在调查过程中，可以直接或者指派、聘请具有专门知识、资格的人员在调查人员主持下进行勘验检查。勘验检查情况应当制作笔录，由参加勘验检查的人员和见证人签名或者盖章。

第二十七条　监察机关在调查过程中，对于案件中的专门性问题，可以指派、聘请有专门知识的人进行鉴定。鉴定人进行鉴定后，应当出具鉴定意见，并且签名。

第二十八条　监察机关调查涉嫌重大贪污贿赂等职务犯罪，根据需要，经过严格的批准手续，可以采取技术调查措施，按照规定交有关机关执行。

批准决定应当明确采取技术调查措施的种类和适用对象，自签发之日起三个月以内有效；对于复杂、疑难案件，期限届满仍有必要继续采取技术调查措施的，经过批准，有效期可以延长，每次不得超过三个月。对于不需要继续采取技术调查措施的，应当及时解除。

第二十九条　依法应当留置的被调查人如果在逃，监察机关可以决定在本行政区域内通缉，由公安机关发布通缉令，追捕归案。通缉范围超出本行政区域的，应当报请有权决定的上级监察机关决定。

第三十条　监察机关为防止被调查人及相关人员逃匿境外，经省级以上监察机关批准，可以对被调查人及相关人员采取限制出境措施，由公安机关依法执行。对于不需要继续采取限制出境措施的，应当及时解除。

第三十一条　涉嫌职务犯罪的被调查人主动认罪认罚，有下列情形之一的，监察机关经领导人员集体研究，并报上一级监察机关批准，可以在移送人民检察院时提出从宽处罚的建议：

（一）自动投案，真诚悔罪悔过的；

（二）积极配合调查工作，如实供述监察机关还未掌握的违法犯罪行为的；

（三）积极退赃，减少损失的；

（四）具有重大立功表现或者案件涉及国家重大利益等情形的。

第三十二条　职务违法犯罪的涉案人员揭发有关被调查人职务违法犯罪行为，查证属实的，或者提供重要线索，有助于调查其他案件的，监察机关经领导人员集体研究,并报上一级监察机关批准,可以在移送人民检察院时提出从宽处罚的建议。

第三十三条 监察机关依照本法规定收集的物证、书证、证人证言、被调查人供述和辩解、视听资料、电子数据等证据材料,在刑事诉讼中可以作为证据使用。

监察机关在收集、固定、审查、运用证据时,应当与刑事审判关于证据的要求和标准相一致。

以非法方法收集的证据应当依法予以排除,不得作为案件处置的依据。

第三十四条 人民法院、人民检察院、公安机关、审计机关等国家机关在工作中发现公职人员涉嫌贪污贿赂、失职渎职等职务违法或者职务犯罪的问题线索,应当移送监察机关,由监察机关依法调查处置。

被调查人既涉嫌严重职务违法或者职务犯罪,又涉嫌其他违法犯罪的,一般应当由监察机关为主调查,其他机关予以协助。

第五章 监 察 程 序

第三十五条 监察机关对于报案或者举报,应当接受并按照有关规定处理。对于不属于本机关管辖的,应当移送主管机关处理。

第三十六条 监察机关应当严格按照程序开展工作,建立问题线索处置、调查、审理各部门相互协调、相互制约的工作机制。

监察机关应当加强对调查、处置工作全过程的监督管理,设立相应的工作部门履行线索管理、监督检查、督促办理、统计分析等管理协调职能。

第三十七条 监察机关对监察对象的问题线索,应当按照有关规定提出处置意见,履行审批手续,进行分类办理。线索处置情况应当定期汇总、通报,定期检查、抽查。

第三十八条 需要采取初步核实方式处置问题线索的,监察机关应当依法履行审批程序,成立核查组。初步核实工作结束后,核查组应当撰写初步核实情况报告,提出处理建议。承办部门应当提出分类处理意见。初步核实情况报告和分类处理意见报监察机关主要负责人审批。

第三十九条 经过初步核实,对监察对象涉嫌职务违法犯罪,需要追究法律责任的,监察机关应当按照规定的权限和程序办理立案手续。

监察机关主要负责人依法批准立案后，应当主持召开专题会议，研究确定调查方案，决定需要采取的调查措施。

立案调查决定应当向被调查人宣布，并通报相关组织。涉嫌严重职务违法或者职务犯罪的，应当通知被调查人家属，并向社会公开发布。

第四十条　监察机关对职务违法和职务犯罪案件，应当进行调查，收集被调查人有无违法犯罪以及情节轻重的证据，查明违法犯罪事实，形成相互印证、完整稳定的证据链。

严禁以威胁、引诱、欺骗及其他非法方式收集证据，严禁侮辱、打骂、虐待、体罚或者变相体罚被调查人和涉案人员。

第四十一条　调查人员采取讯问、询问、留置、搜查、调取、查封、扣押、勘验检查等调查措施，均应当依照规定出示证件，出具书面通知，由二人以上进行，形成笔录、报告等书面材料，并由相关人员签名、盖章。

调查人员进行讯问以及搜查、查封、扣押等重要取证工作，应当对全过程进行录音录像，留存备查。

第四十二条　调查人员应当严格执行调查方案，不得随意扩大调查范围、变更调查对象和事项。

对调查过程中的重要事项，应当集体研究后按程序请示报告。

第四十三条　监察机关采取留置措施，应当由监察机关领导人员集体研究决定。设区的市级以下监察机关采取留置措施，应当报上一级监察机关批准。省级监察机关采取留置措施，应当报国家监察委员会备案。

留置时间不得超过三个月。在特殊情况下，可以延长一次，延长时间不得超过三个月。省级以下监察机关采取留置措施的，延长留置时间应当报上一级监察机关批准。监察机关发现采取留置措施不当的，应当及时解除。

监察机关采取留置措施，可以根据工作需要提请公安机关配合。公安机关应当依法予以协助。

第四十四条　对被调查人采取留置措施后，应当在二十四小时以内，通知被留置人员所在单位和家属，但有可能毁灭、伪造证据，干扰证人作证或者串供等有碍调查情形的除外。有碍调查的情形消失后，应当立即通知被留置人员所在单位和家属。

监察机关应当保障被留置人员的饮食、休息和安全，提供医疗服务。讯问被留置人员应当合理安排讯问时间和时长，讯问笔录由被讯问人阅看后签名。

被留置人员涉嫌犯罪移送司法机关后，被依法判处管制、拘役和有期徒刑的，留置一日折抵管制二日，折抵拘役、有期徒刑一日。

第四十五条 监察机关根据监督、调查结果，依法作出如下处置：

（一）对有职务违法行为但情节较轻的公职人员，按照管理权限，直接或者委托有关机关、人员，进行谈话提醒、批评教育、责令检查，或者予以诫勉；

（二）对违法的公职人员依照法定程序作出警告、记过、记大过、降级、撤职、开除等政务处分决定；

（三）对不履行或者不正确履行职责负有责任的领导人员，按照管理权限对其直接作出问责决定，或者向有权作出问责决定的机关提出问责建议；

（四）对涉嫌职务犯罪的，监察机关经调查认为犯罪事实清楚，证据确实、充分的，制作起诉意见书，连同案卷材料、证据一并移送人民检察院依法审查、提起公诉；

（五）对监察对象所在单位廉政建设和履行职责存在的问题等提出监察建议。

监察机关经调查，对没有证据证明被调查人存在违法犯罪行为的，应当撤销案件，并通知被调查人所在单位。

第四十六条 监察机关经调查，对违法取得的财物，依法予以没收、追缴或者责令退赔；对涉嫌犯罪取得的财物，应当随案移送人民检察院。

第四十七条 对监察机关移送的案件，人民检察院依照《中华人民共和国刑事诉讼法》对被调查人采取强制措施。

人民检察院经审查，认为犯罪事实已经查清，证据确实、充分，依法应当追究刑事责任的，应当作出起诉决定。

人民检察院经审查，认为需要补充核实的，应当退回监察机关补充调查，必要时可以自行补充侦查。对于补充调查的案件，应当在一个月内补充调查完毕。补充调查以二次为限。

人民检察院对于有《中华人民共和国刑事诉讼法》规定的不起诉的情形的，经上一级人民检察院批准，依法作出不起诉的决定。监察机关认为不起诉的决定有错误的，可以向上一级人民检察院提请复议。

第四十八条 监察机关在调查贪污贿赂、失职渎职等职务犯罪案件过程中，被调查人逃匿或者死亡，有必要继续调查的，经省级以上监察机关批准，应当继续调查并作出结论。被调查人逃匿，在通缉一年后不能到案，或者死亡的，由监察机关提请人民检察院依照法定程序，向人民法院提出没收违法所得的申请。

第四十九条　监察对象对监察机关作出的涉及本人的处理决定不服的，可以在收到处理决定之日起一个月内，向作出决定的监察机关申请复审，复审机关应当在一个月内作出复审决定；监察对象对复审决定仍不服的，可以在收到复审决定之日起一个月内，向上一级监察机关申请复核，复核机关应当在二个月内作出复核决定。复审、复核期间，不停止原处理决定的执行。复核机关经审查，认定处理决定有错误的，原处理机关应当及时予以纠正。

第六章　反腐败国际合作

第五十条　国家监察委员会统筹协调与其他国家、地区、国际组织开展的反腐败国际交流、合作，组织反腐败国际条约实施工作。

第五十一条　国家监察委员会组织协调有关方面加强与有关国家、地区、国际组织在反腐败执法、引渡、司法协助、被判刑人的移管、资产追回和信息交流等领域的合作。

第五十二条　国家监察委员会加强对反腐败国际追逃追赃和防逃工作的组织协调，督促有关单位做好相关工作：

（一）对于重大贪污贿赂、失职渎职等职务犯罪案件，被调查人逃匿到国（境）外，掌握证据比较确凿的，通过开展境外追逃合作，追捕归案；

（二）向赃款赃物所在国请求查询、冻结、扣押、没收、追缴、返还涉案资产；

（三）查询、监控涉嫌职务犯罪的公职人员及其相关人员进出国（境）和跨境资金流动情况，在调查案件过程中设置防逃程序。

第七章　对监察机关和监察人员的监督

第五十三条　各级监察委员会应当接受本级人民代表大会及其常务委员会的监督。

各级人民代表大会常务委员会听取和审议本级监察委员会的专项工作报

告，组织执法检查。

县级以上各级人民代表大会及其常务委员会举行会议时，人民代表大会代表或者常务委员会组成人员可以依照法律规定的程序，就监察工作中的有关问题提出询问或者质询。

第五十四条 监察机关应当依法公开监察工作信息，接受民主监督、社会监督、舆论监督。

第五十五条 监察机关通过设立内部专门的监督机构等方式，加强对监察人员执行职务和遵守法律情况的监督，建设忠诚、干净、担当的监察队伍。

第五十六条 监察人员必须模范遵守宪法和法律，忠于职守、秉公执法，清正廉洁、保守秘密；必须具有良好的政治素质，熟悉监察业务，具备运用法律、法规、政策和调查取证等能力，自觉接受监督。

第五十七条 对于监察人员打听案情、过问案件、说情干预的，办理监察事项的监察人员应当及时报告。有关情况应当登记备案。

发现办理监察事项的监察人员未经批准接触被调查人、涉案人员及其特定关系人，或者存在交往情形的，知情人应当及时报告。有关情况应当登记备案。

第五十八条 办理监察事项的监察人员有下列情形之一的，应当自行回避，监察对象、检举人及其他有关人员也有权要求其回避：

（一）是监察对象或者检举人的近亲属的；

（二）担任过本案的证人的；

（三）本人或者其近亲属与办理的监察事项有利害关系的；

（四）有可能影响监察事项公正处理的其他情形的。

第五十九条 监察机关涉密人员离岗离职后，应当遵守脱密期管理规定，严格履行保密义务，不得泄露相关秘密。

监察人员辞职、退休三年内，不得从事与监察和司法工作相关联且可能发生利益冲突的职业。

第六十条 监察机关及其工作人员有下列行为之一的，被调查人及其近亲属有权向该机关申诉：

（一）留置法定期限届满，不予以解除的；

（二）查封、扣押、冻结与案件无关的财物的；

（三）应当解除查封、扣押、冻结措施而不解除的；

（四）贪污、挪用、私分、调换以及违反规定使用查封、扣押、冻结的财物的；

（五）其他违反法律法规、侵害被调查人合法权益的行为。

受理申诉的监察机关应当在受理申诉之日起一个月内作出处理决定。申诉人对处理决定不服的，可以在收到处理决定之日起一个月内向上一级监察机关申请复查，上一级监察机关应当在收到复查申请之日起二个月内作出处理决定，情况属实的，及时予以纠正。

第六十一条　对调查工作结束后发现立案依据不充分或者失实，案件处置出现重大失误，监察人员严重违法的，应当追究负有责任的领导人员和直接责任人员的责任。

第八章　法律责任

第六十二条　有关单位拒不执行监察机关作出的处理决定，或者无正当理由拒不采纳监察建议的，由其主管部门、上级机关责令改正，对单位给予通报批评；对负有责任的领导人员和直接责任人员依法给予处理。

第六十三条　有关人员违反本法规定，有下列行为之一的，由其所在单位、主管部门、上级机关或者监察机关责令改正，依法给予处理：

（一）不按要求提供有关材料，拒绝、阻碍调查措施实施等拒不配合监察机关调查的；

（二）提供虚假情况，掩盖事实真相的；

（三）串供或者伪造、隐匿、毁灭证据的；

（四）阻止他人揭发检举、提供证据的；

（五）其他违反本法规定的行为，情节严重的。

第六十四条　监察对象对控告人、检举人、证人或者监察人员进行报复陷害的；控告人、检举人、证人捏造事实诬告陷害监察对象的，依法给予处理。

第六十五条　监察机关及其工作人员有下列行为之一的，对负有责任的领导人员和直接责任人员依法给予处理：

（一）未经批准、授权处置问题线索，发现重大案情隐瞒不报，或者私自留存、处理涉案材料的；

（二）利用职权或者职务上的影响干预调查工作、以案谋私的；

（三）违法窃取、泄露调查工作信息，或者泄露举报事项、举报受理情况以及举报人信息的；

（四）对被调查人或者涉案人员逼供、诱供，或者侮辱、打骂、虐待、体罚或者变相体罚的；

（五）违反规定处置查封、扣押、冻结的财物的；

（六）违反规定发生办案安全事故，或者发生安全事故后隐瞒不报、报告失实、处置不当的；

（七）违反规定采取留置措施的；

（八）违反规定限制他人出境，或者不按规定解除出境限制的；

（九）其他滥用职权、玩忽职守、徇私舞弊的行为。

第六十六条 违反本法规定，构成犯罪的，依法追究刑事责任。

第六十七条 监察机关及其工作人员行使职权，侵犯公民、法人和其他组织的合法权益造成损害的，依法给予国家赔偿。

第九章 附 则

第六十八条 中国人民解放军和中国人民武装警察部队开展监察工作，由中央军事委员会根据本法制定具体规定。

第六十九条 本法自公布之日起施行。《中华人民共和国行政监察法》同时废止。

附录2

《中华人民共和国监察法(草案)》的说明

——2018年3月13日在第十三届全国人民代表大会第一次会议上

第十二届全国人大常委会副委员长 李建国

各位代表:

我受第十二届全国人大常委会委托,作关于《中华人民共和国监察法(草案)》的说明。

一、制定监察法的重要意义

(一)制定监察法是贯彻落实党中央关于深化国家监察体制改革决策部署的重大举措

深化国家监察体制改革是以习近平同志为核心的党中央作出的事关全局的重大政治体制改革,是强化党和国家自我监督的重大决策部署。改革的目标是,整合反腐败资源力量,加强党对反腐败工作的集中统一领导,构建集中统一、权威高效的中国特色国家监察体制,实现对所有行使公权力的公职人员监察全覆盖。深化国家监察体制改革是组织创新、制度创新,必须打破体制机制障碍,建立崭新的国家监察机构。制定监察法是深化国家监察体制改革的内在要求和重要环节。党中央对国家监察立法工作高度重视,习近平总书记在党的十八届六中全会和十八届中央纪委五次、六次、七次全会上均对此提出明确要求。中央政治局、中央政治局常务委员会和中央全面深化改革领导小组多次专题研究深化国家监察体制改革、国家监察相关立法问题,确定了制定监察法的指导思想、基本原则和主要内容,明确了国家监察立法工作的方向和时间表、路线图。党的十九大明确提出:“制定国家监察法,依法赋予监察委员会职责权限和调查手段,用留置取代'两规'措施。"监察法是反腐败国家立法,是一部对国家监察工作起统领性和基础性作用的法律。制定监察法,贯彻落实党中央关于深化国家监察体制改革决策部署,使党的主张通过法定程序成为国家意志,对于创新和完善国家监察制度,实现立法与改革相衔接,以法治思维和法治方式开展反腐败工作,意义重大、影响深远。

(二)制定监察法是坚持和加强党对反腐败工作的领导,构建集中统一、权威高效的国家监察体系的必然要求

中国共产党领导是中国特色社会主义最本质的特征,是中国特色社会主义制度的最大优势。我们推进各领域改革,都是为了完善和发展中国特色社会主义制度,巩固党的执政基础、提高党的执政能力。以零容忍态度惩治腐败是中国共产党鲜明的政治立场,是党心民心所向,必须始终坚持在党中央统一领导下推进。当前反腐败斗争形势依然严峻复杂,与党风廉政建设和反腐败斗争的要求相比,我国的监察体制机制存在着明显不适应问题。一是监察范围过窄。国家监察体制改革之前,党内监督已经实现全覆盖,而依照行政监察法的规定,行政监察对象主要是行政机关及其工作人员,还没有做到对所有行使公权力的公职人员全覆盖。在我国,党管干部是坚持党的领导的重要原则。作为执政党,我们党不仅管干部的培养、提拔、使用,还必须对干部进行教育、管理、监督,必须对违纪违法的干部作出处理,对党员干部和其他公职人员的腐败行为进行查处。二是反腐败力量分散。国家监察体制改革之前,党的纪律检查机关依照党章党规对党员的违纪行为进行审查,行政监察机关依照行政监察法对行政机关工作人员的违法违纪行为进行监察,检察机关依照刑事诉讼法对国家工作人员职务犯罪行为进行查处,反腐败职能既分别行使,又交叉重叠,没有形成合力。同时,检察机关对职务犯罪案件既行使侦查权,又行使批捕、起诉等权力,缺乏有效监督机制。深化国家监察体制改革,组建党统一领导的反腐败工作机构即监察委员会,就是将行政监察部门、预防腐败机构和检察机关查处贪污贿赂、失职渎职以及预防职务犯罪等部门的工作力量整合起来,把反腐败资源集中起来,把执纪和执法贯通起来,攥指成拳,形成合力。三是体现专责和集中统一不够。制定监察法,明确监察委员会的性质、地位,明确"各级监察委员会是行使国家监察职能的专责机关",从而与党章关

于“党的各级纪律检查委员会是党内监督专责机关”相呼应，通过国家立法把党对反腐败工作集中统一领导的体制机制固定下来，构建党统一指挥、全面覆盖、权威高效的监督体系，把制度优势转化为治理效能。

（三）制定监察法是总结党的十八大以来反腐败实践经验，为新形势下反腐败斗争提供坚强法治保障的现实需要

党的十八大以来，以习近平同志为核心的党中央坚持反腐败无禁区、全覆盖、零容忍，以雷霆万钧之势，坚定不移“打虎”“拍蝇”“猎狐”，不敢腐的目标初步实现，不能腐的“笼子”越扎越牢，不想腐的堤坝正在构筑。在深入开展反腐败斗争的同时，深化国家监察体制改革试点工作积极推进。根据党中央决策部署，2016年12月，十二届全国人大常委会第二十五次会议通过《全国人民代表大会常务委员会关于在北京市、山西省、浙江省开展国家监察体制改革试点工作的决定》，经过一年多的实践，国家监察体制改革在实践中迈出了坚实步伐，积累了可复制可推广的经验。根据党的十九大精神，在认真总结三省市试点工作经验的基础上，2017年11月，十二届全国人大常委会第三十次会议通过《全国人民代表大会常务委员会关于在全国各地推开国家监察体制改革试点工作的决定》，国家监察体制改革试点工作在全国有序推开，目前，省、市、县三级监察委员会已经全部组建成立。通过国家立法赋予监察委员会必要的权限和措施，将行政监察法已有规定和实践中正在使用、行之有效的措施确定下来，明确监察机关可以采取谈话、讯问、询问、查询、冻结、调取、查封、扣押、搜查、勘验检查、鉴定、留置等措施开展调查。尤其是用留置取代“两规”措施，并规定严格的程序，有利于解决长期困扰我们的法治难题，彰显全面依法治国的决心和自信。改革的深化要求法治保障，法治的实现离不开改革推动。通过制定监察法，把党的十八大以来在推进党风廉政建设和反腐败斗争中形成的新理念新举措新经验以法律形式固定下来，巩固国家监察体制改革成果，保障反腐败工作在法治轨道上行稳致远。

（四）制定监察法是坚持党内监督与国家监察有机统一，坚持走中国特色监察道路的创制之举

权力必须受到制约和监督。在我国，党的机关、人大机关、行政机关、政协机关、监察机关、审判机关、检察机关等，都在党中央统一领导下行使公权力，

为人民用权,对人民负责,受人民监督。在我国监督体系中,党内监督和国家监察发挥着十分重要的作用。党内监督是对全体党员尤其是对党员干部实行的监督,国家监察是对所有行使公权力的公职人员实行的监督。我国80%的公务员和超过95%的领导干部是共产党员,这就决定了党内监督和国家监察具有高度的内在一致性,也决定了实行党内监督和国家监察相统一的必然性。这种把两者有机统一起来的监督制度具有鲜明的中国特色。党的十八大以来,党中央坚持全面从严治党,在加大反腐败力度的同时,完善党章党规,实现依规治党,取得历史性成就。完善我国监督体系,既要加强党内监督,又要加强国家监察。深化国家监察体制改革,成立监察委员会,并与党的纪律检查机关合署办公,代表党和国家行使监督权和监察权,履行纪检、监察两项职责,加强对所有行使公权力的公职人员的监督,从而在我们党和国家形成巡视、派驻、监察三个全覆盖的统一的权力监督格局,形成发现问题、纠正偏差、惩治腐败的有效机制,为实现党和国家长治久安走出了一条中国特色监察道路。同时要看到,这次监察体制改革确立的监察制度,也体现了中华民族传统制度文化,是对中国历史上监察制度的一种借鉴,是对当今权力制约形式的一个新探索。制定监察法,就是通过立法方式保证依规治党与依法治国、党内监督与国家监察有机统一,将党内监督同国家机关监督、民主监督、司法监督、群众监督、舆论监督贯通起来,不断提高党和国家的监督效能。

(五)制定监察法是加强宪法实施,丰富和发展人民代表大会制度,推进国家治理体系和治理能力现代化的战略举措

宪法是国家的根本法,是治国安邦的总章程,是党和人民意志的集中体现。在总体保持我国宪法连续性、稳定性、权威性的基础上,十三届全国人大一次会议对宪法作出部分修改,把党和人民在实践中取得的重大理论创新、实践创新、制度创新成果上升为宪法规定,实现了宪法的与时俱进。这次宪法修改的重要内容之一,是增加有关监察委员会的各项规定,对国家机构作出了重要调整和完善。通过完备的法律保证宪法确立的制度得到落实,是宪法实施的重要途径。在本次人民代表大会上,先通过宪法修正案,然后再审议监察法草案,及时将宪法修改所确立的监察制度进一步具体化,是我们党依宪执政、依宪治国的生动实践和鲜明写照。人民代表大会制度是我国的根本政治制

度，是坚持党的领导、人民当家作主、依法治国有机统一的根本政治制度安排。人民行使国家权力的机关是全国人民代表大会和地方各级人民代表大会。监察法草案根据宪法修正案将行使国家监察职能的专责机关纳入国家机构体系，明确监察委员会由同级人大产生，对它负责，受它监督，拓宽了人民监督权力的途径，提高了社会主义民主政治制度化、规范化、法治化水平，丰富和发展了人民代表大会制度的内涵，推动了人民代表大会制度与时俱进，对推进国家治理体系和治理能力现代化具有深远意义。

二、监察法草案起草过程、指导思想和基本思路

按照党中央部署要求，监察法立法工作由中共中央纪律检查委员会牵头抓总，在最初研究深化国家监察体制改革方案的时候即着手考虑将行政监察法修改为国家监察法问题。中央纪委与全国人大常委会、中央统战部、中央政法委员会、中央深化改革领导小组办公室、中央机构编制办公室等有关方面进行了多次沟通。全国人大常委会党组坚决贯彻落实党中央关于深化国家监察体制改革的决策部署，高度重视监察法立法工作。十二届全国人大常委会将监察法起草和审议工作作为最重要的立法工作之一。2016 年 10 月，党的十八届六中全会闭幕后，中央纪委机关会同全国人大常委会法制工作委员会即共同组成国家监察立法工作专班。在前期工作基础上，工作专班进一步开展调研和起草工作，吸收改革试点地区的实践经验，听取专家学者的意见建议，经反复修改完善，形成了监察法草案。

2017 年 6 月 15 日，习近平总书记主持中央政治局常委会会议，审议并原则同意全国人大常委会党组关于监察法草案几个主要问题的请示。2017 年 6 月下旬，十二届全国人大常委会第二十八次会议对监察法草案进行了初次审议。初次审议后，根据党中央同意的相关工作安排，全国人大常委会法制工作委员会将草案送 23 个中央国家机关以及 31 个省、自治区、直辖市人大常委会征求意见；召开专家会，听取了宪法、行政法和刑事诉讼法方面专家学者的意见。2017 年 11 月 7 日至 12 月 6 日，监察法草案在中国人大网全文公开，征求社会公众意见。党的十九大后，根据党的十九大精神和全国人大常委会组成人员的审议意见以及人大代表、政协委员等各方面意见，对草案作了修改完善。2017 年 12 月，十二届全国人大常委会第三十一次会议对监察法草案进

行再次审议,认为草案贯彻落实以习近平同志为核心的党中央关于深化国家监察体制改革的重大决策部署,充分吸收了常委会组成人员的审议意见和各方面意见,已经比较成熟,决定将监察法草案提请全国人民代表大会审议。

2018年1月18日至19日,党的十九届二中全会审议通过了《中共中央关于修改宪法部分内容的建议》。1月29日至30日,十二届全国人大常委会第三十二次会议决定将《中华人民共和国宪法修正案(草案)》提请十三届全国人大一次会议审议。监察法草案根据宪法修改精神作了进一步修改。2018年1月31日,全国人大常委会办公厅将监察法草案发送十三届全国人大代表。代表们对草案进行了认真研读讨论,总体赞成草案,同时提出了一些修改意见。全国人大法律委员会召开会议,对草案进行了审议,根据全国人大常委会组成人员和代表们提出的意见作了修改,并将修改情况向全国人大常委会委员长会议作了汇报。2018年2月8日,习近平总书记主持召开中央政治局常委会会议,听取了全国人大常委会党组的汇报,原则同意《关于〈中华人民共和国监察法(草案)〉有关问题的请示》并作出重要指示。根据党中央指示精神,对草案作了进一步完善。在上述工作基础上,形成了提请本次大会审议的《中华人民共和国监察法(草案)》。

制定监察法的指导思想是,高举中国特色社会主义伟大旗帜,全面贯彻党的十九大精神,坚持以马克思列宁主义、毛泽东思想、邓小平理论、"三个代表"重要思想、科学发展观、习近平新时代中国特色社会主义思想为指导,坚持党的领导、人民当家作主、依法治国有机统一,坚持统筹推进"五位一体"总体布局和协调推进"四个全面"战略布局,加强党对反腐败工作的集中统一领导,实现对所有行使公权力的公职人员监察全覆盖,使依规治党与依法治国、党内监督与国家监察有机统一,推进国家治理体系和治理能力现代化。

按照上述指导思想,监察法立法工作遵循以下思路和原则:一是坚持正确政治方向。严格遵循党中央确定的指导思想、基本原则和改革要求,把坚持和加强党对反腐败工作的集中统一领导作为根本政治原则贯穿立法全过程和各方面。二是坚持与宪法修改保持一致。宪法是国家各种制度和法律法规的总依据。监察法草案相关内容及表述均与本次宪法修改关于监察委员会的各项规定相衔接、相统一。三是坚持问题导向。着力解决我国监察体制机制中存在的突出问题。四是坚持科学立法、民主立法、依法立法。坚决贯彻落实党中央决策部署，充分吸收各方面意见，认真回应社会关切，严格依法按程序办事，使草案内容科学合理、协调衔接，制定一部高质量的监察法。

三、监察法草案的主要内容

监察法草案分为9章，包括总则、监察机关及其职责、监察范围和管辖、监察权限、监察程序、反腐败国际合作、对监察机关和监察人员的监督、法律责任和附则，共69条。主要内容是：

（一）明确监察工作的指导思想和领导体制

为坚持和加强党对反腐败工作的集中统一领导，草案规定：坚持中国共产党对国家监察工作的领导，以马克思列宁主义、毛泽东思想、邓小平理论、"三个代表"重要思想、科学发展观、习近平新时代中国特色社会主义思想为指导，构建集中统一、权威高效的中国特色国家监察体制（草案第二条）。

（二）明确监察工作的原则和方针

关于监察工作的原则。草案规定：监察委员会依照法律规定独立行使监察权，不受行政机关、社会团体和个人的干涉；监察机关办理职务违法和职务犯罪案件，应当与审判机关、检察机关、执法部门互相配合，互相制约；监察机关在工作中需要协助的，有关机关和单位应当根据监察机关的要求依法予以协助（草案第四条）。国家监察工作严格遵照宪法和法律，以事实为根据，以法律为准绳，在适用法律上一律平等；权责对等，从严监督；惩戒与教育相结合，宽严相济（草案第五条）。

关于监察工作的方针。草案规定：国家监察工作坚持标本兼治、综合治理，强化监督问责，严厉惩治腐败；深化改革、健全法治，有效制约和监督权力；加强法治道德教育，弘扬中华优秀传统文化，构建不敢腐、不能腐、不想腐的长效机制（草案第六条）。

（三）明确监察委员会的产生和职责

关于监察委员会的产生。根据本次大会通过的宪法修正案，草案规定：国家监察委员会由全国人民代表大会产生，负责全国监察工作；国家监察委员会由主任、副主任若干人、委员若干人组成，主任由全国人民代表大会选举，副主任、委员由国家监察委员会主任提请全国人民代表大会常务委员会任免；国家监察委员会主任每届任期同全国人民代表大会每届任期相同,连续任职不得超过两届(草案第八条第一款至第三款)。地方各级监察委员会由本级人民代表大会产生,负责本行政区域内的监察工作;地方各级监察委员会由主任、副主任若干人、委员若干人组成,主任由本级人民代表大会选举,副主任、委员由监察委员会主任提请本级人民代表大会常务委员会任免;地方各级监察委员会主任每届任期同本级人民代表大会每届任期相同(草案第九条第一款至第三款)。

关于监察委员会的职责。草案规定,监察委员会依照法律规定履行监督、调查、处置职责:一是对公职人员开展廉政教育,对其依法履职、秉公用权、廉洁从政从业以及道德操守情况进行监督检查;二是对涉嫌贪污贿赂、滥用职权、玩忽职守、权力寻租、利益输送、徇私舞弊以及浪费国家资财等职务违法和职务犯罪进行调查;三是对违法的公职人员依法作出政务处分决定;对履行职责不力、失职失责的领导人员进行问责;对涉嫌职务犯罪的,将调查结果移送人民检察院依法审查、提起公诉;向监察对象所在单位提出监察建议(草案第十一条)。

(四)实现对所有行使公权力的公职人员监察全覆盖

按照深化国家监察体制改革关于实现对所有行使公权力的公职人员监察全覆盖的要求,草案规定,监察机关对下列公职人员和有关人员进行监察:一是中国共产党机关、人民代表大会及其常务委员会机关、人民政府、监察委员会、人民法院、人民检察院、中国人民政治协商会议各级委员会机关、民主党派机关和工商业联合会机关的公务员,以及参照《中华人民共和国公务员法》管理的人员;二是法律、法规授权或者受国家机关依法委托管理公共事务的组织中从事公务的人员;三是国有企业管理人员;四是公办的教育、科研、文化、医疗卫生、体育等单位中从事管理的人员;五是基层群众性自治组织中从事管理的人员;六是其他依法履行公职的人员(草案第十五条)。

(五)赋予监察机关必要的权限

为保证监察机关有效履行监察职能,草案赋予监察机关必要的权限。一是规定监察机关在调查职务违法和职务犯罪时,可以采取谈话、讯问、询问、查询、冻结、搜查、调取、查封、扣押、勘验检查、鉴定等措施(草案第十九条至第二十一条、第二十三条至第二十七条)。二是被调查人涉嫌贪污贿赂、失职渎职等严重职务违法或者职务犯罪,监察机关已经掌握其部分违法犯罪事实及证据,仍有重要问题需要进一步调查,并有涉及案情重大、复杂,可能逃跑、自杀,可能串供或者伪造、隐匿、毁灭证据等情形之一的,经监察机关依法审批,可以将其留置在特定场所;留置场所的设置和管理依照国家有关规定执行(草案第二十二条第一款、第三款)。三是监察机关需要采取技术调查、通缉、限制出境措施的,经过严格的批准手续,按照规定交有关机关执行(草案第二十八条至第三十条)。

(六)严格规范监察程序

为保证监察机关正确行使权力,草案在监察程序一章中,对监督、调查、处置工作程序作出严格规定,包括报案或者举报的处理;问题线索的管理和处置;决定立案调查;搜查、查封、扣押等程序;要求对讯问和重要取证工作全程录音录像;严格涉案财物处理等(草案第三十五条至第四十二条、第四十六条)。

关于留置措施的程序。为了严格规范留置的程序,保护被调查人的合法权益,草案规定:设区的市级以下监察机关采取留置措施,应当报上一级监察机关批准;省级监察机关采取留置措施,应当报国家监察委员会备案;留置时间不得超过三个月,特殊情况下经上一级监察机关批准可延长一次,延长时间不得超过三个月;监察机关发现采取留置措施不当的,应当及时解除。采取留置措施后,除有碍调查的,应当在二十四小时以内,通知被留置人员所在单位和家属。同时,应当保障被留置人员的饮食、休息和安全,提供医疗服务(草案第四十三条第一款、第二款,第四十四条第一款、第二款)。

(七)加强对监察机关和监察人员的监督

按照“打铁必须自身硬”的要求,草案从以下几个方面加强对监察机关和监察人员的监督:

一是接受人大监督。草案规定:监察机关应当接受本级人民代表大会及其常务委员会的监督;各级人民代表大会常务委员会听取和审议本级监察机关的专项工作报告,组织执法检查;人民代表大会代表或者常务委员会组成人员在本级人民代表大会及其常务委员会举行会议时,可以依照法律规定的程序,就监察工作中的有关问题提出询问或者质询(草案第五十三条)。

二是强化自我监督。草案与党的纪律检查机关监督执纪工作规则相衔接,将实践中行之有效的做法上升为法律规范。草案规定了对打听案情、过问案件、说情干预的报告和登记备案,监察人员的回避,脱密期管理和对监察人员辞职、退休后从业限制等制度。同时规定了对监察机关及其工作人员不当行为的申诉和责任追究制度(草案第五十七条至第六十一条)。草案还明确规定:监察机关应当依法公开监察工作信息,接受民主监督、社会监督、舆论监督(草案第五十四条)。

三是明确监察机关与审判机关、检察机关、执法部门互相配合、互相制约的机制。草案规定:对监察机关移送的案件,人民检察院经审查,认为需要补充核实的,应当退回监察机关补充调查,必要时可以自行补充侦查;对于有刑事诉讼法规定的不起诉的情形的,经上一级人民检察院批准,依法作出不起诉的决定(草案第四十七条第二款、第三款);监察机关在收集、固定、审查、运用证据时,应当与刑事审判关于证据的要求和标准相一致(草案第三十三条第二款)。

四是明确监察机关及其工作人员的法律责任。草案第八章法律责任中规定:监察机关及其工作人员有违反规定发生办案安全事故或者发生安全事故后隐瞒不报、报告失实、处置不当等9种行为之一的,对负有责任的领导人员和直接责任人员依法给予处理(草案第六十五条)。草案还规定:监察机关及其工作人员行使职权,侵犯公民、法人和其他组织的合法权益,造成损害的,依法给予国家赔偿(草案第六十七条)。

《中华人民共和国监察法(草案)》和以上说明,请审议。

图书在版编目(CIP)数据

监察法教程 / 谢尚果，申君贵主编. -- 北京 : 法律出版社，2019(2023.6 重印)
ISBN 978-7-5197-3068-0

Ⅰ. ①监… Ⅱ. ①谢… ②申… Ⅲ. ①行政监察法－中国－教材 Ⅳ. ①D922.114

中国版本图书馆 CIP 数据核字(2019)第 019259 号

监察法教程
JIANCHAFA JIAOCHENG

谢尚果　申君贵 主编

责任编辑 郑怡萍
装帧设计 凌点工作室

出版发行 法律出版社
编辑统筹 法律教育出版分社
责任校对 王晓萍
责任印制 刘晓伟
经　　销 新华书店

开本 720 毫米×960 毫米　1/16
印张 18.75　　**字数** 281 千
版本 2019 年 1 月第 1 版
印次 2023 年 6 月第 3 次印刷
印刷 固安华明印业有限公司

地址:北京市丰台区莲花池西里 7 号(100073)
网址:www.lawpress.com.cn
投稿邮箱:info@lawpress.com.cn
举报盗版邮箱:jbwq@lawpress.com.cn

销售电话:010-83938349
客服电话:010-83938350
咨询电话:010-63939796

书号:ISBN 978-7-5197-3068-0　　**定价**:45.00 元

凡购买本社图书,如有印装错误,我社负责退换。电话:010-83938349